CE QUE JE N'AI PAS DIT DANS MES CARNETS...

Ouvrage de Yves Bertrand

Je ne sais rien, mais je dirai (presque) tout, Conversations avec Eric Branca, Plon, 2007.

Ouvrages de Frédéric Ploquin

Parrains et Caïds III. Le Sang des Caïds : les règlements de comptes dans l'œil de la PJ, Fayard, 2009.
Parrains et Caïds II. Ils se sont fait la belle, Fayard, 2007.
Parrains et Caïds. La France du grand banditisme dans l'œil de la PJ, Fayard, 2005.
La Colonie du docteur Schaefer, une secte nazie au pays de Pinochet, avec María Poblete, Fayard, 2004.
Carnets intimes de la DST, avec Éric Merlen, Fayard, 2003.
Trafic de drogue... trafic d'États, avec Éric Merlen, Fayard, 2002.
Une affaire sous François Mitterrand : la Française des jeux, Fayard, 2001.
Contribuables, vous êtes cernés, avec Éric Merlen, Seuil, 2000.
Ils ont tué Ben Barka : révélations sur un crime d'État, avec Jacques Derogy, Fayard, 1999.
Le Commissaire et le Corbeau, avec Éric Merlen, Seuil, 1998.

Yves Bertrand

CE QUE JE N'AI PAS DIT DANS MES CARNETS...

Entretiens
avec Frédéric Ploquin

Fayard

ISBN : 978-2-213-64428-8

Si c'est pour dire qu'il fait beau, ce n'est pas la peine de faire un livre.

YVES BERTRAND

Prologue

Voici les Mémoires à vif du dernier directeur des Renseignements généraux. À la tête de ce service mythique durant plus de douze ans, Yves Bertrand y a effectué toute sa carrière, de 1972 à 2004, avant d'être sèchement démis de ses fonctions par Nicolas Sarkozy. La saisie par la Justice de ses carnets de notes personnels l'a précipité au cœur du scandale. La veille encore au sommet de l'affiche, l'homme le mieux renseigné de France s'est retrouvé au milieu d'une véritable tornade médiatique. Lynché après avoir été décoré par les plus hautes autorités. Évacué par la petite porte, au grand soulagement de tous ceux qui s'étaient servis jusque-là de lui et de ses renseignements, trop contents de lui coller sur le dos toutes les méchantes rumeurs et tous les « coups tordus » recensés dans le pays depuis quelque trente ans.

L'heure est venue pour Yves Bertrand de répondre.

Non pour se repentir – l'idée ne lui a même pas effleuré l'esprit –, mais pour remettre les choses à leur place et dire leurs quatre vérités à ceux qui ont cru qu'il suffirait de vider la corbeille pour se débarrasser de ces années de vie commune. L'occasion aussi de raconter ce qu'ont été les RG, définitivement rayés de la carte en 2008, quatre ans après son départ.

Le lecteur trouvera dans ces pages tout ce que l'ancien patron des RG n'a pas pu ou pas voulu consigner dans ses fameux petits carnets abondamment reproduits dans la presse mais par ailleurs indéchiffrables pour le lecteur non initié. Un éclairage inédit sur la vie politique française et le ministère de l'Intérieur du début des années 1970 aux années Sarkozy.

Au fil de ces pages apparaîtront la plupart des personnages qui ont compté en ces années-là, sur le devant de la scène ou en coulisse. Si certains sont plus présents que d'autres, qu'on n'y voie que la rançon de la gloire ! Peu reconnaîtront derrière les mots d'Yves Bertrand l'image officielle qu'ils ont voulu offrir d'eux à l'opinion publique ! L'ancien patron des RG a toujours eu un faible pour le dessous des cartes. Qu'ils appartiennent au monde du show-biz, à la classe politique, à l'establishment économique et financier ou à la gent médiatique, il a été plus volontiers enclin, par déformation (ou formation ?) professionnelle à se pencher sur leurs travers et leurs turpitudes.

Comme leur nom l'indique, les Renseignements généraux avaient une vocation généraliste. Pour cette raison, il sera question de très nombreux sujets au fil de ces entretiens. De politique, évidemment, sous l'angle des retournements de veste, des « coups tordus » et autres manipulations de l'opinion. Du président de la République, Nicolas Sarkozy, dont Yves Bertrand dresse un portrait plutôt acerbe et détonant. De la police, maison à laquelle il a appartenu durant toute sa vie professionnelle. De l'argent caché, ce nerf de la guerre. Des mœurs de ces « people » qui ont depuis longtemps aboli les frontières entre vie publique et vie privée. Des ragots et rumeurs qui polluent le quotidien des stars du sport, des médias, de la politique, de la chanson et du cinéma. Des journalistes, qui ont assidûment fréquenté le bureau du directeur des RG, en quête du scoop ou du dernier potin. De « Johnny », institution nationale incontournable, comme de tous les ministres de l'Intérieur qu'Yves Bertrand a servis, côtoyés et informés au long de sa carrière, de Pierre Joxe à Charles Pasqua et de Jean-Pierre Chevènement à Dominique de Villepin. Avec, à la clef, un *Who's Who* très personnel, série de portraits souvent crus que le lecteur découvrira à la fin de cet ouvrage, de A comme Aubry (Martine) à V comme Villepin (Dominique de).

Directeur des RG, Yves Bertrand déjeunait en ville tous les jours. Il avait la passion de la chose politique. Il connaissait une bonne moitié des journalistes parisiens. Il a passé sa vie à transmettre des messages aux puissants. Il a joui d'une grande liberté de manœuvre et n'a jamais ressenti le poids de la hiérarchie. Il nous dit aujourd'hui sans détours à quoi les RG, objet de tant de fantasmes, ont vraiment servi. Sans laisser au vestiaire l'humour, l'autodérision et la causticité que lui connaissaient ses visiteurs.

Yves Bertrand s'est assez peu mis en lumière au cours de sa longue carrière. Il a plutôt cherché à se faire oublier, discrétion synonyme à ses yeux d'efficacité. Désormais hors jeu, il n'a fui aucune de nos questions. Nous vous livrons ses réponses dans leur intégralité – silences, imperfections, faux-fuyants, obsessions et doutes compris. Peut-être quelques mensonges, au moins par omission, se sont-ils glissés entre les lignes, mais peut-on demander à un homme qui a passé sa vie à interroger les autres de se livrer sans protéger quelques-unes de ses sources et deux ou trois secrets ?

Mais, au fait, qui est cet homme qui a passé sa vie à fouiller celle des autres ? Un bref autoportrait, pour commencer :

« Les RG, je ne les ai pas choisis par hasard, et malgré toutes les avaries, je ne regrette pas une seconde d'avoir exercé ce métier. Mon ressort essentiel, c'était la curiosité. C'est parce que j'étais à l'affût de tout que certains m'ont pris pour un colporteur de ragots. Je suis allé bien au-delà de tous mes rêves en termes de carrière et de décorations. Je ne sais pas si j'y aurais encore droit, mais je me suis vu décerner la Légion d'honneur en même temps que Claude Guéant [actuel secrétaire général de l'Élysée et bras droit de Nicolas Sarkozy], lui qui feint aujourd'hui de ne pas me connaître. J'ai eu la cote, maintenant je ne l'ai plus, mais les deux événements qui ont compté dans ma vie n'ont rien à voir avec la Place Beauvau, puisqu'il s'agit de la mort de ma mère et de celle de ma femme. Ces années RG ne me laissent pas indemne. Elles m'ont rendu caustique à la façon de La Bruyère, et misanthrope à la manière du personnage de Molière. »

Pour moduler et compléter ce tableau forcément partiel et partial, nous avons appelé quatre personnes en renfort : son ancien adjoint, Bernard Squarcini ; Raymond Nart, ancien numéro 2 de la DST, aujourd'hui retraité ; le préfet Patrice Bergougnoux, qui supervisa Yves Bertrand quand la gauche tenait les rênes du pouvoir ; et l'ex-commissaire Brigitte Henri, qui suivait pour le compte de Bertrand les dossiers politico-financiers sensibles. Nous n'avons pas recherché ici l'objectivité, quasi introuvable lorsque l'on évoque le cas Bertrand, mais quatre points de vue radicalement différents, au demeurant pas nécessairement favorables.

Bernard Squarcini, choisi par Nicolas Sarkozy pour diriger en 2008 la toute nouvelle Direction centrale du renseignement intérieur (DCRI), issue de la fusion de la DST et des RG, porte sur son ancien patron le regard que les jeunes flics de PJ portent sur le « gang des tractions avant » : « Yves Bertrand, c'était le renseignement à l'ancienne, dit-il. Marqué par Raymond Marcellin, mon ancien directeur adorait les combinaisons politiciennes et les casseroles. C'était son dada, sa vie. Le *must*, à ses yeux, c'était le politico-financier et les prévisions électorales au temps où on les faisait encore. Et puis, il y avait bien sûr les secrets d'alcôve dont les ministres successifs et leurs cabinets ont été très friands. Pour gravir les échelons, à son époque, il fallait avoir fait ses classes à la section politique. C'était la filière noble. Passé par la direction du personnel, Yves Bertrand avait sur les autres l'avantage de connaître tous les commissaires, qui tous lui devaient quelque chose. Il a bénéficié tout au long de sa carrière d'une espèce d'impunité, d'inamovibilité assez unique en son genre. Il n'était pas à gauche, mais resta aux manettes sous la gauche. Il savait mettre sa force de travail à la disposition de ceux qui le maintenaient en place, mais quelque chose s'est cassé, en 2002, lorsque Nicolas Sarkozy, ministre de l'Intérieur, a ordonné la fin de ces "notes blanches" que le service produisait quotidiennement. Yves Bertrand s'est alors tourné vers "le Château" et Jacques Chirac. »

Pur produit de la DST, le contre-espionnage français, Raymond Nart regardait surtout son ancien homologue comme on toise un concurrent. Lui qui a pourchassé les espions soviétiques et les terroristes internationaux considère que les RG étaient avant tout les « concierges de la République ». Le fait qu'Yves Bertrand ait survécu à tous les changements de majorité le laisse pantois, voire dubitatif : « Il se jetait dans les bras des uns, puis des autres, avec ses "notes blanches" en guise de trésor de guerre, observe Raymond Nart. Ce qui le guidait, c'était le souci de maintenir sa boutique à flot, au risque de se retrouver dans l'obligation d'accepter toutes les demandes du pouvoir politique, même celles auxquelles il faut savoir dire non. »

Pour Patrice Bergougnoux, ancien homme fort de la Place Beauvau au temps de Pierre Joxe, puis de Jean-Pierre Chevènement et de Daniel Vaillant, « Yves Bertrand a su séduire les ministres de l'Intérieur successifs... C'était l'un des flics les plus cultivés de la Police nationale, celui qui avait la meilleure culture historique, dit-il. C'était aussi un homme attachant, sympa, cordial et surtout loyal. Il apportait un vrai "plus" à sa hiérarchie et aux ministres auxquels il avait accès. Fin connaisseur de la police et de ses hommes, il était écouté quand il s'agissait de ce qui se passait dans la "maison". Depuis le poste d'observation qui était le sien, il portait également un regard affûté sur le pays. Il a été au cœur de toutes les problématiques opérationnelles de la police, des affaires corses à l'affaire Papon en passant par la lutte contre le terrorisme basque. Son service fonctionnait bien et tous les gouvernements n'ont eu qu'à se féliciter de ses bons résultats dans la lutte contre le terrorisme. Politiquement, il a toujours su ménager la chèvre et le chou, jusqu'au jour où Lionel Jospin, alors Premier ministre, et Daniel Vaillant, ministre de l'Intérieur, mal informés par quelques conseillers, ont voulu l'envoyer à l'Inspection générale de l'administration. Yves Bertrand, considéré à tort comme un personnage maléfique, est alors devenu ouvertement chiraquien. Plus tard, la relation a également "coincé" avec Nicolas Sarkozy, probablement à cause de l'amitié de Bertrand pour Philippe Massoni [ancien directeur des RG, devenu conseiller de Jacques Chirac à l'Élysée] et des liens qu'il avait entretenus avec la gauche. On a déboulonné sa statue pour mettre quelqu'un d'autre à sa place. On en a profité pour tuer le "renseignement à l'ancienne" et s'octroyer une "virginité". C'est maintenant le service en charge du contre-espionnage, estampillé Secret défense, qui s'occupe de ces sujets. Est-ce vraiment mieux ? C'est en tout cas plus opaque. »

La commissaire Brigitte Henri, retirée de la police, estime pour sa part que la première qualité de son ancien directeur est d'avoir « su utiliser les capacités des gens en s'émancipant des cadres rigides ». Yves Bertrand n'accordait sa confiance qu'à un petit nombre de personnes, dont elle a fait partie. Entre elle et lui, les messages passaient d'abord oralement, les notes écrites ne venant qu'en fin de parcours. Longtemps en butte à des magistrats frustrés de ne pas avoir la haute main sur les RG, la commissaire défend la « méthode Bertrand » : « Ragots et rumeurs faisaient partie du travail des RG », tranche-t-elle. Une conception que partage le principal intéressé à qui il est temps de laisser la parole, comme un ultime témoignage sur ce que furent les très controversés RG, institution française rayée de la carte en même temps que son dernier patron. Probablement parce qu'il en savait trop.

Frédéric Ploquin

Chapitre premier

Carnets

« Dans notre métier, on écrit. »

Comment vous sentez-vous dans le costume de l'« abominable » Monsieur Bertrand ?

On me noircit, peut-être afin que tous les autres apparaissent plus blancs que blanc, y compris ceux qui étaient avec moi durant toutes ces années-là ! Je suis l'affreux, un peu comme si j'avais dirigé la Gestapo pendant douze ans ! Je porte le chapeau pour tous ceux qui se sont servis des Renseignements généraux. Même parti, les gens croient que j'y suis toujours, tellement j'incarne pour eux ce service ! Je suis définitivement le sulfureux Bertrand, moi qui n'ai aucun goût pour la notoriété, qu'elle soit prestigieuse ou détestable.

La faute à cette image noire qui a toujours collé à la peau des RG ?

Mon air sombre est certainement aussi pour quelque chose dans l'image que les gens retiennent des RG, mais je ne suis pas du genre à me faire faire un lifting pour plaire ! Cette mauvaise réputation, en fait, c'est un peu la loi du genre. Si j'avais été le patron de Gaz de France ou chef de rayon au Printemps, j'aurais certainement eu une autre image, mais le renseignement est très mal vu en France. Quand on dit « RG », on pense tout de suite « coups tordus ». En Angleterre, le renseignement est une activité noble : il n'est que de voir l'image qu'en donnent le roman ou le cinéma. En France, sa collecte est aussitôt assimilée au drainage de caniveau. On est là dans une véritable ornière avec, au-dessus de nous, des politiques qui sont sans cesse tentés d'utiliser les services de renseignement officiels pour déstabiliser l'adversaire. Mais, cela dit, le jour où vous ne méritez plus votre réputation, le jour où vous passez pour un ange vêtu de probité candide et de lin blanc, mieux vaut changer de métier, car plus personne ne vous apportera la moindre information !

Vous n'aviez donc aucune chance d'échapper à cette image sulfureuse ?

Je n'allais pas revêtir une soutane, prendre un chapelet ou une sébile et descendre dans la rue attendre que le renseignement vienne à moi ! J'ai fait mon métier avec les moyens propres aux RG, et j'ai produit des notes en espérant qu'elles seraient lues et que les autorités décideraient en pleine responsabilité d'en tenir compte ou de les écarter. Je n'ai rien fait de plus, mais, pour autant, aux yeux de la plupart, je resterai l'homme de l'ombre, le manipulateur, comme Claude Guéant ne se départira jamais de son image de père Joseph, pas plus que Nicolas Sarkozy ne fera oublier sa fébrilité, même quand le grand âge l'aura apaisé.

Écrire, tout écrire, au risque de voir vos carnets tomber dans des mains pas forcément amicales, était-ce pour vous indispensable ?

Je suis probablement une espèce de graphomane ou de romancier réaliste qui s'ignore. Écrire était et reste ma passion. Je notais presque tout dans mon carnet, et quand je ne l'avais pas sur moi, je déchirais un coin de la nappe de restaurant pour prendre des notes. Je rencontrais toute la journée des gens qui me racontaient des histoires, me transmettaient des informations, attiraient mon attention sur tel ou tel sujet. Je consignais l'essentiel en pensant qu'il serait toujours temps, après coup, de faire le tri. Dans le tas, il y avait des choses qui, vérification faite, s'avéraient fondées et d'autres qui se révélaient fausses. Quand une information était confirmée, j'avais le choix entre plusieurs modes de traitement. Je pouvais rédiger une « note blanche », comme on disait dans notre jargon, autrement dit une note ne portant pas mention de son auteur ni du service d'origine. Le service en produisait entre trois et huit par jour qui venaient s'ajouter aux « flashes » imprimés sur du papier couleur saumon. En plus de quinze ans, j'en ai vu passer des milliers ! Je savais aussi me retenir d'écrire si l'information était par trop sensible, et je me contentais de la transmettre verbalement au ministre de l'Intérieur, voire au secrétaire général de l'Élysée, au gré de mes rapports avec l'un et l'autre.

Avant vous, toujours dans le cadre de la ravageuse « affaire Clearstream », un autre patron du renseignement français, le général Rondot, s'était vu confisquer par la justice des carnets dans lesquels il notait absolument tout. Est-ce une manie des hommes du renseignement de tout noter ? Cette saisie ne vous a-t-elle pas alerté ?

Dans notre métier, on écrit. On prend des notes, comme font les journalistes, sinon on oublie tout ! Ces carnets étaient pour moi une sorte d'aide-mémoire. J'y consignais aussi bien le fait que je devais acheter des biftecks dans le filet avant de rentrer chez moi que le fait que le Premier ministre en place risquait d'avoir des difficultés avec un membre de sa famille. J'ai toujours écrit. J'étais même davantage attiré par l'analyse du renseignement que par le côté opérationnel de mon métier que je déléguais à mes adjoints, en particulier à Bernard Squarcini. On ne peut pas être bon dans l'opérationnel si l'on n'écrit pas, autrement on court le risque de ressembler à une simple police politique.

J'ai pris cette habitude en regardant travailler l'un des premiers sous-directeurs que j'ai connus en arrivant aux RG. C'était en 1972. Il s'appelait Jean-François Conorton. Il notait tout ce que récoltait le service dans ses carnets à spirale. Je n'ai fait que poursuivre la tradition. Seuls ceux qui ont une mémoire phénoménale peuvent se passer d'écrire, et encore. Ou vous avez des carnets, ou vous enregistrez tout dans la mémoire de l'ordinateur, mais les ordinateurs, ça n'était pas trop mon truc ! Les juges auraient toujours pu saisir le disque de celui qui avait été installé sur mon bureau, Place Beauvau : il n'y avait rien à l'intérieur ! J'en connais un autre qui prend des notes, lui aussi avec une écriture quasi illisible, c'est Claude Guéant. À chacun ses brouillons !

Vous n'avez jamais pensé à vous débarrasser de ces carnets ?

Non. Je les ai emportés chez moi et les ai rangés sur une étagère de mon salon, à côté de mes livres.

Je n'ai probablement jamais imaginé que l'on viendrait un jour me les prendre, encore moins qu'un juge d'instruction déciderait de les saisir et de les placer sous scellés. Ces blocs-notes étaient ma propriété privée, même s'ils avaient été, à l'origine, gracieusement fournis, à l'état vierge, par l'administration. Au jour de ma retraite, j'avais parfaitement le droit de les emporter chez moi !

Regrettez-vous de ne pas les avoir détruits ?

J'ai probablement eu tort de vouloir les conserver, mais ces carnets représentaient une partie de ma mémoire personnelle. Ils m'appartenaient. Ils étaient ma vie. Des éléments de ma propre vie privée y figuraient. Je n'allais quand même pas les laisser à mon successeur ! Je les ai naturellement ramenés à mon domicile, sans me poser de questions. Où vouliez-vous que je les mette ? Que je les laisse en dépôt dans un coffre de banque ou au café du coin, en bas de chez moi ? Que je les planque chez un ami ? Il suffit que l'on se brouille avec la personne de confiance en question pour ne plus jamais remettre la main dessus.

Vous arrivait-il d'arracher des pages ?

Si je l'ai fait, ce n'était pas pour faire disparaître quoi que ce soit. Des papiers, des feuilles volantes, j'en avais partout. J'ai toujours eu, sciemment ou non, un côté brouillon dans ma façon de travailler, ce qui faisait que j'étais le seul, sur l'instant, à pouvoir débrouiller ces écrits. C'est pour cette raison que je n'ai pas systématiquement noté les dates, et que l'on a parfois du mal, aujourd'hui, à s'y retrouver.

Pourquoi ne consigniez-vous souvent que les initiales des personnes que vous rencontriez, comme Monsieur « Y.B. » ?

C'était un simple raccourci, une forme de sténo. Il ne s'agissait aucunement de cacher quoi que ce soit. J'écrivais souvent sous la dictée de mon vis-à-vis, sans avoir le temps de faire des phrases avec sujet, verbe et complément. Quant à moi, je m'y retrouvais, puisque je voyais toujours à peu près les mêmes personnes, sans compter tous les déséquilibrés qui venaient me raconter n'importe quoi, et tous ceux qui venaient déverser auprès de moi leur aigreur, leur haine et leur méchanceté.

Quelle était la fonction de ces brouillons ?

« Brouillon » au singulier qualifie « celui ou celle qui brouille les choses et provoque du désordre », nous dit le Larousse. Mais le mot désigne aussi « une première forme d'un écrit que l'on rédige et rature avant de le recopier », précise mon vieux dictionnaire.

Je retiens bien sûr pour moi la seconde acception. Je notais tout ce qui me paraissait important, y compris des informations qui pouvaient ne jamais connaître aucune suite. Certains m'ont reproché d'avoir écrit sur Charles Pasqua, Jacques Chirac, Nicolas Sarkozy ou Eva Joly. Mais à quoi vouliez-vous qu'un directeur des RG s'intéresse ? Je n'allais tout de même pas parler dans mes brouillons des ménestrels ou des croisés du Moyen Âge !

Les conséquences de la saisie de vingt-trois de ces carnets à spirale par deux juges d'instruction, dans le cadre des investigations judiciaires sur l'affaire Clearstream, ont été pour vous cataclysmiques...

C'est comme si on avait saisi l'un de ces bouts de papier qui traînent toujours au fond de mes poches... Franchement, je le répète, je ne m'attendais pas à une perquisition à mon domicile, mais quelqu'un en a décidé autrement. Qui ? Je ne le saurai peut-être jamais, mais ça sent la manipulation, la lettre anonyme. Néanmoins, connaissant l'« indépendance » des juges, je n'imagine pas que l'ordre direct ou indirect d'effectuer une descente chez moi ne soit pas venu de très haut.

Vous voulez dire par là que l'on aurait « téléguidé » les magistrats vers vos carnets ?

Je n'en connais pas les dessous, mais il y a eu à l'évidence une opération de ce type. Quelqu'un m'a envoyé les juges et le secret à ce sujet a été bien gardé. Le 16 janvier 2008, ils ont débarqué chez moi sur le coup de 7 heures, puis dans mon bureau, 11, rue des Saussaies, où j'exerçais les fonctions d'inspecteur général de l'Administration depuis janvier 2004, date à laquelle j'ai pris ma retraite de directeur central des Renseignements généraux. Accompagnés de policiers et d'une greffière, les magistrats instructeurs d'Huy et Pons, surnommés dans le milieu judiciaro-policier Zig et Puce (je pense que cette familiarité ne constitue pas un outrage), ont procédé dans des formes tout à fait légales à une fouille méthodique. À cette occasion ils ont saisi et placé sous scellés « ouverts » mes carnets à spirale. Tout est parti de là...

Vous semblez remonté contre ces magistrats...

Le pire n'a probablement pas été que les juges emportent mes carnets. Le pire a été qu'ils se les fassent ensuite soustraire au Palais de Justice après avoir rendu une ordonnance selon laquelle ils ne me les restitueraient pas, alors que rien – ou presque rien – ne concernait leur dossier. Je les ai appelés en les alertant sur le fait que la presse allait s'en emparer tôt ou tard. Quinze jours après, certaines pages tombaient effectivement entre les mains de journalistes. Je ne sais pas qui est à l'origine de ce coup, mais le simple fait de laisser quelqu'un détourner ces carnets sous scellés a constitué une énorme faute. Dans cette affaire, je me considère comme une victime ! Pourquoi, dans des cas de ce genre, personne ne demande-t-il de comptes à la justice ? À cause de l'imprudence de ceux qui étaient censés veiller sur ces scellés, tout Paris a pu accéder à mes brouillons ! Tout Paris... sauf moi !

Vous persistez, avec le temps, à parler de « manipulation » ?

Les juges n'ont rien trouvé dans ces carnets qui puisse enrichir ou éclairer leur instruction. Je crois qu'ils ont eux-mêmes compris qu'on avait cherché à les mener en bateau.

Le fait de ne pas connaître le fin mot de l'histoire Clearstream, sur laquelle nous reviendrons plus loin, n'est-il pas un échec pour l'homme de renseignement que vous êtes ?

Si j'avais su ce fin mot, on m'aurait accusé avec encore plus de virulence ! Pour moi, des noms ont été ajoutés par couches successives sur les listings de la chambre de compensation luxembourgeoise. L'une de ces couches a clairement pour origine des gens qui connaissaient parfaitement le groupe aéronautique EADS, maison mère d'Airbus Industrie, tandis qu'une autre émanait d'un très bon connaisseur des sphères politiques.

Ces vingt-trois carnets représentent la production de combien d'années ?

C'est le nombre de carnets que j'ai noircis au cours de mes cinq dernières années à la tête des RG.

Pourquoi ce style télégraphique ?

Je n'ai jamais été favorable au style sirupeux et alambiqué. J'écrivais vite, mal, en faisant des fautes qui disparaissaient évidemment au moment de restituer ces éléments dans des notes officielles.

La divulgation par bribes de la teneur de ces carnets a-t-elle restreint le nombre de vos amis ?

Ces brouillons m'ont brouillé avec beaucoup de monde ! Ils m'ont surtout définitivement fâché avec Nicolas Sarkozy, mais, avec lui, la brouille avait commencé bien avant.

Et puis, la porte du ministère de l'Intérieur s'est définitivement refermée derrière vous...

Après quarante ans de carrière sous une dizaine de ministres, j'ai été remercié par un coup de pied au cul. Le directeur de cabinet de Nicolas Sarkozy, Christian Frémont, m'a appelé au téléphone pour me dire que le président de la République allait porter plainte contre moi et que j'étais viré. « Cela vous sera confirmé dans la journée par Michel Delpuech », a-t-il ajouté. Et effectivement, le directeur de cabinet de Michèle Alliot-Marie, ministre de l'Intérieur, m'a convoqué dans la journée pour me signifier officiellement ma mise en congé d'office à deux mois de la retraite. Il m'a été très sérieusement demandé de ne plus fréquenter les abords de la place Beauvau. Le directeur général de l'Administration, auprès duquel j'étais en poste depuis mon départ des RG, a reçu l'ordre de déménager toutes mes affaires dans la journée. J'ai eu l'impression d'être au Guatemala, en Ouganda ou dans un pays d'Europe de l'Est à la pire époque !

Une anecdote vous permettra de mesurer le degré de hargne qu'ils avaient contre moi. Au soir de cette dernière journée Place Beauvau, vers 21 heures, mon directeur reçoit chez lui un appel téléphonique : on voulait lui signaler que j'avais oublié de restituer mon badge ! Il m'appelle aussitôt, quelque peu gêné, pour relayer la demande visant cet oubli crucial. Je lui ai bien sûr aimablement proposé de lui restituer ce sésame dès le lendemain.

Quel motif a-t-on officiellement invoqué pour justifier une décision aussi empressée que définitive ?

On ne m'a parlé que de mes brouillons. J'en ai déduit que je n'avais pas uniquement consigné des informations farfelues, mais également des informations dérangeantes. Je savais déjà qu'il y avait là du vrai, et aussi, forcément, quelques bribes de renseignements que je n'avais jamais pu confirmer. Cette réaction démesurée m'a néanmoins donné à penser que j'avais dû viser juste.

Était-ce, selon vous, une décision personnelle du président de la République ?

C'est le côté « général Alcazar » de Nicolas Sarkozy. Le poisson qu'on lui sert dans l'avion ne lui plaît pas ? « Qui a acheté ce poisson ? » demande-t-il. Et le gars est viré le jour même. C'est ce qui m'est arrivé. Quand l'objet de son courroux est à même de résister, il est capable de reculer. Moi, simple fonctionnaire, j'étais à sa merci. Je ne pouvais en aucun cas dire non. C'est arrivé depuis à d'autres, préfets, directeurs départementaux ou commissaires, et la liste n'est certainement pas close. C'est la façon qu'a notre actuel Président de « gérer » les hommes.

Si on laisse de côté cette fin de carrière en eau de boudin, avez-vous eu plaisir à exercer le métier de patron des Renseignements généraux ?

Un « bon » renseignement ne suscitait chez moi aucune sorte d'orgasme, mais, je l'avoue, ne pas se tromper sur la valeur d'une information me procurait une satisfaction que je ne cherchais pas à dissimuler... Ce métier m'a certes rendu méfiant et prudent, tant on a cherché, à mille et une reprises, à m'intoxiquer, mais je ne regrette absolument pas d'avoir servi mon pays à ce poste.

Vous portez sur la classe politique un regard très sombre. Du moins est-ce l'idée que l'on se fait en parcourant vos carnets...

J'ai éprouvé de la sympathie pour de nombreux hommes politiques. Il y a des crapules dans ce milieu comme partout ailleurs, mais elles n'y sont pas majoritaires. Je n'étais d'ailleurs pas là pour porter sur le personnel politique un jugement moral. Je ne suis pas non plus de ceux qui passent leur temps à cracher sur la classe politique. Entre les deux guerres, on a cherché à la discréditer collectivement et on a vu comment ça s'est terminé : avec les ligues et le fascisme !

On y reviendra forcément, mais avez-vous eu le sentiment, un jour, de franchir la ligne blanche, autrement dit de vous situer hors la loi dans l'exercice de votre profession ?

Je ne suis ni gendarme, ni CRS, ni douanier : les lignes blanches, je ne connais pas ! J'ai toujours veillé, en revanche, à respecter une déontologie personnelle qui peut s'entendre comme les limites à ne pas dépasser, celles de la riposte acceptable. Je n'étais pas prêt à tout pour décrocher un scoop, contrairement à certains de vos confrères journalistes !

Qu'est-ce qui dictait alors votre conduite ?

Deux choses : le scepticisme et la loyauté, ce qui ne veut pas dire pour autant que j'étais le parfait abruti prêt à obéir à n'importe quel ordre.

Vous auriez pu refuser un ordre donné par un ministre ?

Oui, s'il m'avait paru illégitime. Mais aucun ministre de l'Intérieur ne m'a jamais demandé quelque chose d'aussi excessif, si bien que le cas ne s'est jamais produit.

À s'en tenir au seul contenu de vos carnets, c'est une France cabossée, corrompue, affairiste et un tantinet mafieuse que l'on découvre...

Mon rôle n'était pas de relever les noms des catholiques pratiquants assistant régulièrement à la messe du dimanche à Notre-Dame. Mon rôle consistait précisément à relever tous les dysfonctionnements imaginables au sein de notre société. J'étais, de fait, de par ma mission même, aux premières loges d'une certaine France qu'on peut qualifier de pourrie. Mais je n'étais pas là pour me perdre en commentaires : je les laissais à d'autres. Je crois qu'un bon flic n'est pas quelqu'un qui disserte trop. Or j'étais flic, ni professeur de morale, ni théologien, ni même redresseur de torts. J'étais comme le médecin qui passe vérifier l'état de santé des détenus au Dépôt : blindé, et sans états d'âme. À vouloir se comporter autrement, on ne fait plus son métier !

Cela dit, méfions-nous des généralisations : ce n'est pas parce que les affaires de corruption ont fleuri durant des années dans le sud-est de la France qu'il n'y a pas, dans cette région, autant d'honnêtes gens que n'importe où ailleurs !

Vos carnets sont peuplés de personnages à la lisière du show-biz et de la politique...

Je ne sais qui attire l'un vers l'autre, mais on voit en effet de plus en plus de personnages du show-biz rallier la sphère politique. Dans le même temps, une génération de politiques reprend ouvertement, dans leur communication, les techniques et recettes du show-biz. Les précurseurs n'ont pas tous réussi. Pour certains, comme le RPR Michel Noir, cela s'est terminé fâcheusement, tandis que d'autres sombraient dans l'indifférence générale. Rappelez-vous celui qui se payait une claque pour ses meetings... C'est pourtant reparti de plus belle, et l'on voit de plus en plus d'élus de la République se mêler aux saltimbanques. Ils prennent tous les travers du monde du spectacle sans en avoir l'humour ni le sens de l'autodérision. Ce glissement vers la politique spectacle, ils n'en sortiront ni grandis, ni vainqueurs. La classe politique se décrédibilise en cherchant à descendre de son piédestal. Rappelez-vous que l'expression « aller au peuple » était celle qu'on employait dans la Chine des gardes rouges ou dans l'Albanie stalinienne pour justifier l'envoi en relégation des intellectuels et autres dirigeants.

Jusqu'où ira-t-on ?

On est passé du général de Gaulle à Enrico Macias, mais ça ne durera qu'un temps ! Les Français ont un vieux fond légitimiste et, pour eux, abaisser le pouvoir, c'est l'humilier, notamment vis-à-vis de l'étranger. Le déclin de la politique spectacle devrait coïncider avec l'éloignement, à terme, de celui qui l'incarne le mieux, autrement dit Nicolas Sarkozy, un homme volontiers taillé, par son attitude et son parler, pour participer aux émissions de Patrick Sébastien.

C'est un monde auquel vous semblez vous identifier assez peu...

Je suis tout le contraire d'un artiste du show-biz ! Plus ils se congratulent mutuellement à la télévision, plus ils échangent embrassades et propos sirupeux, moins ils s'aiment ! Ils sont victimes d'une exigence de notoriété. Ils doivent sans cesse trouver quelque chose de nouveau pour exister, et leur générosité n'est pas souvent, c'est le moins qu'on puisse dire, à prendre au pied de la lettre... Je n'aime pas non plus les « bobos », qui constituent une caste à eux tout seuls, composée de femmes et d'hommes qui se disent d'esprit libre, voire libertaire, mais qui adorent l'argent. Ils me rappellent ces bourgeois qui jouaient les progressistes sous la Révolution, ou ceux qui ont applaudi à Mai 68 avant de tourner les talons pour occuper les meilleures places. Ils sont prêts à rallier tous les conformismes ambiants et à trahir au premier coup de vent. Où est leur sincérité ? La France est gouvernée par cette pseudo-élite qui se caractérise, à Paris, par une morgue incomparable. En province, elle est relayée par une bourgeoisie caviar pour qui tout est dans la taille et la marque de la voiture. Leur moteur, c'est l'argent ; leur carburant, le paraître. Cette France-là est bien plus prévisible que la France profonde, celle dont la versatilité est le cauchemar de tous les sondeurs d'opinion.

Vous avez une certaine tendance à voir le mal partout. Est-ce une déformation professionnelle ?

Le travail des RG, c'est de regarder l'envers du décor, lequel envers n'a en général rien à voir avec la face connue. Quand on voit un caillou, on le soulève, et une fois sur deux on découvre en dessous un scorpion, un ver de terre ou une fourmilière. À condition bien sûr que le caillou ne soit pas trop lourd, car autrement on risque d'attraper un tour de reins et de rester soi-même sur le carreau. Comprendre ce qui motive la générosité insolite d'un artiste célèbre, par exemple, c'est soulever un caillou.

Vous voyez le vice jusque dans la générosité des champions de l'humanitaire...

Une association comme les Restos du cœur mérite assurément tous les éloges, surtout en période de crise sociale, mais ces éloges ne doivent pas interdire les contrôles. Je me souviens du jour où Véronique Colucci a demandé à me voir. Nous avons dîné dans un restaurant proche de la place Beauvau, le Berkeley. Elle était un peu paumée, face à tous ces amis de Coluche, ou prétendus tels, qui surgissaient de partout... Aux stars en mal de publicité je crois nettement préférer tous ces chercheurs anonymes qui, à quelques exceptions près, ne passent pas leur vie à s'exhiber ni à se « vendre » sur les petits écrans. Eux, au moins, ne mélangent pas affairisme et bons sentiments ! Même les Compagnons d'Emmaüs, qui furent créés par l'abbé Pierre, méritent que l'on suive de près leur gestion. Qui nous dit qu'une personne malintentionnée ne cherchera pas à capter leur notoriété à seule fin de s'enrichir personnellement ? Ceux qui font des dons aux ONG et aux associations caritatives sont le plus souvent sincères, mais, en bout de chaîne, il y a les victimes dont il n'est pas inutile de vérifier qu'elles reçoivent l'intégralité de ce qui leur revient. À titre personnel, j'ai choisi de ne jamais répondre aux multiples brochures que je reçois, dans ma boîte aux lettres, comme nombre de mes concitoyens, qui présentent en général la photo d'un enfant squelettique au regard suppliant. Je préfère verser mon aumône à quelques SDF campés au coin de la rue, même si je sais que ces euros vont leur permettre de s'acheter un litron de vin ou une canette de bière.

Vous preniez beaucoup de notes, notamment à l'issue de vos déjeuners en ville. Où pouvait-on croiser Yves Bertrand et ses invités ?

Au début je fréquentais le Vert Bocage, aux Invalides, mais c'est devenu une pizzeria. Après, j'ai alterné. Un jour j'étais chez Garnier, au Dupond ou au Ruc, dans le quartier Saint-Lazare. Le lendemain, j'étais au Berkeley, plus près de la place Beauvau, ou au Café de la Paix, place de l'Opéra. Les invités de marque avaient droit au restaurant de l'hôtel Regina, rue de Rivoli.

On a parfois dit que les RG étaient la météo de la France. Les Français sont-ils d'humeur prévisible ?

Dans ce pays, rien n'est jamais joué, parce que les Français ne sont jamais là où on les attend. Si l'on veut anticiper, il ne faut surtout pas se contenter d'aller écouter les gens à la sortie de la messe ; il faut interroger la rue, les bistrots, mais aussi les salles de rédaction des journaux, l'un des meilleurs baromètres qui soient. J'allais oublier la lecture de la rubrique « courrier des lecteurs » : une mine, si l'on sait lire entre les lignes. Bien plus instructif que les déjeuners en ville !

L'Hexagone vu par les RG, en une phrase ?

Ce pays vit toujours dans le double mythe de Jeanne d'Arc et de la Résistance.

Chapitre 2

Jacques Chirac

« Monsieur Bertrand,
mon mari l'aime beaucoup ! »

Vous avez dirigé les Renseignements généraux de 1992 à 2004, soit douze ans, dont neuf sous la présidence de Jacques Chirac. Est-ce pour cela que l'on vous dit proche de lui ?

C'est un fait que je n'ai jamais été un partisan acharné d'Alain Krivine ou d'Olivier Besancenot [ancien et nouveau leaders de la Ligue communiste révolutionnaire, rebaptisée NPA*]. Jacques Chirac était président de la République et je l'ai servi loyalement, comme j'ai servi tous les gouvernements.

* Les ajouts entre crochets sont des précisions apportées par Frédéric Ploquin aux propos d'Yves Bertrand.

J'étais au service de l'État, il était donc normal que je sois en contact avec l'Élysée. Je traitais avec Dominique de Villepin qui était à l'époque secrétaire général de l'Élysée. Je n'ai jamais trahi ni l'un, ni l'autre, ce qui explique sans doute l'animosité que me porte le président Nicolas Sarkozy. Mes liens avec Jacques Chirac ne lui font pas plaisir, tout comme ils dérangeaient l'entourage de Charles Pasqua, alors ministre de l'Intérieur, entre 1993 et 1995. Je crois que Nicolas Sarkozy, dans son manichéisme, aurait grandement préféré que je sois maoïste ou anarchiste ! Mais la vie, c'est bien autre chose que le « pour » et le « contre » !

Dans quelles circonstances avez-vous connu Jacques Chirac ?

Je l'ai croisé pour la première fois à la Mairie de Paris, introduit auprès de lui par un journaliste. Il avait un côté « sympa » qui plaisait, ce côté Corrézien qui mange volontiers les bons vieux plats de la cuisine française. Ces racines terriennes le distinguaient de tous ces citadins que l'on croise en politique. Il n'était pas hargneux ni revanchard, même s'il ne se laissait pas faire. Il connaissait la vie, lui qui avait enduré des drames personnels. Il était chaleureux. Je ne renie rien des liens qui nous ont rapprochés, pas plus que je ne renie ceux qui m'attachent à Jean-

Louis Debré, Pierre Joxe ou Jean-Pierre Chevènement, que j'ai pratiqués lorsqu'ils étaient en charge de la Place Beauvau. Je n'ai cependant jamais été un idolâtre frisant le fanatisme, comme tendrait à l'être un Frédéric Lefebvre [porte-parole de l'UMP].

Avez-vous, en tant que directeur des RG, rencontré l'ancien Président après son élection ?

Je voyais Dominique de Villepin une à deux fois par mois, mais je n'ai croisé Jacques Chirac à l'Élysée qu'une fois durant tout son septennat. C'était un samedi, jour sans cravate ; il portait un jean et n'était pas rasé de près. Nous étions à la veille de la dissolution de l'Assemblée nationale et il m'a remercié pour mon travail. Je me souviens de lui avoir dit que si mes comptes étaient bons, les élections étaient perdues pour lui. Je ne l'ai pas vu davantage, mais il savait parfaitement ce que je faisais. Un jour, alors que je marchais dans un couloir du « Château » en compagnie de Philippe Massoni, ancien directeur des RG, devenu conseiller spécial du Président pour les affaires de sécurité, nous avons croisé Mme Bernadette Chirac qui s'est exclamée : « Ouh !!! Mais c'est monsieur Bertrand ! Nous le connaissons bien... Mon mari l'aime beaucoup ! »

Vous étiez aux petits soins pour Bernadette, à en juger par cette annotation en date du 14 février 2002, piquée dans les extraits de vos carnets circulant dans Paris : « Bernadette Chirac va rencontrer F. Autour de F. = truands. Très mauvais genre... »

Un déplacement de l'épouse du Président en province faisait toujours l'objet de l'attention des Renseignements généraux ! En l'occurrence, je me souviens que nous avons envoyé le préfet Jean-Charles Marchiani pour faire office de tampon et mettre Bernadette à l'abri de mauvaises rencontres. Je ne dirai pas qu'elles sont parfois naïves, mais ce n'est pas le rôle des premières dames de France de mener des enquêtes. Elles n'en font d'ailleurs parfois qu'à leur tête, comme en son temps Danielle Mitterrand qui ne demandait l'avis de personne, pas même celui de son mari, pour prendre fait et cause pour tel ou tel guérillero kurde ou mexicain. En toute bonne conscience, elle aurait fort bien pu compromettre gravement le Président !

En quelques mots, comment qualifieriez-vous le rapport que Jacques Chirac entretenait avec le pays ?

L'esprit de la France reste très rural. Même minoritaires, les paysans y conservent une forte influence, et c'est compter sans le goût de nos contemporains pour la résidence secondaire. Pour nos « terriens », Chirac était le *number one*. Mettre la main au cul des vaches, c'est un métier. Nicolas Sarkozy, on sent bien qu'il n'est pas à la hauteur ! François Mitterrand n'avait rien d'un paysan, mais il avait la province – la Charente, le Nivernais, les Landes... – dans le sang. Pour l'agrégé François Bayrou, le lien avec la campagne a pu aussi constituer un atout, même s'il ne suffit pas de chausser des bottes pour faire partie des « glaiseux ».

Était-ce facile de travailler pour Jacques Chirac ?

C'est un homme pour qui j'avais beaucoup d'estime. Lui, au moins, n'avait pas ce côté paranoïaque que j'ai dû affronter chez d'autres ! Sans aller jusqu'à dire que c'était un cul-terreux, il connaissait bien le peuple. On ne saurait dire la même chose de ceux de nos dirigeants qui ne se plaisent qu'à bord des yachts et dans les palaces.

Qu'attendait Jacques Chirac des RG durant cette période ?

Je rapportais tout ce que je savais à Dominique de Villepin qui, à l'époque, détenait beaucoup de pouvoir. Il faisait pour ainsi dire office de gourou politique de Jacques Chirac. Je lui faisais un compte rendu verbal de ce qui se disait dans Paris. Nos rencontres se déroulaient toujours dans la sérénité. À ma connaissance, Jacques Chirac n'attendait pas du directeur des RG qu'il lui révèle des secrets d'alcôve. Ce qu'il prisait, c'était le renseignement politique. Il voulait être au courant des « coups tordus » qui se préparaient contre lui et contre l'État. Ce n'est pas lui qui aurait réclamé la disparition du service ! Les RG, cela faisait corps avec sa génération.

Et Dominique de Villepin, dont on prétend qu'il est volontiers attiré par le monde du renseignement, que vous demandait-il ?

Dominique de Villepin aimait le renseignement, c'est vrai, mais ce n'était pas un maniaque du renseignement, contrairement à ce que certains ont pu dire de lui. Le numéro 2 de la Présidence se passionnait pour les informations que je lui délivrais, mais il ne m'a jamais demandé de monter une opération « barbouzarde » pour déstabiliser tel ou tel adversaire, ni même de travailler sur la vie privée des gens. Il était cependant avide de savoir ce qui se passait, et, quand ça l'intéressait, il prenait des notes. Il était d'ailleurs souvent au courant des choses avant que je ne les évoque devant lui. Il avait ses propres réseaux. Quand il découvrait quelque chose, il m'en faisait part, de manière toujours très courtoise.

Vous étiez au ministère de l'Intérieur, Dominique de Villepin avait son bureau à l'Élysée : dans quelles conditions vous rencontriez-vous ?

Dominique de Villepin est un aristocrate, mais, avec lui, les choses se passaient en toute simplicité. Je lui téléphonais en lui demandant si je pouvais passer le voir dans les dix minutes qui suivaient. Quand il était disponible, il ne me restait plus qu'à traverser la rue alors que d'autres attendaient quelquefois plusieurs mois pour le voir ! Il savait que je n'appelais pas pour rien. Il savait aussi que j'avais de la considération pour lui, et je vous le confirme bien volontiers aujourd'hui : Dominique de Villepin n'est ni une fripouille, ni un menteur. Il n'est pas comme certains de ces hommes politiques prêts à tout pour arracher le pouvoir, puis pour le conserver.

Sauf que lui et vous n'êtes pas du tout issus du même moule...

Je ne suis pas un aristocrate, loin de là ! Je suis fils de fonctionnaire, je suis issu du peuple, mais Dominique de Villepin me savait fidèle. Il m'appelait parfois « camarade », mais il y a toujours eu une certaine distance entre nous deux. C'est de cette relation privilégiée que vient sans doute la haine que me vouent ses adversaires.

Parce qu'ils pensaient que vous étiez au service exclusif de la chiraquie ?

Je ne roulais pas pour un camp, mais pour l'État. On ne peut tout de même pas me le reprocher ! Je ne suis pas, à moi seul, responsable des divisions de la droite !

Peut-on cependant dire que vous avez été « chiraquien » ?

C'est effectivement un terme que je revendique, mais si j'ai servi Jacques Chirac avec une loyauté sans faille, j'y insiste, c'est parce que j'étais placé sous son autorité. Il savait qu'il ne risquait rien avec moi : ne cherchez pas au-delà. En retour, il ne m'a jamais lâché, du moins jusqu'à mon éviction.

Dominique de Villepin et Jacques Chirac pouvaient également s'appuyer, dans le domaine du renseignement, sur le préfet Philippe Massoni. Était-il votre rival ?

Je connais Philippe Massoni depuis une trentaine d'années. À l'époque dont nous parlons, nous travaillions ensemble. Il n'y avait aucune rivalité entre nous : j'ai toujours considéré qu'il était supérieur à moi sur le plan hiérarchique. Je ne suis guère vaniteux, mais je crois que, dans notre genre, nous avons été les derniers : de purs produits des RG, tous les deux, et nous n'avons pas eu de véritables successeurs. Cela, Dominique de Villepin le savait parfaitement. Nous étions les dignes héritiers d'une école. Nous n'étions pas des forcenés de l'informatique, ni rien de ce genre, mais nous croyions au contact humain. Le contact humain est irremplaçable quand on est dans le renseignement, je ne changerai jamais d'avis sur ce point !

Nous reparlerons plus loin de cette « école française », mais revenons à la politique. Pourquoi ne pas avoir tenté de dissuader l'Élysée de dissoudre l'Assemblée nationale, ce qui allait se révéler comme une erreur majeure de Chirac vis-à-vis de son propre camp ?

La décision de dissoudre l'Assemblée a été prise avec Alain Juppé, alors Premier ministre, et son conseiller pour les affaires intérieures, Jean-Michel Roulet. Ils étaient convaincus, tout comme Dominique de Villepin, qu'ils allaient remporter les nouvelles élections haut la main. La décision prise, il n'y a plus eu moyen de les faire reculer. Juppé avait décidé. Il n'aurait jamais pris en considération un avis contraire. On a vu ce que cela a donné : leur marge s'est rétrécie chaque jour un peu plus, les sondages ont fini par basculer, et puis ils ont tout perdu !

Prétendez-vous connaître le comportement de l'électeur moyen mieux que certains des politiques que vous citez ?

En l'occurrence, je n'ai pas eu besoin du politologue Stéphane Rozès pour comprendre que le pouvoir en place allait prendre une magistrale gifle électorale. J'ai d'ailleurs remarqué que les politologues et autres faiseurs d'opinion étaient toujours très bons pour expliquer les résultats après coup, mais plus rarement pour les anticiper. Ils disent qu'il va pleuvoir quand il pleut. Beaucoup d'entre eux m'appelaient Place Beauvau, les soirs d'élections, pour savoir ce qu'ils allaient pouvoir dire au Journal de 20 heures, découvrant brusquement qu'ils s'étaient trompés. La prévision, c'est un travail de maquignon, ça ne peut se faire que sur le foirail. On ne peut rien prévoir en restant assis derrière son ordinateur. Chaque fois qu'à coups de sondages on prétend imposer le résultat d'un vote aux Français, ils prennent un malin plaisir à faire le contraire de ce que l'on pronostiquait. Ils sont imprévisibles, surtout lorsqu'on cherche à leur forcer la main. Ils changent précisément d'avis parce que les sondeurs se sont comportés comme s'ils connaissaient d'avance le résultat... Cela n'empêche pas nos devins experts de s'exprimer d'un ton sentencieux, à la télévision, comme s'ils avaient tout pronostiqué.

Les politologues ne sont pas vraiment vos amis...

On m'a toujours enseigné que la science politique n'était pas une science, même si c'est toujours mieux que le marc de café, mais les politologues sont passés maîtres dans l'art de rebondir malgré leurs erreurs.

Vous ne vous trompiez jamais, aux RG ?

Bien sûr que cela nous arrivait à nous aussi de nous tromper ! Sonder l'opinion, c'est sonder les cœurs dans l'isoloir, l'un des rares espaces de liberté à subsister dans la société actuelle, l'un des tout derniers avant l'abstention pure et simple ! L'une des leçons du scrutin présidentiel de 2002 qui vit l'élimination de Jospin au premier tour, c'est que l'électeur n'a pas forcément envie de dire au sondeur pour qui il votera, surtout s'il a l'intention de voter pour Jean-Marie Le Pen. J'avais bien senti dans l'opinion la montée de l'extrême droite, mais nos sondages ne l'avaient jamais placé au-delà de 14 %. Or il a fini à 17 % !

Pas facile d'aller dire au ministre de l'Intérieur que son camp est en difficulté. Comment s'y prend-on ?

Quand vous disposez de résultats mitigés, vous avez trois façons de les annoncer. Soit vous dites franchement à vos interlocuteurs que l'opinion leur est défavorable et vous risquez de sortir du bureau avec un couteau entre les omoplates, sauf à parler à un masochiste. Soit vous leur dites que tout va bien et ils vous regardent d'un air sceptique et condescendant. Soit vous parvenez à leur faire comprendre que les gens ne pensent pas que du bien de leur politique, autrement dit la vérité, et vous serez de nouveau consulté... Les médecins connaissent bien cette situation, eux qui doivent annoncer à leur patient un cancer en phase terminale. L'issue est encore plus difficile à faire admettre qu'une défaite électorale.

Revenons à la dissolution de l'Assemblée nationale...

Cette dissolution laissait présager aux yeux de tous un succès absolu pour la droite. Quand l'avance s'est réduite à trente sièges, quelque dix jours avant le scrutin, j'ai fait simplement savoir que la tendance était déclinante, mais Alain Juppé et son collaborateur Patrick Stéfanini en étaient encore aux sondages qui leur donnaient quatre-vingt-dix sièges d'avance. Les sondages, c'est Big Brother. C'est un moyen qui prétend faire pencher les moutons de Panurge dans tel ou tel sens, selon les vœux de leurs clients, mais, la plupart du temps, à cause de la façon dont ils sont réalisés, ils ne veulent strictement rien dire. Je défie quiconque, parmi les spécialistes des instituts et les politologues, de prévoir ce qui va se passer sur le plan politique dans les mois et les années qui viennent ! Rien, jamais, ne se déroule comme prévu.

Jacques Chirac vous a toujours défendu, en toutes circonstances, face à ceux, nombreux, qui ont demandé votre éviction de la direction centrale des RG. Pourquoi ?

En pleine cohabitation, alors que se profilait le scrutin présidentiel de 2002, le Premier ministre Lionel Jospin et le ministre de l'Intérieur Daniel Vaillant ont en effet plusieurs fois réclamé mon départ. Chaque fois que la question de mon éventuel remplacement est revenue sur le tapis, en Conseil des ministres, le Président a évacué le sujet en disant : « Son départ n'est pas d'actualité. » Et il passait au dossier suivant, refusant de signer le décret qui m'aurait écarté. Cela ne m'a pas empêché d'être mis en hibernation, mais j'ai tenu bon. Jusqu'à la retraite ! Au fond, je me sens assez proche du colonel Chabert, le héros de Balzac. Il était un peu con, mais il était surtout d'une fidélité à toute épreuve ! Il est resté bonapartiste jusqu'au bout, tout comme je suis resté chiraquien, alors que beaucoup, autour de moi, trahissaient pour rallier le nouvel homme fort. Je crois qu'à l'époque je serais parti sur l'île de Sainte-Hélène avec Napoléon, moi aussi !

Dans vos brouillons apparaît un certain « Galouzeau ». Vous appeliez ainsi Dominique Galouzeau de Villepin ?

Non, il s'agit de l'un de ses oncles, un type qui fumait comme un Turc et avait été proche des milieux « Algérie française ». Écarté de l'armée, il s'était retrouvé à la direction du personnel et du matériel de la Police. C'est là que je l'ai connu alors que j'étais moi-même chef de ce bureau aux Renseignements généraux. C'est lui qui m'a introduit auprès de la famille.

À la veille de la réélection de Jacques Chirac à l'Élysée, en 2002, vous avez accordé une certaine attention aux rumeurs lancées pour le déstabiliser. Dans vos carnets, vous revenez maintes fois sur un magistrat en poste à la DGSE, le service d'espionnage français, d'où il aurait cherché à nuire à votre « protégé ». De quoi s'agit-il ?

Ce magistrat, dont nous connaissions l'engagement socialiste, concentrait à l'époque toute son attention sur les déplacements de Jacques Chirac au Japon. Faute d'avoir eu les moyens de le vérifier, je ne sais pas si le Président disposait d'un compte bancaire dans ce pays d'Extrême-Orient, mais c'était sa thèse. Nous le suivions de près et ses investigations ont évidemment donné lieu à plusieurs notes de mon service. J'ai certainement contribué à éteindre les ardeurs de cet homme dont nous étions convaincus qu'il agissait pour le compte du clan Jospin. Finalement, l'histoire n'a pas pris dans l'opinion, mais l'impact aurait pu être le même que celui des « diamants de Bokassa » pour Giscard, si elle avait eu un début de commencement pénal.

Vous étiez là en plein roman d'espionnage !

La politique, nous aurons l'occasion d'y revenir, se réduit trop souvent à une série de coups bas. Rien de tel pour abattre un candidat à la présidentielle que de faire courir le bruit qu'il dispose d'un compte bancaire un peu louche dans quelque lointain archipel ! À l'époque, la DGSE a probablement servi de base de départ à un certain nombre de règlements de comptes politiciens qui n'avaient rien à voir avec sa mission. Les combats internes au milieu politique peuvent être d'une férocité inouïe, surtout à la veille d'une échéance importante. Le Premier ministre Lionel Jospin était entouré de personnes habitées par l'exécration de tout ce qui ressemblait à la chiraquie. On m'a même rapporté, sans que j'aie pu le vérifier, que l'un de ses conseillers à Matignon distillait aux journalistes les dossiers fiscaux de certaines de ses cibles. La politique, ça n'est pas que des tournois de seigneurs. Ce sont aussi tous ces spadassins qui travaillent pour leurs patrons et qui font rarement dans la dentelle.

Parleriez-vous à ce propos de « petite » politique ?

C'est plutôt de la basse police au service d'intérêts politiques. Mais ne cherchez pas trop la « grande » politique, vous risqueriez d'être déçu !

Chapitre 3

Nicolas Sarkozy

« Il va nous donner du fil à retordre. »

Entre Nicolas Sarkozy et vous, le courant n'est jamais vraiment passé...

Disons-le : Nicolas Sarkozy n'a jamais pu me voir en peinture. Même quand les notes que je transmettais comme directeur des Renseignements généraux pouvaient nourrir sa cause, il se méfiait de moi. Pour lui, le monde se divise en deux camps : amis et ennemis. Il n'y a ni statut intermédiaire ni juste milieu.

Une approche qui ne l'a cependant pas empêché d'accéder aux plus hautes fonctions... Quel est son secret ?

Nicolas Sarkozy a accédé aux plus hautes responsabilités grâce à une astuce que nul ne lui conteste.

Je ne me prononcerai pas sur le point de savoir s'il est supérieur sur le plan intellectuel, mais en revanche, je sais qu'il n'a reculé devant rien pour rafler le pouvoir. Peut-être en serait-il allé autrement s'il était habité par des principes rigides mais, à ma connaissance, ce n'est pas ce qui l'embarrasse le plus, et en cela il diffère d'ailleurs assez peu de la plupart des hommes politiques. Son secret réside dans la manière dont il vous sert la soupe lorsque vous lui êtes utile, mais assorti d'un corollaire qu'il ne faut pas négliger : quand vous ne le servez plus, il vous « tue ».

Vous qui êtes un observateur attentif de la scène politique française, à partir de quand avez-vous compris que l'avenir de cet homme s'écrirait en lettres majuscules ?

J'ai très tôt senti chez Nicolas Sarkozy une énorme ambition. Franchement, il n'y en avait pas trente-six comme lui dans le paysage. Il est armé d'une astuce politique rare, doublée d'un aplomb, d'un culot indescriptibles ! Grâce à ces traits, cet homme arrive à obtenir tout ce qu'il veut ! Il s'est glissé dans l'ombre de Charles Pasqua. Il a fait son trou parmi le « clan » des Hauts-de-Seine, le département le plus riche de France, jusqu'au jour où, Pasqua vieillissant, il l'a poussé et a pris sa place. Sur le plan tactique, c'était très bien vu ! Par surcroît, il déployait une énergie incroyable. Je me souviens de cette réflexion que m'avait faite un jour Daniel Leandri, l'un des policiers les plus proches de Pasqua. Il m'avait dit : « Tu verras, Nicolas Sarkozy ira loin. » Et il savait de quoi il parlait. Dominique de Villepin usait d'une expression similaire, avec tout de même une nuance. « Il va falloir faire attention, celui-là ira loin, m'a-t-il glissé un jour. Il va nous donner du fil à retordre. » Ils n'avaient tort ni l'un ni l'autre...

Les Hauts-de-Seine, pour vous, c'est en quelque sorte la matrice originelle de Nicolas Sarkozy...

Le clan des Hauts-de-Seine s'était fixé un objectif : conquérir le pouvoir et le conserver. Avoir derrière soi un département doté d'un PIB proche de celui de la Belgique, ça aide à coup sûr à vivre pleinement ses ambitions. Pour Nicolas Sarkozy, cette première marche a fonctionné comme un tremplin.

D'où vient cette suspicion du nouveau président de la République à votre endroit ?

Pour comprendre, il faut remonter aux années Balladur et à la campagne électorale de 1995. À l'époque, la bataille faisait rage entre deux camps : Edouard Balladur d'un côté, avec Nicolas Sarkozy et Charles Pasqua ; de l'autre, Jacques Chirac et

Dominique de Villepin. Les « coups fourrés » destinés à abattre l'adversaire se sont multipliés. Durant cette période, j'ai transmis de très nombreuses notes blanches pour anticiper ces opérations de déstabilisation. On nous apportait des dossiers clefs en main pour salir l'autre camp, comme ce jour où l'on est venu nous raconter que l'un des principaux candidats s'habillait en femme pour aller en boîte, escorté de l'un de ses plus proches collaborateurs. C'était une torpille on ne peut plus dégueulasse – une parmi d'autres – comme on en voit souvent passer en politique.

Au lendemain de cet affrontement terrible au sein de la droite, vos relations avec Nicolas Sarkozy ne se sont pas arrangées, mais vous étiez assuré d'être maintenu à votre poste...

Après la défaite de son candidat, Nicolas Sarkozy a été mis sur la touche, et c'est un homme qui ne pardonne pas. La haine entre chiraquo-villepinistes et sarkozystes a alors atteint un point de non-retour. Non seulement la réconciliation n'était pas envisageable, mais je savais que l'histoire tournerait mal.

On connaît la suite : élections législatives anticipées, victoire de la gauche, puis réélection de Jacques Chirac sur fond de campagne très axée sur la sécurité, avec à la clef la nomination Place Beauvau de Nicolas Sarkozy... À la date du 13 mai 2003, si l'on en juge par les extraits diffusés par la presse, vous notez dans vos carnets : « Sarko. 150 000 F en liquide dans son cabinet ». Outre le fait que vous avez du mal à passer aux euros, cela ne dénote-t-il pas une certaine animosité vis-à-vis d'un homme dont on sait déjà qu'il briguera la succession de Jacques Chirac ?

Cette information ne concernait pas le cabinet du ministre, mais le cabinet d'avocats où exerçait Nicolas Sarkozy. Il y a des espèces qui circulent dans tous les cabinets d'avocats qui marchent bien : alors je ne vois pas l'usage que j'aurais pu faire de cet épisode...

Finalement, qu'attendait exactement Nicolas Sarkozy des RG lorsqu'il était ministre de l'Intérieur ?

Il cherchait déjà la rupture. Il me considérait comme un vieux grincheux, et voulait sortir le service de ce qu'il estimait être son image poussiéreuse. Mais je n'ai jamais cru à ces trucs réputés modernes. J'ai résisté à certaines réformes au nom de l'efficacité, et tous les fonctionnaires étaient à l'époque derrière moi...

Peut-être considérait-il aussi que vous vous mêliez d'un peu trop près de sa vie privée, non ?

Lorsqu'il était ministre, nous étions aussi en charge de sa sécurité !

Pris au piège de la guerre fratricide qui déchirait la droite, vous alliez finalement payer cher votre affiliation au camp Chirac. Comment vous a-t-on signifié votre disgrâce ?

J'ai effectivement payé cher ma loyauté envers le président de la République. Pour cette unique raison, parce qu'il m'avait « dans le nez », Nicolas Sarkozy s'est montré très mesquin avec moi. Il m'a convoqué à deux reprises parce qu'il me soupçonnait de comploter contre lui, ce qui n'était pas vrai !

Dans quel cadre avez-vous été « convoqué », comme vous dites ?

La première fois, Nicolas Sarkozy m'a convoqué au siège de l'UMP, rue La Boétie, pas très loin du ministère de l'Intérieur. Nous étions au mois de novembre 2004. Je crois me souvenir que c'était le jour même où il a pris la direction de son parti, ce qui signifie que c'était, à ses yeux, une affaire prioritaire. Il avait été ministre de l'Intérieur, et cela ne s'était pas trop mal passé entre nous, du moins le pensais-je. Il m'a ordonné de ne plus rencontrer le préfet Philippe Massoni. Il me l'a littéralement interdit, tout comme il a fait savoir à Massoni qu'il lui interdisait de me voir. Il était persuadé que nous étions tous les deux en train de comploter contre lui afin de l'empêcher d'accéder aux fonctions élyséennes. Nous étions pour lui l'axe du Mal. Il nous percevait nettement comme un danger.

Était-ce le cas ? Avait-il des raisons de vous soupçonner de fomenter de sombres menées à son endroit ?

Il n'y avait plus grand monde dans le paysage, à part Philippe Massoni et moi, qui puisse être soupçonné de monter des coups. Pourtant, je vous l'assure : à l'époque, on ne se voyait plus depuis longtemps...

Avez-vous obtempéré à cette injonction ?

Pas complètement, car j'ai continué à prendre des nouvelles de mon vieil ami Massoni.

À en croire ce qu'on connaît de vos brouillons, il vous transmet même une information de temps à autre, comme ce jour où vous notez après avoir mentionné son nom : « Le connard qui a escaladé la tribune a écrit à l'Élysée. Il veut foutre le bordel à la garden-party de l'Élysée. » On peine à imaginer que vous n'ayez pas échangé sur des thèmes plus politiques...

C'est pourtant le cas.

Revenons à cette rencontre au siège de l'UMP. Nicolas Sarkozy vous a-t-il adressé d'autres reproches ?

Il m'a également accusé de trop voir les journalistes. Mes contacts avec la presse semblaient le déranger. Le complot passait par là, selon lui. Je me rappelle l'avoir entendu citer les noms de deux journalistes, Laurent Léger, que j'avais reçu épisodiquement mais que je ne voyais plus, et Guy Birenbaum avec lequel j'avais déjeuné une fois. Il a cité un troisième personnage que je ne connaissais pas, Marc Francelet [mi-journaliste, mi-homme d'affaires]. Un de ses conseillers lui avait probablement glissé ces noms-là. Il s'exprimait sur un ton très agressif. Il ne tenait pas en place. Il gesticulait sans cesse dans son bureau, un peu à la façon des personnages qu'interprétait Louis de Funès. Le ton était sec, et le mot est faible. Il pointait le doigt sur moi, comme il aime à faire, en répétant : « Il faut arrêter de comploter contre moi ! ». Il était tellement véhément que je n'ai pas pu m'empêcher de penser qu'il me cachait quelque chose.

Comment avez-vous réagi ?

Curieusement, je suis un garçon assez émotif, mais Nicolas Sarkozy s'était montré si excessif que ses mots ne m'ont pas ébranlé. Je lui ai répondu à peu près sur le même ton, car avec lui on n'est pas obligé de prendre des précautions de langage. J'ai dit : « Non, monsieur le ministre, vous vous trompez. Ce journaliste que vous me citez, je ne l'ai vu qu'une fois. On vous a raconté des conneries ! » Cela a duré environ une demi-heure. Ses accusations étaient manifestement infondées.

Vous parliez tout à l'heure d'une seconde « convocation ». Dans quelles conditions cette rencontre a-t-elle eu lieu, et quel message vous a été transmis ?

Cette fois, Nicolas Sarkozy m'a fait venir au conseil général des Hauts-de-Seine. Deux mois à peine s'étaient écoulés depuis la première engueulade. Il m'a encore dit qu'il me soupçonnait de comploter contre lui avec Philippe Massoni. C'était chez lui une véritable fixation. En élevant le ton, il m'a lancé : « Vous ne m'aurez pas ! » Il était absolument persuadé que j'étais l'instigateur des faux listings des clients de Clearstream, du nom de cet établissement financier luxembourgeois présenté par certains comme le carrefour européen de l'argent occulte. Comme la fois précédente, Nicolas Sarkozy était très remonté. Je dirais même qu'il hurlait : « Vous êtes dans le coup ! répétait-il. Vous êtes dans cette affaire ! » C'était encore une fois si gros, et je me sentais tellement innocent de ce dont il m'accusait que je suis resté imperturbable. J'ai essayé de faire bonne figure.

Rappelons que Nicolas Sarkozy figurait, sous le nom de son père, sur l'un des listings trafiqués, accompagné d'une mention visant à laisser croire qu'il disposait d'un compte dans une banque italienne – une opération visiblement destinée à le déstabiliser à la veille de l'échéance électorale la plus importante de sa carrière. Comment vous êtes-vous défendu ?

Difficilement... Dans la tête de Nicolas Sarkozy, le montage Clearstream, c'était l'œuvre de Philippe Massoni et d'Yves Bertrand. Il craignait manifestement beaucoup Philippe Massoni qui avait encore une certaine influence. Comme nous n'étions pas « pour » lui, nous étions forcément « contre » lui. Il n'y avait pas place pour une autre hypothèse. Je lui ai répété que je n'étais pour rien là-dedans, qu'on lui avait raconté des bobards à mon sujet, mais cela n'a servi à rien.

Qui l'avait persuadé que vous auriez trempé dans l'affaire ?

L'un de ses proches conseillers, Pierre Charon, était apparemment convaincu que j'avais joué un rôle dans cette histoire, mais il n'était pas le seul à faire cette lecture : c'était aussi celle de Frédéric Lefebvre. On a tellement cherché à me faire endosser le bidouillage des listings que j'ai d'ailleurs fini par trouver cet acharnement suspect. Cherchait-on, en m'accusant, à protéger quelqu'un d'autre ? C'est une hypothèse qui ne saurait être totalement écartée.

Dans ce qu'on a pu lire de vos carnets, vous évoquez au moins une fois le père de Nicolas Sarkozy. Vous mentionnez le fait que des journalistes enquêtaient sur cet homme, « naturalisé après la guerre », écrivez-vous. Vous ajoutez qu'il aurait pu s'être engagé dans la Légion étrangère, comme si des révélations gênantes pour la famille risquaient d'être publiées à ce sujet. Qu'en est-il ?

D'abord, je voudrais dire que je ne connaissais même pas le nom du père de Nicolas Sarkozy tel que je l'ai découvert dans les listings « bidon ». J'ai effectivement pris quelques notes au sujet d'une enquête journalistique en cours, mais cela ne veut pas dire pour autant que j'ai rédigé une note blanche à ce propos. Et tout ce que je notais n'était pas parole d'Évangile, bien au contraire ! J'ai même très certainement pu me faire intoxiquer à plusieurs reprises : c'est le lot de tous ceux qui travaillent dans le renseignement ! Par ailleurs, le fait que des journalistes enquêtaient sur le parcours du père du ministre de l'Intérieur et futur candidat à l'Élysée était une information en soi. En prenant ces notes, je n'avais pas du tout l'intention de lui nuire.

Quelles étaient vos relations avec Claude Guéant, qui a été successivement directeur général de la Police, directeur du cabinet de Nicolas Sarkozy au ministère de l'Intérieur, secrétaire général de la préfecture des Hauts-de-Seine, puis secrétaire général de l'Élysée ? Avez-vous cherché à plaider votre cause auprès de lui ?

Je connais Claude Guéant depuis 1993. Quand il dirigeait le cabinet de Nicolas Sarkozy, Place Beauvau, je lui rendais fréquemment visite, le samedi matin, vers 9 h 30. Parfois, le ministre passait une tête dans le bureau. Je me souviens qu'une fois il m'a tenu ce propos presque chaleureux : « Yves, comment allez-vous ? Il faut qu'on travaille ensemble ! » Un autre samedi, il a lancé d'un ton enjoué, sympathique : « Dites tout à Claude ! » J'avais mon petit carnet à la main, comme toujours, et Claude Guéant avait le sien. Mais, très vite, le climat a changé, et Guéant s'est bientôt dressé contre moi. L'affaire des « brouillons » entérinera la rupture. Guéant n'avait pas le choix : s'il était avec Nicolas Sarkozy, il devait être contre moi. Lui aussi s'est mis à me dire que je voyais trop les journalistes. Lui aussi s'est laissé convaincre que j'avais joué un rôle dans la manipulation des listings Clearstream...

Que lui avez-vous répondu ?

« Monsieur Guéant, lui ai-je dit, je ne vois pas à quoi vous faites allusion. Sachez que je ne rencontre pas plus de journalistes qu'avant ! »

Quel rôle jouait Claude Guéant au sein de l'équipe Sarkozy, Place Beauvau ? S'intéressait-il à votre production ?

Claude Guéant est un homme qui a un goût certain pour le renseignement, raison pour laquelle j'ai continué à le voir alors que j'étais à l'Inspection générale de l'administration. Au ministère de l'Intérieur, il faisait déjà office d'homme fort. Il était la clef du dispositif. Il dirigeait tout, jusqu'au moindre mouvement préfectoral. C'est un homme très intelligent, mais je n'ai jamais eu une confiance absolue en lui. Je dirais même que je me suis toujours méfié du sourire de chanoine qu'il affiche en toutes circonstances. Je ne doute pas un instant que le jour où il estime qu'il doit et peut porter le fer contre vous, il n'hésite pas. Même si vous avez eu avec lui jusque-là de très bons rapports !

Si vous avez commis une erreur, ce serait laquelle ?

L'erreur que j'ai commise, à leurs yeux, est de ne pas avoir fait acte d'allégeance. Avec son bon sens paysan, l'ex-officier de paix Daniel Léandri [syndicaliste policier, proche conseiller de Charles Pasqua] m'avait prévenu. Mais, pour moi, la légitimité de l'État, c'était Chirac. Il n'était pas question que j'accroche mon wagon à la locomotive Sarkozy. Je ne suis pas de ceux qui passent leur vie à trahir. Je suis resté droit dans mes bottes, comme dirait Juppé, et ce n'est pas maintenant que je vais changer.

Cela suffit-il à justifier qu'on vous écarte complètement ?

Nous avons plusieurs souvenirs en commun, Claude Guéant et moi. Je vais vous en raconter un, qui est pour lui assez cuisant. Nous étions au soir de la déroute électorale de Jacques Chirac après la dissolution de l'Assemblée. Vers 1 h 30, dans la nuit, je descends voir dans son bureau Claude Guéant, alors directeur général de la Police. Je connaissais déjà le nom du prochain ministre de l'Intérieur : Jean-Pierre Chevènement, et celui de son directeur de cabinet : Patrice Bergougnoux, mais je me suis bien gardé de lui en parler. Et voilà Guéant qui me dit : « Il va falloir que vous partiez dans le Jura dès demain. Je pense que c'est pour vous la meilleure solution. » Je lui réponds sans me démonter : « Mais il fait froid, dans le Jura, monsieur ! – Ah ! » fait-il. Je poursuis : « Avant de me nommer ailleurs, il va tout de même falloir attendre la réunion d'un nouveau Conseil des ministres. » Il insiste. « On verra », lui dis-je. Il pensait probablement que j'allais servir de fusible. Il croyait que mon éviction lui permettrait de rester dans les murs. Il croyait qu'en me coupant la tête il sauverait la sienne et celle de quelques autres. Mais le fusible, ce fut lui. Il a été nommé préfet à Besançon, tandis que Michel Gaudin, autre pilier de la Place Beauvau, aujourd'hui préfet de police de Paris, était envoyé à Nîmes où il s'est d'ailleurs beaucoup plu. Je sais que cet épisode a laissé des traces dans la mémoire de Claude Guéant. Il m'en a voulu de ne pas avoir accepté de me sacrifier. Lionel Jospin m'a bien proposé le poste de préfet de Seine-et-Marne, mais j'ai refusé, avec le soutien de Jacques Chirac et de Jean-Pierre Chevènement.

Et Claude Guéant, quelle a été la suite de sa carrière ?

Grâce à la bienveillance du directeur de cabinet du ministre de l'Intéricur Daniel Vaillant, Bernard Boucault, il a réussi ensuite à se faire nommer à Rennes, dans sa région. Le directeur de cabinet en question deviendra pour sa part directeur de l'ENA. Les préfets, c'est une véritable maçonnerie : ils se flinguent de temps en temps, mais, le plus souvent, ils s'entraident et se soutiennent entre eux. Ils sont encore plus solidaires que peuvent l'être les magistrats, et beaucoup sont froussards, mais c'est là une autre histoire. Moi, je n'étais pour eux qu'un flic, et les flics, c'est leur lot, se font toujours couper la tête.

De quoi pourrait être fait, selon vous, l'avenir de Nicolas Sarkozy ?

Nicolas Sarkozy est de ces hommes qui aiment se mettre en valeur, quitte parfois à se contredire. C'est aussi un homme de « coups », dans le bon sens du terme, comme put l'être en son temps Robert Pandraud, alors considéré comme l'homme fort du gaullisme au sein de la police. Mais le vent finit toujours par tourner. Un jour, Sarkozy aussi finira par se casser la gueule.

Comment analysez-vous sa victoire à l'élection présidentielle de 2007, vous qui avez passé une bonne partie de votre carrière administrative à scruter le comportement de l'électeur français ?

Plus de la moitié du peuple français s'est jeté dans les bras de Nicolas Sarkozy. On sortait d'une période d'immobilisme avec Chirac. Trépidant, trépignant, Sarkozy faisait figure d'anti-Chirac. Les gens ont pris son agitation pour de l'efficacité. Ils ont confondu son opportunisme avec la cohérence programmatique. Ils se sont retrouvés avec un responsable politique virevoltant d'un sujet à l'autre à l'heure du journal télévisé, de la banlieue aux employés de banque, des marins-pêcheurs aux victimes de délocalisations mais qui, en fait, ne s'occupe de rien, son seul souci étant d'occuper le petit écran. Son agenda ? Les programmes télé.

Dans vos carnets, vous notez un jour cette phrase explicite : « Nicolas Sarkozy. Furieux après les Guignols *». Que pensez-vous de la contribution de nos humoristes télévisuels à la démocratie ?*

Les humoristes ont décrypté le personnage de Nicolas Sarkozy et pointé publiquement ses travers bien avant les autres. À l'abri derrière leur statut de saltimbanques, protégés par le fait qu'on ne les prend pas au sérieux, ils en disent long. Sarkozy a très mal réagi au début, et puis il lui a bien fallu s'habituer. Mais, au fond, lui aussi est une sorte de saltimbanque. Il n'a pas compris que président de la République et homme de spectacle, ça n'est pas tout à fait le même rôle. La politique est pour lui un instrument permettant d'accéder au haut de l'affiche, comme le chantait Aznavour. Sauf que lui, à la différence du héros de la chanson, y est arrivé.

Vous êtes un défenseur des « Guignols de l'info »...

Ils sont bons pour la démocratie. Je crois même qu'ils sont pour beaucoup dans la notoriété des politiques. Si on les interdisait, on n'entendrait plus que les Petits Chanteurs à la croix de bois et les Chœurs de l'Armée rouge ! Je défends l'esprit caustique et gaulois qui est le propre de ces émissions. On est là dans la tradition des chansonniers montmartrois, façon Anne Roumanoff. Nicolas Sarkozy a d'ailleurs appris à ne plus réagir au premier degré face à ces critiques. Il faut dire qu'elles ont tellement déferlé qu'il aurait fini par porter plainte contre la moitié de la France !

CHAPITRE 4

Charles Pasqua

« Mais je le sais déjà ! »

Charles Pasqua, principal responsable du SAC (Service d'action civique, bras armé du gaullisme) dans les années 1960, deux fois ministre de l'Intérieur dans les années 1980 et 1990, apparaît de nombreuses fois dans ce qu'on connaît de vos carnets, en particulier à cause de ses démêlés avec la justice. Avant d'en venir aux « affaires », comment décririez-vous son mode de fonctionnement, Place Beauvau ?

Charles Pasqua est un homme qui a pratiqué l'art du cloisonnement avec une grande maîtrise. Place Beauvau, il disposait d'un cabinet officiel, chargé des remises de décorations et des inaugurations – assez insignifiant, au demeurant. Et puis il y avait le cabinet privé dont faisait partie, entre autres, mon ami Jean-Charles Marchiani. C'était ça, le système Pasqua. Cela consistait à s'appuyer officieusement sur un réseau qui s'était étoffé au moment de la lutte contre l'OAS, mais dont les prémices remontaient à la Résistance. C'était là sa culture, sa vie, son passé. À ses yeux, l'administration officielle comptait pour du beurre. Même s'il la respectait, il passait son temps à la contourner. Au quotidien, il s'appuyait sur ses fidèles, parmi lesquels le policier Daniel Léandri, mais aussi Didier Schuller, alors élu des Hauts-de-Seine, ou les deux Guillet, Bernard et Jean-Jacques, respectivement chargés, entre autres choses, de l'international et des sondages.

Avec un réseau personnel aussi performant, pourquoi Charles Pasqua ne s'est-il pas carrément passé de vous ? Avait-il vraiment besoin d'un patron des RG ?

À un moment donné, il a été question de me débarquer, mais ils m'ont finalement conservé à mon poste. Ils pensaient probablement, comme beaucoup de gens, que je savais des « trucs », que j'avais une longue mémoire... Se séparer des gens qui ont de la mémoire est toujours un peu dangereux.

Apportiez-vous parfois à Charles Pasqua des informations qu'il jugeait utiles et importantes ?

Le plus souvent, quand je lui transmettais un renseignement, il disait : « Mais je le sais déjà ! » Son cabinet privé faisait merveille dans la recherche de l'information ! Il savait tout avant même que je ne le voie ! Parfois, il m'en apprenait davantage que mes propres collaborateurs ! Il m'est cependant arrivé de l'entendre dire : « Ça, je ne le savais pas ! » Comme c'était rare, il tenait à le souligner. Mais il se méfiait aussi de ce que je pouvais lui apporter. Dans son entourage, j'étais considéré comme chiraquien, aussi préférait-on me tenir à l'écart. Je n'étais pas catalogué parmi les partisans inconditionnels de Charles Pasqua.

Aviez-vous, lorsqu'il était Place Beauvau, un lien direct avec lui ?

Quand Charles Pasqua prétend ne pas me connaître, je souris, car je l'ai vu à plusieurs reprises. Je rencontrais par ailleurs pratiquement tous les soirs Daniel Léandri, son conseiller et confident. Ce policier atypique occupait un petit bureau au rez-de-chaussée, un bureau stratégique, souvent dédié aux éminences grises et jouxtant précisément l'antichambre du ministre, où lui a succédé un certain

Brice Hortefeux. Je me souviens qu'il était plutôt attentif aux informations que je lui transmettais, le plus souvent verbalement, muni de mon fameux carnet.

Entre vous, la proximité grassoise n'a donc pas fait de miracles ?

Charles Pasqua savait que j'étais originaire de Grasse, comme lui, mais cela n'a pas été pour nous rapprocher, même s'il habitait le quartier où vivaient mes oncle et tante. Pasqua est un Corse de Grasse, moi je ne suis pas corse, c'est une nuance qui n'est sans doute pas dénuée d'importance. De plus, il n'est pas resté longtemps à Grasse, puisqu'il a rapidement été affecté à Marseille comme représentant chez Ricard.

Les Grassois vous parlaient-ils parfois de cette figure locale ?

Son père, officier de paix, avait été un authentique résistant. Charles Pasqua était encore trop jeune pour s'illustrer sur ce terrain, mais, dans les villages de l'arrière-pays grassois, certains se souviennent d'un garçon déjà entreprenant malgré ses seize ans. Son goût pour les « réseaux » vient en partie de cette période-là. C'est un point qu'il avait en commun avec François Mitterrand ; Charles Pasqua partageait avec lui une même défiance vis-à-vis du côté officiel des choses. J'ai toujours senti qu'il ne s'en remettrait jamais complètement aux Renseignements généraux, qu'il ne cesserait pas de nous doubler. Il était parfaitement autonome depuis les années où il avait monté le RPF [ancêtre du RPR, lui-même ancêtre de l'UMP] dans la région provençale, avant de jeter, avec d'autres, les fondations du SAC, milice au service du général de Gaulle. Il n'avait pas besoin de nous !

De quelle nature étaient ses liens avec l'île de Beauté ?

Je ne pense pas que la « corsitude » ait été le plat préféré de Charles Pasqua. Il savait que ses compatriotes étaient « ingérables ». Les affaires corses bénéficiaient d'ailleurs chez lui d'un traitement à part, par l'entremise de son cabinet officieux.

Parmi vos attributions, vous aviez aussi le contrôle de la police des Jeux. De quelle marge de manœuvre disposiez-vous, sous l'égide de Charles Pasqua, à une époque où les Corses, dont certains de ses amis proches, « tenaient » encore ce monde des jeux ?

Durant la période Pasqua, le secteur des Courses et Jeux était personnellement suivi par le cabinet du ministre, et il l'était comme le lait sur le feu !

D'autres ministres, comme le socialiste Pierre Joxe, n'ont jamais voulu y mettre les doigts. Charles Pasqua, lui, suivait ces affaires de très près. Dans le décor, j'avais effectivement la haute main sur la sous-direction des Courses et Jeux, mais je n'étais là qu'une potiche. C'était un domaine réservé par excellence. Nous n'étions d'ailleurs aucunement décisionnaires : nous étions là pour émettre des avis et des propositions. Devait-on autoriser les casinotiers à augmenter leur parc de machines à sous ? Le ministre de l'Intérieur n'était aucunement tenu par mon avis sur la question. Il n'était même pas tenu de suivre les décisions de la Direction des libertés publiques et de la Commission supérieure des jeux, compétentes en ce domaine : il était le maître absolu. On m'avait d'ailleurs clairement fait savoir que l'on souhaitait me confiner, dans ce secteur, aux simples questions administratives. J'ai compris pourquoi par la suite. À l'époque, les casinotiers corses étaient en plein essor. Michel Tomi et Robert Feliciaggi, deux figures insulaires considérées à tort ou à raison comme des relations proches de Charles Pasqua, investissaient massivement dans le jeu en Afrique.

Les années 1993-95, c'est l'époque où des notes rédigées par l'une de vos collaboratrices, la commissaire Brigitte Henri, sur des affaires politico-financières, se sont retrouvées soudain en pleine nature. Certaines ont même été envoyées sous pli anonyme au juge d'instruction Éric Halphen. Votre service a-t-il été instrumentalisé ? Par qui ?

La commissaire Brigitte Henri, alors l'une de mes plus proches collaboratrices, a effectivement rédigé de nombreuses notes portant sur des soupçons de corruption visant entre autres Alain Juppé et Jacques Chirac. Ces notes étaient bien renseignées, peut-être même trop pointues. Je les ai transmises, comme toutes les autres, au cabinet du ministre de l'Intérieur Charles Pasqua et à Matignon. L'un des lecteurs a alors pris la décision de les diffuser à l'extérieur. J'ai du mal à imaginer que cette diffusion ait été orchestrée depuis Matignon dont les occupants n'avaient que des coups à prendre dans cette histoire. Toujours est-il qu'elles se sont retrouvées chez les juges et dans les médias, et que cela a provoqué un séisme. Elles ont servi de munitions dans une guerre politique particulièrement féroce.

Pour vous, le « corbeau » agissait depuis la Place Beauvau ?

J'ai toujours pensé que ces fuites très ciblées venaient de l'entourage de Charles Pasqua. Ils en redemandaient tout le temps, de ces notes ! Je ne veux accuser personne en particulier, mais, derrière le style du corbeau, j'ai cru reconnaître la patte d'un proche du ministre, réputé pour sa belle écriture !

À l'époque, Pasqua se serait bien vu dans le fauteuil de président de la République. Les observateurs ont bien compris qu'il voulait « tuer » Juppé et tout ce qui relevait de la chiraquie. Les méthodes et les mœurs du clan des Hauts-de-Seine étaient à l'œuvre.

Vous n'y seriez donc pour rien...

Je n'ai pas fait de photocopie des notes de mon service pour les envoyer au juge Éric Halphen [en charge d'une enquête sur les finances de la Ville de Paris, sur laquelle nous reviendrons plus loin] ! Comme à chaque fois, des politiques ont cherché à instrumentaliser des juges pour abattre d'autres politiques. Ils ont, bien sûr, pris la précaution de ne jamais envoyer un original, mais des copies. En adressant un original, le corbeau aurait aussitôt focalisé l'attention sur le ministère de l'Intérieur ou sur Matignon. Sur l'une de ces notes expédiées anonymement figurait curieusement la mention « Confidentiel-Signalé », le genre d'annotation qu'il ne me serait même pas venu à l'idée d'inscrire dans la mesure où une note blanche est par essence confidentielle. Grâce à cet ajout, j'ai pu me défendre en évoquant un faux manifeste ! J'ai eu droit à un prélèvement d'ADN qui m'a définitivement innocenté : ce n'était pas moi qui avais concocté les petites enveloppes à l'intention du juge.

Jacques Chirac aurait pu vous tenir rigueur de cet épisode somme toute peu glorieux pour son camp...

Jacques Chirac, lui, n'est pas rancunier.

Dans la galaxie Pasqua, Jean-Charles Marchiani est une énigme à lui tout seul. Libérateur d'otages, « porteur de valises » de Charles Pasqua, homme de l'ombre, héros, homme d'argent : la presse a taillé tous les costumes possibles à ce préfet hors norme. D'après ce qu'on en connaît, son nom revient plusieurs dizaines de fois dans vos carnets, au point qu'il apparaît comme l'une de vos principales sources. Dans quelles circonstances l'avez-vous rencontré ?

J'ai connu Jean-Charles Marchiani en 1961, plus précisément durant l'année universitaire 1961-62, à la faculté d'Aix-en-Provence. C'était un personnage qui dominait le petit monde des étudiants en droit. Officiellement, il militait pour la défense de l'Algérie française... Il était en fait intimement lié à Charles Pasqua, alors responsable du SAC, le fameux Service d'action civique, pour la Provence et la Côte d'Azur. Il était même son bras droit. Alors qu'il prétendait diriger le groupe « Algérie française » de la fac, il les infiltrait ! Jean-Charles passait son temps entre Marseille et Aix. Il faisait un véritable travail de contre-espionnage au sein de l'OAS métropolitaine, le prolongement naturel de l'organisation secrète qui sévissait sur le sol algérien. Très bien implantée entre Aix, Marseille et Nice, l'OAS « métro » était surtout composée de garçons très jeunes. La plupart auront été identifiés et arrêtés grâce au SAC dont on peut dire qu'il a réussi à « tuer » cette mouvance.

Quel rôle jouait Charles Pasqua à cette époque ?

La lutte contre l'OAS était coordonnée à Paris par Roger Frey, alors ministre de l'Intérieur [de mai 1961 à avril 1967], et par Alexandre Sanguinetti. Sur le terrain, Charles Pasqua veillait au bon déroulement des opérations. Je me souviens qu'ils avaient embauché une bande de Vietnamiens, de vraies « barbouzes », avec mission de liquider ce groupe qui se réclamait de la sédition.

De là remontent les liens qui vous attachent à Jean-Charles Marchiani ?

Nous avons sympathisé et sommes restés en bons termes jusqu'à aujourd'hui. Quand il a été incarcéré, j'ai d'ailleurs pris de ses nouvelles auprès de son épouse, Christiane. Je n'ai jamais renié notre amitié, tout comme je n'ai jamais renié personne !

Cet épisode éclaire-t-il la suite de l'histoire, notamment la grande complicité qui semble marquer les relations entre Marchiani et Charles Pasqua ?

Je n'ai pas tout de suite compris le rôle que Marchiani avait joué dans l'élimination des réseaux « Algérie française », mais cette période est essentielle pour comprendre la force de ce que l'on a appelé les « réseaux Pasqua ». Dès le départ, Jean-Charles Marchiani est un personnage clef de ces réseaux. Lorsque Pasqua a accédé à de hautes fonctions, il est tout naturellement arrivé dans son sillage, avant de faire partie des tout premiers conseillers. Je vous rappelle que c'est lui qui a obtenu la libération des otages du Liban lors du premier passage de Charles Pasqua au ministère de l'Intérieur, entre 1986 et 1988 !

Lorsque Jean-Charles Marchiani s'est retrouvé Place Beauvau, quelles ont été vos relations ?

Il venait me voir presque tous les soirs dans mon bureau. Il me donnait du « Yvon », ainsi que les étudiants m'appelaient à Aix. Vous ne m'entendrez jamais dire du mal de lui ! Tout ce que je peux vous préciser, c'est qu'il a toujours aimé le renseignement parallèle.

Quelle était l'ambiance, au ministère ?

Le soir, Charles Pasqua réunissait souvent ses plus proches conseillers dans son bureau. Il y avait du saucisson, de la coppa et du vin rouge. C'était convivial, mais on évoquait des sujets très sérieux. Pour ses rendez-vous plus discrets, le ministre avait à sa disposition un petit studio situé avenue Foch. L'endroit ne devait pas faire plus de vingt mètres carrés et était meublé très succinctement. Pasqua se contentait d'une simple chaise sur laquelle il s'asseyait à califourchon, les coudes posés sur le dossier. Il voyait là tous ceux dont il ne voulait pas qu'ils laissent des traces à l'entrée du ministère.

On a le sentiment, en lisant ce qui a transpiré de vos carnets, que Jean-Charles Marchiani vous a régulièrement appellé au secours à partir du moment où ont commencé ses difficultés avec la justice. Qu'attendait-il de vous ?

Lorsqu'il a commencé à avoir des ennuis avec la justice, Marchiani s'est en effet tourné à plusieurs reprises vers moi. Il savait que je connaissais bien le haut responsable de la police fédérale suisse. Il voulait que je l'appelle pour le convaincre que toutes les malversations dont on l'accusait, tout ce qu'il avait fait, c'était pour la France, jamais pour s'enrichir personnellement. Il voulait que je défende son honneur, ce qui aurait eu peut-être pour effet de freiner les investigations du côté suisse. Il était complètement plombé. Il essayait de sauver sa peau par tous les moyens, et notre ancienne amitié pouvait être l'un de ces moyens-là. Cela ne l'a pourtant pas empêché d'aller en prison !

Avez-vous appelé Urs von Däniken, chef du service d'analyse et de prévention auprès de l'Office fédéral de la police suisse ?

Lorsque j'ai eu l'occasion de lui parler, je lui ai simplement demandé de faire preuve de prudence dans cette affaire. Je lui ai dit : « Urs, fais gaffe ! » Des informations invérifiables remontaient, datant de la période 1993-95, comme la mort d'un opposant iranien en Suisse dont le gouvernement français aurait indemnisé la famille en vue de calmer la véhémence de Téhéran vis-à-vis de Paris. Il était aussi question d'un versement d'argent aux Serbes, en échange de quoi ils auraient libéré les Casques bleus retenus dans l'enclave de Srebreniča. Ou encore d'une commission versée aux Soudanais en échange de la capture du terroriste Carlos. Tout cela à partir des banques suisses, raison valable, aux yeux de Marchiani, pour que l'État fédéral helvétique bloque la transmission des informations bancaires à la justice française.

Jean-Charles Marchiani vous apportait-il parfois de bons « tuyaux » ?

Il racontait des choses, oui, mais, ces dernières années, ses informations étaient surtout liées à son désir de se sortir lui-même de l'ornière dans laquelle il avait versé.

Qui, de Jean-Charles Marchiani ou de Jean-Philippe Douin, chef d'état-major des Armées, peut s'arroger les mérites de la libération des pilotes français pris en otages par les Serbes ?

J'avais connu Jean-Philippe Douin sur les bancs de l'Institut des hautes études de défense nationale. C'était un militaire droit dans ses bottes et sous sa casquette, très chrétien traditionnel, pas du genre à conspirer. Comme Marchiani, il prétendait avoir joué un rôle dans la libération des pilotes. Lequel, du militaire ou de l'homme de coups, disait vrai ? Je n'ai jamais su le fin mot de l'histoire, mais j'ai mon sentiment personnel sur la question.

On a parfois l'impression, en lisant ce qui a été diffusé de vos carnets, que vous vous êtes acharné contre Charles Pasqua dont vous annoncez, par exemple, la première mise en examen en mars 2000, soit un an avant qu'elle ne se produise. Vous imagi-

nez ainsi qu'il pourrait y avoir un lien entre le financement de son nouveau parti, le RPF, et la création, par ses amis corses, du PMU gabonais. Vous suivez de très près la perquisition réalisée en juillet 2000 au cabinet de l'avocat fiscaliste Alain Guilloux, laquelle sera à l'origine de la retentissante affaire de l'Angolagate. S'agissait-il, comme certains le croient, d'éliminer Pasqua de la course présidentielle ?

Je sentais bien que certaines relations avec des hommes sulfureux finiraient par le rattraper, et pas seulement parce qu'il a plus de ressemblance avec l'un des frères Rapetout qu'avec l'ange Gabriel ! C'était un personnage central dans le paysage politique, et c'est pour cette raison qu'il apparaît autant dans mes carnets. Il y avait aussi le « mythe Pasqua », mais si j'ai annoncé à l'avance sa mise en examen, ce n'est pas parce que je suis devin ; c'est parce que j'étais aux Renseignements généraux ! Ces affaires qui pointaient le nez un peu partout allaient forcément devenir pour lui un handicap. Mon flair me le disait, mais je vous l'assure : je n'ai jamais souhaité enfoncer Charles Pasqua, comme je n'ai jamais souhaité la mort de qui que ce soit. Je le suivais comme je suivrais aujourd'hui Bayrou, Aubry ou Royal, en raison de leur densité médiatique et de leur notoriété.

Dans les pages publiées de vos carnets, on relève encore cette étrange assertion : « Le RPF financé par l'OTS [Ordre du temple solaire] ». Le parti de Charles Pasqua en cheville avec une secte mystique : c'est une mauvaise blague ?

Quelques-unes de mes sources avaient certes un penchant pour la boisson, mais si vous écartez tous ceux qui ont le moindre vice, vous ne voyez plus personne ! Dans les années 1950, à *Paris-Match*, on était au champagne dès 10 heures du matin !

Dans le même temps, vous vous intéressez à la cavale de Pierre Pasqua, le fils, dont vous écrivez, le 5 mars 2003, qu'il réside à Sidi Bou Saïd, dans la banlieue touristique de Tunis...

Pierre Pasqua, pour qui son père garde une grande affection, gérait une agence immobilière à Grasse, la ville où j'ai grandi. Durant cette période où il s'était réfugié à l'étranger, je le suivais effectivement à la trace, mais je n'ai pas contribué à son arrestation.

Toutes ces affaires ont-elles privé Charles Pasqua d'un destin national ?

Charles Pasqua avait les avantages et les inconvénients du *self made man*. Il était moins noir que l'image qu'on a donnée de lui. Ce qui l'a piégé, ce n'est pas l'argent, ce sont ses fréquentations et son culte des « réseaux ». Combinés, ils l'ont probablement empêché de prétendre à la présidence de la République. Son parler-vrai plaisait, tout comme ce populisme fait d'approximations et de coups de gueule, même si les Français ne le prenaient pas complètement au sérieux. Lui aussi connaissait le peuple. Il était l'antithèse d'un Giscard. Il s'est cependant trompé lorsque, contre Jacques Chirac, il a choisi Edouard Balladur avec qui il n'avait pas d'affinités politiques réelles. Il lui a manqué dix centimètres de stature politique. Si l'aventure a mal tourné, c'est que, lorsque vous n'êtes plus rien, la justice vous tombe dessus. Si Charles Pasqua était encore juché sur les premières marches, il n'aurait vraisemblablement pas toutes ces procédures sur le dos. Aujourd'hui on le piétine, on le déchire comme on fait si bien avec ceux qui sont à terre.

Peut-on dire qu'il y a eu passage de flambeau lorsque Nicolas Sarkozy a mis la main sur le département des Hauts-de-Seine, fief de Charles Pasqua ?

Ce que l'on appelait l'« école Pasqua » est en effet devenue l'« école Sarkozy ».

CHAPITRE 5

Ministres de l'Intérieur

« Ils m'ont tous écouté, sauf un... »

Pierre Joxe a d'abord été ministre de l'Intérieur entre juillet 1984 et mars 1986 à la demande de François Mitterrand. Il a de nouveau occupé le poste entre mai 1988 et janvier 1991, lorsque vous-même entamiez votre ascension pour prendre la tête des RG. Quelle image conservez-vous de ce dignitaire socialiste ?

Pierre Joxe avait pour moi la stature d'un homme d'État : il aurait pu être président de la République. Un temps, il a pensé à orchestrer une fusion de notre service avec la Police de l'air et des frontières, mais il s'est aperçu de l'utilité spécifique des Renseignements généraux à l'encontre desquels il n'a jamais tenu, à ma connaissance, de propos hostiles. J'ai même le sentiment que les notes des RG ne lui étaient pas complètement indifférentes, lui qui avait conservé de la guerre d'Algérie une véritable culture du renseignement acquise au sein de la Sécurité militaire. Je l'ai d'ailleurs revu par la suite à plusieurs reprises à la Cour des comptes comme au Conseil constitutionnel, et lui conserve une grande admiration.

Le ministère Joxe n'a pas été une période faste pour les cercles de jeux, laissiez-vous entendre lorsque nous évoquions la période Pasqua...

En bon protestant, Pierre Joxe n'aimait pas trop le monde des casinotiers. C'est un univers qui lui était tout à fait étranger. Mais il a vite compris qu'il lui serait impossible de s'attaquer frontalement aux casinos, à cause du puissant lobby des élus des stations balnéaires dont une part notable des revenus provient du jeu.

Vous évoquiez la convivialité des réunions improvisées autour de Charles Pasqua. Qu'en était-il sous Pierre Joxe ?

L'homme était d'un abord plus puritain. Dans les habitudes de travail, il était plus porto que vin rouge.

Le socialiste Philippe Marchand lui a succédé Place Beauvau où il est resté de janvier 1991 à avril 1992. Le temps de vous laisser un petit souvenir ?

Philippe Marchand a fait un passage discret Place Beauvau. Je ne conserve qu'un souvenir de lui : au moment de quitter ses fonctions, il m'a remis un dossier entièrement consacré à Gilles Ménage, le conseiller de François Mitterrand pour les affaires de police, homme qui ne faisait apparemment pas partie de ses amis politiques.

Que contenait ce dossier ?

Nous étions là dans le cadre d'un règlement de comptes interne entre notables de la mitterrandie. Tout ce que je puis dire, c'est que je n'ai fait aucun usage de ces documents.

C'est à cette époque – exactement en 1992 – que, dans le cadre de la départementalisation, vous avez été nommé chef de ce qui est devenu provisoirement le service central des RG. François Mitterrand était encore à l'Élysée. Aviez-vous parfois des contacts au « Château » ?

C'était le temps où dominaient dans la haute fonction publique des hommes qui avaient connu François Mitterrand dans son département d'élection, la Nièvre. L'un d'eux s'appelait Jean-Claude Coullerez. Commissaire divisionnaire, il avait été directeur des Renseignements généraux dans ce département. Il avait l'oreille du Président, qui lui faisait toute confiance. C'était lui mon correspondant. Il n'aimait ni les paillettes, ni les décorations, et ne cherchait pas particulièrement à briller, à la différence de nombre d'hommes d'influence. C'était un ancien des Renseignements généraux au sens noble du terme, qui avait notamment dirigé le très important Office central des sondages et des statistiques.

Quel était l'ordre du jour de vos rencontres avec Jean-Claude Coullerez ? François Mitterrand était-il inquiet de ce qui pouvait se tramer au sein des RG ?

Nous ne débattions pas de haute stratégie, mais il prenait des notes, comme la plupart de mes interlocuteurs. Il était socialiste, comme pouvait l'être Mitterrand. Le Président se méfiait effectivement de la police depuis les divers « coups tordus » qu'il avait dû affronter sous la IVe République, mais ce n'est pas le principal souvenir que je conserve de lui. Je me souviens surtout de François Mitterrand à la fin de sa vie, de son courage face à la maladie, de cette période durant laquelle il a découvert l'existence de toutes sortes de mages et de guérisseurs aussi inefficaces que la médecine face à l'évolution de son cancer...

Paul Quilès, lui aussi socialiste, prend la relève au ministère de l'Intérieur pour une petite année, jusqu'en mars 1993. À l'entendre aujourd'hui, on a le sentiment qu'il ne vous appréciait guère...

Paul Quilès prétend avoir lu les notes des Renseignements généraux en se bouchant le nez. C'est déjà une façon de reconnaître qu'il les lisait, ce que je puis confirmer. L'un de ses proches conseillers, mon ami Jean-Hugues Colonna, les lisait tous les soirs, et je vous assure que le ministre faisait de même. Je ne l'ai personnellement jamais vu se boucher le nez ! Cela dit, même s'il n'est pas resté très longtemps en poste, je l'ai trouvé plutôt bon ministre de l'Intérieur. C'est même lui qui m'a nommé chef du service central des RG au printemps 1992. C'est dire si le courant passait bien entre nous !

Vous nous avez précédemment expliqué quel genre de relations vous avez entretenues avec Charles Pasqua lorsque celui-ci est revenu au ministère de l'Intérieur de mars 1993 à mai 1995 (il y avait déjà passé deux ans durant la première « cohabitation » dans le gouvernement Chirac entre mars 1986 et mai 1988). Le scandale qui a éclaté après l'annonce de la mise sous surveillance d'une réunion politique du Parti socialiste dans la capitale a cependant failli avoir définitivement raison des RG...

L'histoire est celle d'un fonctionnaire des RG de la Préfecture de police qui assiste à une réunion interne du Parti socialiste et annonce dans une note la démission de Michel Rocard, de son poste de Premier secrétaire du PS. Cela finit par se savoir, comme souvent, et l'opposition crie au retour de la « police politique » ! Dans la foulée, à la veille du 14 Juillet, Charles Pasqua est questionné publiquement à ce sujet à l'Assemblée nationale. Il fait chaud, très chaud ce jour-là. Le ministre est fatigué, énervé, et il s'emporte en annonçant à la tribune des décisions fracassantes concernant les Renseignements généraux ! On nageait là en pleine hypocrisie dans la mesure où l'on avait officiellement abandonné le suivi de la sphère politique tout en continuant à suivre les élections. Pressé de questions par les députés socialistes, Pasqua s'est senti coincé...

Quelques jours plus tard, il m'appelle sur mon lieu de vacances, en Bretagne, et me fait comprendre qu'il a parlé sous le coup de la colère et qu'il ne faut rien précipiter. « J'ai dit qu'il fallait arrêter de suivre les élections, mais cela ne tient pas, m'explique-t-il. Trouvez-moi une solution ! Faites une circulaire pour rattraper le coup et dire que les RG continueront à travailler sur le sujet ! » Je lui ai répondu qu'il pouvait compter sur moi. Tout en me rassurant en disant qu'il me garderait à la tête du service, il a ajouté : « Je ne vais pas vous mettre le poison dans le verre ! » J'ai tout de suite compris qu'il avait renoncé à dissoudre le service, et même à y changer quoi que ce soit, à part quelques mesures formelles.

Jean-Louis Debré, lui aussi membre éminent de ce qui était encore le RPR, a repris le flambeau de mai 1995 à juin 1997. C'est un gaulliste comme vous les aimez, non ?

Symbole de fidélité à Jacques Chirac et à de Gaulle, Jean-Louis Debré est effectivement un homme pour qui je conserve de l'attachement et de l'affection. Pour ne rien gâcher, il a été un bon ministre de l'Intérieur. Lorsqu'il est arrivé Place Beauvau, nous ne nous connaissions pas. Par l'entremise de son conseiller technique, Philippe Klayman, nous avons noué un bon contact qui ne s'est jamais démenti. Je lui rendais régulièrement visite tous les trois ou quatre jours, pour lui rendre compte de la production de mon service. Il recevait par ailleurs quotidiennement nos notes, comme tous les autres avant et après lui, entre 18 heures et 18 h 30. Il n'a jamais critiqué l'institution RG, et je lui en sais gré.

Quel était son appétit par rapport aux informations que vous lui apportiez ?

Jean-Louis Debré n'était pas un maniaque du renseignement, et tant mieux, parce qu'il faut se méfier de ces maniaques-là ! Ils sont dangereux ! Il avait une excellente faculté d'écoute, comme le prouve l'épisode que je vais vous raconter. Un jour, le sous-directeur des Courses et Jeux me transmet une information énorme mettant en cause Michel Mouillot, alors maire de Cannes. J'appelle aussitôt le ministre qui me reçoit sur-le-champ. « Partez à Cannes ! » me dit-il dans un premier réflexe, désireux de me voir vérifier sur place les renseignements qui nous parvenaient. Je lui explique alors pourquoi il faut à mon sens privilégier un traitement local. Si je descendais moi-même sur place, on n'allait pas tarder à crier à la manipulation à la Une des journaux. J'avais gardé en mémoire les dégâts causés par l'immixtion de hauts responsables policiers dans le dossier Schuller [élu RPR des Hauts-de-Seine poursuivi pour divers délits financiers], sous l'égide de Charles Pasqua, et le scandale engendré par une écoute téléphonique orchestrée par quelques zélateurs croyant faire plaisir au ministre. Il y avait des coups où mon flair me disait de ne pas aller. Jean-Louis Debré s'est rangé à mes arguments.

Quelle opinion Jean-Louis Debré, aujourd'hui président du Conseil constitutionnel, mais aussi auteur de polars à succès, avait-il de la police ?

À la différence de certains de ses prédécesseurs, il n'avait pas de préjugés contre la police.

Comment qualifier Jean-Pierre Chevènement, premier ministre de l'Intérieur de l'ère Jospin à partir de juin 1997 ?

Jean-Pierre Chevènement est un vrai républicain au sens de *Res publica*. Il a des convictions. Il soutenait ses hommes, comme j'ai pu le constater lorsque j'ai pris la décision, seul, de faire livrer l'ancien préfet Maurice Papon, emblème de la collaboration avec les Allemands pendant la guerre, à la frontière franco-suisse. Mon ami Urs von Däniken, haut responsable de la police fédérale helvétique, m'avait appelé chez moi dans la nuit pour me dire, avec son accent alémanique, que Papon avait été localisé dans une station de ski huppée. Que faire dans une situation pareille ? Soit on respectait les formes, on passait par le Quai d'Orsay et on en avait pour six mois de procédure avant de récupérer éventuellement Papon. Soit on agissait à chaud, au risque de l'incident diplomatique. J'ai appelé Jean-Pierre Chevènement, mais il n'était pas joignable. J'ai rappelé mon ami Urs et je lui ai dit : « Tu l'arrêtes, tu le reconduis à la frontière et on le récupère. Advienne que pourra ! » Sur le plan technique, le transfert s'est déroulé impeccablement, en quelques heures à peine. Quand j'ai enfin pu entrer en contact avec le ministre, il devait être 2 heures du matin. « Vous avez bien fait », m'a-t-il dit. S'il m'avait désavoué, je sautais dès le lendemain matin !

Quel regard portait-il sur votre service ?

Jean-Pierre Chevènement lisait nos notes et ne les critiquait pas. À ma connaissance, il n'a jamais eu l'intention, tout socialiste qu'il était, de briser les RG. Je me souviens, comme si c'était hier, du jour où il m'a sauvé la mise. Le juge Éric Halphen réclamait un réquisitoire supplétif dans son enquête sur les affaires de la Mairie de Paris au temps de Jacques Chirac. Je suis convaincu qu'il cherchait à m'envoyer en prison parce que je refusais d'entraîner les RG dans l'arène judiciaire en lui donnant accès à nos archives. Le ministre a appelé Élisabeth Guigou, son homologue à la Chancellerie, pour l'inviter à contenir les ardeurs du juge. Grâce à cette intervention, je n'ai jamais eu à connaître – à ce jour – du confort des geôles de la République.

Quelle était l'ambiance au ministère alors que Jean-Pierre Chevènement se trouvait hospitalisé entre la vie et la mort, disait-on ?

Sur le coup, tout le monde a cru qu'il était mort. *Le Parisien* l'avait même annoncé ! Et tout le monde l'a enterré et aussitôt trahi – pas moi, je le précise. Quand il est revenu dans nos murs, j'ai senti Place Beauvau une émotion extraordinaire. Les gens avaient presque envie de pleurer. Malheureusement, Chevènement a fini par se disputer avec Lionel Jospin au sujet de la Corse, et par claquer la porte.

Le socialiste Daniel Vaillant, élu du XVIIIe arrondissement parisien, a été choisi par Lionel Jospin pour lui succéder au mois d'août 2000. Il a occupé la fonction jusqu'à la défaite du candidat socialiste face à Jacques Chirac, lors de l'élection présidentielle de mai 2002. Quelles étaient vos relations avec lui ?

Tous les ministres de l'Intérieur sous les ordres desquels j'ai travaillé m'ont écouté, sauf un : Daniel Vaillant. Même Nicolas Sarkozy, au début, m'a écouté ! Je ne renie pas mon attachement aux gens que j'ai servis, sauf dans ce cas précis. Ce n'est pas de mon fait. Vaillant a toujours refusé de me voir. Lui et son cabinet m'ont tenu à l'écart avant de réclamer en vain mon remplacement à Jacques Chirac. Ils m'ont éliminé du jeu. Aussi, durant cette période, ai-je traité exclusivement avec l'Élysée et les conseillers du Président.

Pensez-vous que Lionel Jospin avait fait là un mauvais choix ?

Après Jean-Pierre Chevènement, Lionel Jospin a choisi de placer un fidèle Place Beauvau. Mais à ce poste stratégique il ne suffit pas d'être fidèle : il faut des compétences. Si je voulais être méchant, je ne dirais pas seulement que Daniel Vaillant était un bon vivant, qui avait souvent du mal à se concentrer en début d'après-midi ; j'ajouterais qu'il a été un ministre de l'Intérieur assez nul, et au surplus sectaire. Il n'avait pas la carrure pour exister vraiment à ce poste. Il avait pour directeur de cabinet un homme considéré comme un bon préfet en la personne de Bernard Boucault, mais cela n'a pas permis de lui sauver la mise.

Auriez-vous une raison précise de lui en vouloir à ce point ?

Avant de devenir ministre, Daniel Vaillant m'avait demandé un service personnel. Il m'avait prié d'enquêter sur une secte à laquelle, disait-il, appartenait une personne proche. Sauf que je n'ai jamais pu mettre la main sur la secte en question ! Et après m'avoir ainsi sollicité, voilà qu'il cherche à me vider ! Et qu'il répète à qui veut l'entendre que je n'ai aucune « légitimité » à ses yeux !

Comment s'y est-il pris pour vous le faire savoir ?

Comme l'Élysée refusait de lui accorder mon remplacement, Daniel Vaillant a essayé de biaiser. Il m'a dit un jour : « Il faut que vous demandiez à quitter vos fonctions ; Jospin ne vous supporte plus. » Je me rappelle lui avoir répondu quelque chose du genre : « Quand un haut fonctionnaire démissionne, c'est qu'il est malade ou qu'il a commis une faute professionnelle. Or, je me sens bien sur le plan physique, et si j'ai commis une faute, c'est à vous de me le prouver. »

L'avez-vous rencontré comme directeur des RG dans un contexte plus serein ?

À chaque fois que je l'ai vu, c'était pour l'entendre dire sur tous les tons : « Partez ! » Daniel Vaillant voulait se débarrasser de moi. Je pense qu'il souhaitait placer un socialiste à la tête des RG, tout simplement. Jacques Chirac a refusé jusqu'au bout de signer le décret.

Nous étions en pleine cohabitation. Daniel Vaillant savait-il que vous traversiez la rue régulièrement pour aller rendre compte au « Château » de vos découvertes multiples et variées ?

Le cabinet de Daniel Vaillant m'avait carrément interdit de descendre à la salle des fêtes, lieu de toutes les grandes réunions officielles. Ils savaient évidemment que je me rendais régulièrement à l'Élysée – d'autant plus précisément qu'un fonctionnaire leur signalait chacun de mes passages, en général en milieu d'après-midi, vers 17 heures. Je n'entrais cependant pas par la porte principale, mais par une porte dérobée, rue Marigny, et pour accéder au bureau de mon hôte je devais traverser les toilettes ! Cela me dérangeait moins que d'avoir à arpenter ces corridors où l'on est sûr de croiser quelques personnalités en attente de leur rendez-vous. À l'époque où j'allais voir Jacques Chirac à la Mairie de Paris, je procédais de la même façon : je passais par-derrière, rue Lobau, jamais par la porte principale. J'ai toujours eu un faible pour les petites portes : c'est ma façon d'accéder aux grandes.

Diriez-vous que le gouvernement de l'époque, dont le chef était Lionel Jospin, est passé à côté des questions de police et de sécurité ?

Ce n'est un secret pour personne que Lionel Jospin n'a rien compris aux RG. Plus généralement, en matière de sécurité, il était très mal conseillé. Sa plus proche collaboratrice en ce domaine, Clotilde Valter, me considérait un peu comme le diable : elle ne m'a jamais serré la main, pas même lorsque je l'ai côtoyée dans les murs de l'Inspection générale de l'administration où elle m'a rejoint après la défaite de son camp. C'était une jospiniste pure et dure et assez peu objective. Elle n'aimait pas les flics qu'elle considérait comme des hommes de droite, mais on la voyait venir de loin. Elle avait pris la décision de me classer dans ce qu'elle estimait être le « clan Pasqua ». C'était un manque de discernement certain, car je ne faisais pas du tout partie de cette équipe-là. Elle mélangeait tout. La police, ce n'était vraiment pas la culture de l'équipe en place autour de Lionel Jospin. Ils sont complètement passés à côté. Cela m'a rappelé les premiers pas du socialiste Gaston Defferre [ministre de l'Intérieur de mai 1981 à mai 1984], proclamant haut et fort une formule du genre : « Les flics ne sont que des briseurs de grèves ! » Il lui a fallu près de deux ans pour se faire à l'idée qu'il s'était complètement fourvoyé dans son approche. C'est seulement après la nomination de Laurent Fabius à Matignon que la gauche est sortie de cette vision strictement idéologique des questions de sécurité, nourrie par la méfiance qu'éprouvait François Mitterrand depuis la fameuse histoire de l'Observatoire, sous la IVe République, cet attentat dont il s'était dit victime mais dont les enquêteurs avaient mis en doute l'authenticité.

Lionel Jospin et ses conseillers se situaient-ils dans cette ligne ?

Dans leur esprit, l'Éducation nationale et la défense des droits de l'homme étaient des domaines bien plus nobles que les questions de police. Ils en étaient encore à l'époque où la gauche s'offrait le luxe d'amnistier les membres du groupe Action directe [ultra-gauche]. La police était pour eux consubstantiellement à droite. En 2002, cette approche sectaire a terriblement affecté la crédibilité du candidat socialiste à l'Élysée sur le dossier de la sécurité. Patrice Bergougnoux, directeur de cabinet du ministre de l'Intérieur, puis directeur général de la Police nationale, a bien essayé de renverser la vapeur, mais il n'était plus en odeur de sainteté auprès de Lionel Jospin : il avait le malheur d'être estampillé « chevènementiste »...

Vainqueur de l'affrontement présidentiel de mai 2002, Jacques Chirac a placé Nicolas Sarkozy, son principal détracteur, à la tête du ministère de l'Intérieur. Celui-ci s'en est-il pris directement à vous, puisqu'il vous faisait grief de certaines manipulations passées ?

Je me souviens d'une brève rencontre avec Nicolas Sarkozy dans la salle des fêtes du ministère. Il se tourne vers moi, me prend à part et me dit : « Yves, il faudrait penser à changer le nom de votre service. – Je vais y réfléchir, monsieur le ministre, ai-je répondu, mais je ne vois franchement pas ce qu'il y a d'infamant dans notre appellation. – Réfléchissez-y, a-t-il insisté. Trouvez-moi un nom ! » Il voulait moderniser les RG, au moins sur le plan sémantique. C'est d'ailleurs une recette qu'il a appliquée en d'autres domaines, consistant à changer la forme sans rien toucher au fond. En privé, Sarkozy répétait que j'incarnais ce qu'il appelait « la vieille police politique », alors que mon adjoint, Bernard Squarcini, incarnait, lui, la jeune police antiterroriste. Pour sa part, son épouse Cécilia me détestait ouvertement. Elle aussi voulait me voir remplacé par mon adjoint, mais Chirac s'est accroché tout comme il avait fait front face aux demandes réitérées de Daniel Vaillant.

Cécilia Sarkozy avait-elle autant de poids que ça au ministère ?

Elle n'a jamais cessé de me démolir auprès de son mari. À ses yeux j'étais l'archétype du renseignement politique. J'étais aussi un type qui était resté trop longtemps à son poste. Elle m'appelait « Grincheux », peut-être à cause de mon visage austère. Un jour, elle est venue visiter nos locaux sans me prévenir, avec ses invités. Je suis tombé sur elle par hasard dans le couloir du service ! Je n'attendais certes ni sa bénédiction, ni son affection, mais j'ai trouvé le procédé assez cavalier !

Nous aurons l'occasion de reparler de ce couple dans un prochain chapitre, mais poursuivons la revue des ministres de l'Intérieur avec Dominique de Villepin. Vous l'aviez longuement pratiqué à l'Élysée, notamment pendant les années de cohabitation, et voilà qu'en mars 2004 il remplace Nicolas Sarkozy, appelé pour sa part à Bercy. Villepin était-il toujours le même homme ?

Absolument pas. À peine nommé Place Beauvau, Dominique de Villepin a coupé toutes relations avec moi. Un jour, il m'avait fait cette confidence : « Je ne veux pas finir comme Michel Charasse », faisant clairement allusion à la réputation, fondée ou non, de l'ancien conseiller de François Mitterrand. Villepin tenait à se donner une image plus respectable, ce qui passait à ses yeux par une rupture avec le monde du renseignement. Je ne l'ai donc plus revu, si ce n'est une fois pour lui présenter mes civilités, ce que devraient prendre en compte ceux qui m'accusent d'avoir monté des « coups tordus » avec lui ! Il voulait se débarrasser de la tunique du type un peu flicard sur les bords, cette image qui lui collait à la peau. Mauvais calcul, car il a eu beau faire, cette image-là lui est restée !

Était-il déjà habité par de hautes ambitions ?

À la différence de Daniel Vaillant, il ne faisait jamais la sieste ! Il était souvent agité, parfois même assez véhément. Il courait après un hypothétique avenir politique. Je lui trouvais du panache, dans le style mousquetaire. Plutôt Athos ? Plutôt d'Artagnan ? J'hésite entre les deux. Il avait le côté aristocrate du premier et le panache du deuxième.

Vous êtes encore dans les murs lorsque Nicolas Sarkozy, devenu président de la République après un second passage par la Place Beauvau entre juin 2005 et mars 2007, offre le portefeuille de l'Intérieur à Michèle Alliot-Marie. Était-ce une place pour elle ?

Au ministère de la Défense, poste qu'elle occupait précédemment, ce sont les généraux qui dirigent. L'Intérieur est un ministère où les « patates » sont plus chaudes et beaucoup plus difficiles à manier. Et puis, les flics et les préfets, c'est autre chose que les généraux ! Non, je n'ai pas trouvé Michèle Alliot-Marie à sa place à l'Intérieur, pas seulement parce qu'elle m'a refusé la protection juridique que l'État avait accordée naguère à Bernard Bonnet, le préfet de l'affaire des paillotes, ou à Paul Barril et Christian Prouteau, les hommes de la cellule élyséenne et des écoutes sauvages sous François Mitterrand. Probablement sur instruction de l'Élysée, elle a proclamé qu'elle ne me connaissait pas. J'ai ressenti cet épisode comme un lâchage en rase campagne.

C'est également Michèle Alliot-Marie qui va officiellement enterrer les RG pour donner naissance à la nouvelle Direction centrale du renseignement intérieur...

Certes, mais l'idée est venue de l'Élysée. La ministre s'y est longuement opposée avant de céder. Nicolas Sarkozy avait décrété la mort civile de ce service dont il était convaincu qu'il avait comploté contre lui. Il avait décidé de casser ce miroir qui lui renvoyait peut-être une image qui n'était pas de son goût.

À quel moment de la journée rencontriez-vous les ministres, au temps où vous étiez directeur des RG ?

Le plus souvent le soir, sauf en cas d'urgence absolue. J'appelais le secrétariat particulier et je descendais. Certains occupaient le fameux bureau de Cambacérès, d'autres le laissaient à leur directeur de cabinet. Quant au conseiller occulte, il se voyait attribuer un trou à rat qui ne reflétait guère l'importance de sa fonction. Je prenais place en général face au ministre, avec mon carnet de brouillon entre les mains. L'échange ne durait pas plus d'un quart d'heure. Je veillais à être aussi concis que rapide, autrement le ministre n'écoutait plus. Je ne venais sûrement pas exposer un tableau analytique complet de la délinquance. J'avais toujours au moins une information pointue à transmettre.

L'ambiance de ces face-à-face était-elle détendue ?

Ce n'était ni pompeux ni pompier, mais chacun gardait ses distances. Ces gens-là vous remercient parfois, mais ils ne vous prennent jamais dans leurs bras ! Tout comme le médecin s'adapte à son patient, je me suis adapté à chacun.

Ministre de l'Intérieur, est-ce une fonction à hauts risques ?

Vous êtes au centre de toutes les intrigues. Soit vous jouez les potiches, vous adoptez le profil du parfait boy-scout, et vous vous contentez de sourire devant les caméras et les photographes. Soit vous êtes un vrai ministre, vous assumez vos responsabilités, et vous risquez d'avoir à affronter des pépins. Chacun se reconnaîtra !

Vous n'êtes pas un homme de cérémonies officielles. Comment viviez-vous ces moments obligatoires et plutôt fréquents, Place Beauvau ?

Il y a une chose qui ne varie guère d'un ministre à l'autre : c'est la cérémonie des vœux. Toutes celles auxquelles j'ai assisté étaient confondantes de platitude et d'absolu conformisme. Que ce soit à Matignon, à l'Élysée ou à l'Intérieur, cela se résumait à une séance de cirage de pompes. Je n'ai jamais entendu l'ombre d'une critique formulée à l'occasion de ces discours de début d'année auxquels personne n'attachait ni crédit ni attention. Un très haut fonctionnaire ne va pas s'amuser à critiquer le ministre en place ni appeler à la révolution, mais la platitude a ses limites ! J'étais pour ma part dans la situation exactement inverse : un directeur central des Renseignements généraux doit pouvoir intéresser le ministre qu'il rencontre en tête à tête. Si vous lui résumez l'article paru dans *Le Monde* de l'après-midi, il y a peu de chances pour qu'il vous invite à nouveau à descendre le voir !

Chapitre 6

Vie publique, vie privée

« Vous ne pouvez pas non plus
être plus prude que prude ! »

Au fil de la lecture de ce qu'on connaît de vos carnets confisqués, on se convainc d'une chose : vous ne négligiez pas l'information « people », celle qui, d'ordinaire, fait la Une de magazines comme Closer, Voici *ou* Gala. *Du présumé enfant caché de Valéry Giscard d'Estaing au présumé enfant caché de Jacques Chirac au Japon, vous accordiez de l'importance à des sujets bien éloignés de ce qu'on appelle la « grande » politique. Pourquoi ce tropisme ?*

En m'intéressant, comme patron des RG, à ce type d'informations, j'ai été un précurseur. Quand je vois qu'un président de la République française en voyage officiel à l'étranger est hébergé par un milliardaire à la réputation contestée, je me dis que j'ai eu raison de le faire. Aujourd'hui, qu'on le déplore ou pas, le « people » n'est jamais très éloigné du politique, et vice versa. Tout sera porté tôt ou tard sur la place publique, alors autant être au courant, si possible avant les autres, surtout quand l'information risque d'être explosive. À tout moment la révélation de l'existence d'un enfant caché peut perturber le jeu politique et déclencher une polémique – pour ne pas parler des liaisons avec des « créatures », comme on disait au XIXe siècle, que côtoient certains de nos hommes politiques. Si vous faites l'impasse sur ce type de renseignement, vous ne savez plus rien ! Vous êtes même complètement dépassé ! En revanche, je n'ai jamais rédigé une note sur la fille cachée de François Mitterrand, Mazarine. Personne n'a d'ailleurs jamais écrit sur le sujet, conformément à une tradition française qui veut ou voulait que l'on taise les liaisons et les enfants nés hors mariage. Mais nous étions tous au courant !

Concernant la prétendue progéniture dissimulée de Jacques Chirac, la rumeur avait-elle le moindre fondement ?

Je l'ignore, mais je sais d'où venait cette information, ce qui est déjà un renseignement en soi. Je ne crois d'ailleurs pas que les Français sanctionneraient un président réputé être « chaud lapin ». Dans le cas de Giscard, la rumeur a été, à un moment donné, exploitée politiquement, mais, au fond, les gens s'en moquaient.

Vous ne pouviez pas vous intéresser à la vie privée de tous les Français comme le faisait assez scientifiquement pour les citoyens de RDA la Stasi ! Quelles étaient vos cibles privilégiées ?

Toutes les personnes jouissant d'une certaine notoriété étaient susceptibles de retenir notre attention. Dès lors que vous êtes doté d'un certain statut social, votre vie privée se mélange presque nécessairement à votre vie publique. Les deux sphères sont même tellement imbriquées, chez maintes personnalités, que la frontière est parfois difficile à établir. Les hommes politiques d'autrefois ne mettaient pas autant en scène leur vie privée, sauf malgré eux, quand ils étaient rattrapés par le scandale – je pense notamment aux fameux « ballets roses » dont Benoît Duteurtre, arrière-petit-fils du président Coty, a récemment traité dans un livre.

Ce que l'on appelle trivialement les « histoires de cul » devait-il retenir l'attention d'un service comme les RG ?

Le « cul », comme vous dites, fait partie de la vie. Si vous ne vous intéressez pas au cul, vous ne vous intéressez à rien. Si tel homme politique prend de la cocaïne à hautes doses et passe son temps à courir les filles, cela peut finir par avoir une incidence sur le fonctionnement des institutions, non ? Regardez ce qui se passe en Grande-Bretagne : les hommes politiques démissionnent lorsqu'ils se retrouvent aux prises avec le moindre scandale lié à la fesse. En France, ça passe mieux, comme si le « cul » faisait partie du jeu. Mais vous ne pouvez pas diriger un service de renseignement et négliger complètement ce domaine. Vous devez même informer votre ministre, et pourquoi pas l'Élysée, si la personnalité concernée occupe une charge importante. Les prouesses ou dérives sexuelles ne sont pas intéressantes en soi, mais elles ne sont pas toujours sans conséquences. Je ne parle évidemment pas là du simple fait d'avoir une maîtresse, mais supposez qu'un ou une ministre français ait des relations amoureuses avec un chef d'État étranger, ce ne serait tout de même pas anodin pour la politique internationale de la France ! Sans parler de la pédophilie !

À suivre le fil de vos annotations, vous sembliez être dans l'intimité des « grands ». Qui vous informait ?

Quatre ou cinq journalistes de sexe féminin venaient me voir régulièrement avec les derniers potins circulant en ville. Elles travaillaient dans le « people » et souhaitaient confronter leurs informations aux miennes. Cela les émoustillait de venir aux RG. Moi, je me tenais informé tout en conservant mes distances avec ces filles dont je sentais qu'elles étaient capables de jouer sur tous les tableaux. J'aurais pu m'intéresser aux simples membres du conseil municipal de Saint-Flour ou de Palavas-les-Flots, mais elles, elles n'avaient d'yeux que pour ce qu'on appelle « le haut du panier ».

Si vous aviez été en service à ce moment-là, vous seriez-vous penché sur le cas du père de l'enfant de Rachida Dati, l'ex-garde des Sceaux ?

Je vous répète qu'à partir d'un certain niveau on ne peut plus dissocier totalement vie privée et vie publique : Rachida Dati, ce n'est pas la marchande de barbe-à-papa du coin ! Le fait que cette femme ne dévoile pas le père de son enfant excite évidemment la curiosité. C'est l'histoire du Masque de fer à l'île Sainte-Marguerite ! Vous ne pouvez pas faire l'impasse là-dessus, ni sur les rumeurs qui circulent autour de cette paternité, surtout si les noms cités sont ceux de hautes personnalités.

Où finit le ragot, quand commence le renseignement ?

Un ragot peut devenir une information, voire un renseignement, ou bien rester à l'état de ragot. Un ragot, c'est quelque chose qui doit être vérifié. Quand vous captez le même ragot à Lille, Paris et Marseille, cela signifie quelque chose : il faut y regarder de plus près. Si le « tuyau » ne tient pas debout, on l'abandonne dans la poubelle à ragots. La circulation des ragots a cependant en elle-même son importance : il peut s'agir de déstabiliser quelqu'un en le salissant. Il y a des tonnes de ces rumeurs qui se promènent, il suffit, pour en avoir connaissance, de lire la presse « people ». Plus on se rapproche de la sphère politique, plus les lecteurs en redemandent. L'ancien ministre Jack Lang en a fait maintes fois les frais. Si cela concerne un ministre important en exercice, cela peut carrément devenir une affaire d'État.

Avant vous, la Brigade mondaine a longtemps regardé sous le lit des politiques. Vous considérez-vous comme un héritier de cette police des mœurs ?

Nous étions beaucoup plus généralistes que la Mondaine qui aurait d'ailleurs dû s'appeler la « demimondaine ». Dans mes notes il y avait de tout. Il y avait le côté *Figaro*, le côté *Le Monde*, et puis le côté

Voici. Je n'y peux rien, si c'est ce dernier aspect qui a été le plus lu et le plus repris. Je ne sais si ces carnets auraient fait autant de bruit si on n'y avait trouvé que des analyses semblables à celles que l'on peut lire dans *Le Monde diplomatique*. Quant à mes « lecteurs » privilégiés, je peux vous dire qu'ils adoraient l'information « people », quitte à dire qu'ils se pinçaient le nez en me lisant – ils auraient dû se mettre un bandeau sur les yeux, c'eût été sans doute plus efficace ! Le seuil rédhibitoire, pour eux, c'était lorsque ces informations les concernaient directement : là, ils ne voulaient pas en entendre parler.

Dans un passage accessible de vos carnets, vous consignez l'histoire rocambolesque d'une héritière de Madame Claude, célèbre bordelière des années Giscard, entrée dans le bureau d'un juge non moins célèbre, nue sous son manteau...

On m'avait rapporté ces faits. Je ne devais pas passer à côté dans la mesure où cette dame pouvait fort bien décider de s'épancher dans la presse. Tout comme pouvait paraître dans les journaux cette information selon laquelle un ancien du mouvement Initiative et Liberté, classé à droite de la droite, était soupçonné de pédophilie... Voilà le genre de choses assez explosives pour mériter que le service rédige une note, non ?

Le nom de Dominique Strauss-Kahn, leader socialiste, revient à plusieurs reprises dans les extraits diffusés de vos carnets, toujours accompagné d'informations qu'on peut estimer d'ordre privé...

Avant même les turbulences qui ont secoué il y a peu le FMI, la vie privée de D.S.K. n'était déjà pas un scoop ! Tout Paris était au courant. Le fait que cet homme avait son avenir politique devant lui justifiait cependant, à mes yeux, que je prenne note des informations que l'on me transmettait à ce sujet.

Lorsque vous écrivez que tel directeur de cabinet d'un Premier ministre en exercice a « une maîtresse » polonaise, quel est l'objectif ?

La Pologne a toujours hésité entre la Russie et l'Allemagne ; savoir que le plus proche collaborateur d'un Premier ministre a une maîtresse polonaise n'est pas complètement neutre. Était-ce vrai ? En tout cas, cela méritait vérification. Et l'existence même du bruit était, je le répète, une information. Beaucoup de gens m'appelaient pour me raconter des histoires, je notais : je faisais mon travail. À l'époque pas si éloignée de la guerre froide, apprendre qu'un homme politique avait une petite amie est-allemande était le genre de chose qui finissait entre les mains de la DST [contre-espionnage].

La star Johnny Hallyday retient elle aussi votre attention. Vous semblez surtout suivre pas à pas une affaire judiciaire instruite par le tribunal de Nice, dans laquelle le chanteur risquait d'être poursuivi pour viol, et à l'issue de laquelle il a été blanchi. Était-ce à cause de sa notoriété ?

Johnny Hallyday était alors un ami du président de la République, Jacques Chirac, qui avait tenu à le décorer. Cette proximité avec l'Élysée justifiait que je suive l'affaire de près. Johnny, par ailleurs, n'est pas n'importe quel chanteur : c'est un personnage emblématique, une institution. Dès que j'ai appris que deux types répertoriés comme des truands apparaissaient dans l'enquête judiciaire, j'ai voulu en savoir plus. L'hypothèse qui s'est rapidement profilée, celle d'un chantage, a transformé cette affaire de mœurs en dossier sensible. Ce n'est pas tous les jours que des maîtres chanteurs montent un « coup » pour déstabiliser une vedette. Le fait qu'un haut magistrat puisse accorder crédit à leurs accusations risquait d'emballer à tout moment la machine judiciaire et d'éclabousser le Président lui-même. Encore une fois, vie privée et vie publique, dans cette histoire, pouvaient ne faire qu'un !

Que le beau-père de Johnny Hallyday ouvre une boîte de nuit à Paris, en quoi cela intéressait-il les RG ?

Je prends le pari que dans vingt ans on parlera encore de Johnny comme on parlera de Giscard et de Sarkozy. Hallyday fait partie du patrimoine national, comme Brigitte Bardot, c'est pourquoi tout ce qui concernait sa personne retenait mon attention. En l'occurrence, on ne pouvait laisser cette star s'aventurer financièrement dans le « monde de la nuit » sans chercher à comprendre avec qui il allait composer, voire s'associer.

L'attention que vous portiez aux personnalités du show-biz, en dehors du cas spécifique de Johnny Hallyday, se justifiait-elle ?

La presse « people » ne se penche pas sur le cas d'un type qui chante tous les soirs au théâtre municipal de Montauban. Je ne le faisais pas non plus !

À propos de Cécilia, alors épouse Sarkozy, vous usez de ce mot : « fêtarde ». Ce genre de remarque relevait-il vraiment de la compétence des RG ?

Dans mon esprit, « fêtarde » signifie « qui aime la fête ». J'aurais pu aussi bien dire « festive ». Il ne faut rien voir d'injurieux ni de péjoratif dans ce propos. L'épouse de Nicolas Sarkozy aimait faire la fête, et cet aspect de sa personnalité était bien connu de tous les journaux « people ». Je me suis contenté de consigner cette information.

Une autre fois, vous écrivez, toujours à propos de l'épouse du ministre de l'Intérieur de l'époque : « Volets et rideaux ». À quoi faites-vous exactement allusion ?

Place Beauvau, Cécilia Sarkozy s'occupait de tout. Elle se comportait véritablement en maîtresse de maison. Un jour, elle débarquait dans vos bureaux, décrétait que vos rideaux étaient sales, et décidait de les changer ! Le lendemain, elle décidait que les volets devaient être fermés, et on lui obéissait. Ce que j'ai voulu indiquer, à travers cette histoire de volets, c'est l'énorme influence que cette femme exerçait au sein du ministère et sur le ministre lui-même. Ne voyez, là non plus, rien de péjoratif dans ces mots : Cécilia était tout simplement la patronne ! Elle surveillait de près les « services intérieurs », prête à les rappeler à l'ordre si elle considérait que la maison était mal tenue.

Les épouses des ministres de l'Intérieur étaient-elles d'habitude moins entreprenantes ?

Les autres épouses, on ne les voyait jamais ! Cécilia, elle, a pris en main l'intendance. L'influence qu'elle exerçait était aussi importante, à mon avis, sur le plan politique. Cette femme était interventionniste. Je me souviens que plusieurs membres du cabinet du ministre s'en plaignaient en privé. Elle ne voulait pas seulement changer les rideaux, elle prétendait aussi changer le directeur des Renseignements généraux !

Toujours à propos de Cécilia, vous notez : « Parents de Cécilia étaient intimes de Bensoussan. Un jour, elle est allée chez Edgar. Bensoussan dit : J'ai bien connu tes parents. Ça l'a vexée. » Que signifient ces lignes plutôt opaques pour le non-initié ?

Le patron de Chez Edgar, célèbre restaurant parisien fréquenté par le gratin politique, qui dit publiquement à la femme du ministre de l'Intérieur en titre qu'il a bien connu ses parents, c'est comme la petite épicière de Grasse qui dit à Charles Pasqua qu'elle l'a connu tout petit. « Tu ne me reconnais pas ? » avait insisté l'épicière. Ce genre de scène, surtout devant témoins, risque de vous gêner quand vous êtes entré dans la cour des « grands ». La bourgeoisie française n'aime pas qu'on lui rappelle qu'elle vient parfois, elle aussi, de derrière un comptoir de bar ou de boutiquier. Quand elle est parvenue à se hisser sur les plus hautes marches, elle ne tient plus à se mélanger avec la base, ce qui n'est pas le cas de Charles Pasqua.

Ailleurs vous faites référence à une épouse qui se répand en médisances au sujet de son mari. Quel intérêt ?

La femme en question était l'« ex » d'un ancien Premier ministre. Elle avait déblatéré à son sujet au cours d'un voyage en train... sauf que j'étais dans le compartiment ! Ces informations pouvaient avoir leur importance, s'agissant d'un haut personnage public.

Certaines épouses ont-elles véritablement pesé sur le cours de la vie politique ?

Les plus intelligentes affectent une apparente soumission en public pour ne pas dévaluer leur « coq ». D'autres n'hésitent pas à humilier le leur au sein de cénacles plus ou moins restreints. Passionnées et performantes, beaucoup ont su faire mentir le dicton « Sois belle et tais-toi » !

Misogyne, Yves Bertrand ?

Je vous rassure : je ne suis pas atteint du syndrome Marie Besnard, aussi appelé syndrome de l'empoisonneuse. Les femmes qui visent le pouvoir sont souvent plus accrocheuses et courageuses que les hommes ; celles qui vont au bout de leurs ambitions obtiennent des résultats que beaucoup d'hommes pourraient leur envier. Elles ont le sens du détail, parfois aussi un côté calculateur. Et quand elles se vengent, elles peuvent être bien plus redoutables que leurs partenaires !

Dans un autre passage accessible de vos carnets, vous notez ceci : « T. raconte à Sarko les vacances de Chirac ». Comment pouviez-vous savoir ce que telle personne soufflait à l'oreille de Nicolas Sarkozy ?

On me rapportait tout. Quand on est patron des RG, on doit être capable de savoir comment tel ministre est informé par le menu du déroulement des dernières vacances du président de la République, faute de quoi on doit se contenter de diriger la brigade de gendarmerie d'Issoudun, ce qui peut d'ailleurs être un sort enviable.

Vous évoquez également le « lifting » que se serait offert Jacques Chirac. En quoi cela relevait-il de vos compétences ?

Un lifting, c'est comme une cure de rajeunissement. Cela peut signifier qu'un président de la République aspire à se représenter. Politiquement, ce n'est pas un signe anodin.

« Le prince Albert fume du shit ? Une fille en garde à vue l'a déclaré », a-t-on pu lire dans vos brouillons. Pourquoi cette information a-t-elle retenu votre attention ?

Qu'une fille ait fait ces déclarations n'était certes pas à prendre pour argent comptant, mais c'était bon à noter. Tout ce qui touche la principauté de Monaco doit être regardé de près, qu'il s'agisse d'allusions aux paradis artificiels ou aux paradis fiscaux. Je vous rappelle au passage que l'on m'appelait aussi régulièrement pour salir et diffamer telle ou telle personnalité. Ce n'est pas parce que je consignais l'information dans mes carnets que je la croyais vraie. Cela faisait en revanche partie de mon travail de rester attentif et de prévenir, au besoin, toute campagne de dénigrement visant tel ou tel personnage public.

Vous cherchez même à identifier quelques « nègres » d'édition, dans quel but ?

Le « nègre », dans le monde du renseignement, on connaît : c'est un type qui est dans l'ombre et est censé y rester... Savoir qui a été payé pour mettre en forme un livre, c'est démasquer l'homme de l'ombre. La pensée de l'auteur prend forme par le choix du nègre et par le truchement de l'éditeur. Dans la mesure où les gens ne savent plus guère écrire, les « nègres », notamment en politique, ne vont cesser de prendre de l'importance.

Toujours dans vos carnets (tels qu'ils nous sont connus), vous mentionnez à plusieurs reprises les voyages au Maroc d'une personnalité socialiste, ancien ministre. Aviez-vous des informateurs dans tous les palaces du royaume chérifien ? Que faisiez-vous de ces informations ?

Mes correspondants au sein des services de police marocains me signalaient le passage d'une personnalité française dans tel ou tel grand hôtel. Je consignais l'information dans mes carnets, et le plus souvent cela s'arrêtait là. Les goûts de luxe, les extravagances ou les frasques de nos hommes politiques peuvent tôt ou tard se retourner contre eux, voire porter atteinte aux intérêts de notre pays. Mieux vaut, dans ces cas-là, avoir une longueur d'avance et voir venir le coup. Quand vous êtes directeur des RG, vous ne pouvez pas vous voiler la face. Vous ne pouvez pas non plus être plus prude que prude : autrement, vous passeriez à côté de renseignements potentiellement très pénalisants pour ceux qu'ils concernent. Si l'on préfère l'hypocrisie, on n'écrit plus. Ce n'était pas mon choix. Je ne me sens aucunement coupable d'avoir consigné des informations de ce type, surtout qu'elles n'étaient en général pas destinées à sortir de mes brouillons.

Pourquoi le Maroc revient-il aussi régulièrement dans vos carnets ?

La raison en est simple : c'est que Marrakech est devenu, au fil des ans, le Saint-Tropez du Maghreb. Pour paraphraser un célèbre publicitaire, si on ne va pas à Marrakech, c'est qu'on a raté sa vie ! Ce n'est pas Fès ni les montagnes de l'Atlas, non, c'est Marrakech. Je dois donc reconnaître que ce qui se passait à la Mamounia, palace mythique, m'intéressait davantage que ce qui se tramait derrière les murs de n'importe quel hôtel du XXe arrondissement parisien.

Vos informateurs marocains vous signalent un jour une visite du député socialiste Arnaud Montebourg à Marrakech. De quoi s'agissait-il ?

À ma connaissance, ce n'était pas un déplacement d'ordre privé. Arnaud Montebourg était allé traiter les dossiers d'immigrés en cours de régularisation. Il ne faut pas voir le mal partout !

Le nom de ce député socialiste apparaît néanmoins à de multiples reprises dans vos carnets. Pourquoi vous être ainsi focalisé sur lui ?

Je n'allais pas travailler sur l'épicier qui vend des endives au coin de la rue ! La popularité d'Arnaud Montebourg justifiait que l'on travaille sur lui, mais ce n'était pas la seule raison. Encore avocat, au milieu des années 1990, il s'était déchaîné contre moi et contre les RG. Il assurait alors la défense d'un fonctionnaire de police écarté du service pour avoir comploté à mon encontre, un dénommé Patrick Rougelet. Montebourg avait réclamé sur tous les tons ma mise en examen, avec une virulence et une agressivité certaines, ce qui n'empêcha pas le policier en question d'être révoqué par le conseil de discipline à une époque où le directeur général de la Police s'appelait Claude Guéant. Ensuite, l'avocat a cherché à exister en politique, non sans se faire au passage un certain nombre d'ennemis parce qu'il visait le premier plan. Depuis lors, il s'est beaucoup assagi. Il s'est même calmé contre moi après qu'un journaliste a accepté d'assurer entre nous une forme de médiation. Le socialiste Pierre Joxe, dont Montebourg a pris la succession comme député de Saône-et-Loire, a également joué un rôle de conciliateur, ce dont je lui suis reconnaissant.

Certains vous ont présenté comme le « concierge de la République »...

Cela ne me vexe ni ne m'offense plus que ça. La profession de concierge est tout à fait honorable, qu'il s'agisse du préposé qui vous remet les clefs de votre suite à l'accueil d'un grand hôtel ou de la gardienne d'immeuble, souvent d'origine portugaise, sans laquelle la copropriété ne tournerait pas rond. Si la République n'avait pas de « concierges », comme vous dites, elle s'écroulerait ! Un concierge lui est plus utile que tout cet apparat qui ne lui est d'aucune nécessité. Leur invention a été un des grands traits de génie de Napoléon Bonaparte : c'était la police de proximité avant l'heure !

Et lorsqu'on dit que vous gardiez les « poubelles » de la République, comment réagissez-vous ?

Gardien des poubelles, c'est moins prestigieux que consul aux Bahamas, mais, là encore, lequel des deux est le plus utile ? Je vous donne une amorce de réponse : quand tout se décide à l'Élysée, le diplomate ne sert plus à rien.

Les RG, c'était aussi le monde regardé par le trou de la serrure...

Le trou de la serrure ? J'y vois mal. Mais c'est une méthode, une technique – pas forcément moderne, au demeurant. Si le « people » envahit le champ médiatique et que vous fermez les yeux, vous êtes en déphasage complet sur votre époque. Trois pages de magazine sur Lévi-Strauss ou Darwin, cela vous fera toujours moins de lecteurs que Carla Bruni en vacances au cap Nègre ! Pour mes notes, le même genre de mécanisme était à l'œuvre : pour être lu, il fallait intéresser.

Quel usage précis faisiez-vous de ces renseignements « people » ?

J'en faisais éventuellement un rapport verbal à mon interlocuteur du moment, le ministre lui-même ou son cabinet. C'était à mon avis important de savoir ces choses-là, surtout si elles risquaient de se retrouver étalées un beau jour dans la presse « people », voire ailleurs.

Certains se sont plaints de voir leur nom figurer dans vos carnets...

Le jour où vous n'intéressez plus personne, vous disparaissez de la scène. Si je ne parlais pas de vous dans mes carnets, c'est qu'aux yeux des RG vous n'existiez pas !

Et vous-même, monsieur Yves Bertrand ? Quid *de votre vie privée ?*

Mon épouse est morte d'un cancer en 1992 et je ne me suis pas remarié. On m'a prêté quelques maîtresses. J'en ai eu sans doute un nombre bien moindre que celui qu'on prête à Berlusconi ou à D.S.K., mais davantage que l'abbé Pierre et que Padre Pio réunis.

Je partage ma vie avec deux chats, parfois trois. L'avantage, c'est qu'ils ne me contrarient jamais. Parfois, je me dis que je reprendrais volontiers à mon compte cette phrase célèbre : « Plus je connais les hommes, plus j'aime les chiens. » Mais n'en déduisez pas que je sois devenu misanthrope !

Que faisiez-vous de votre temps libre ?

Je suis passionné par les dessins anciens. Je passe mon temps à interroger les spécialistes sur la paternité de ceux que je possède. Tout est très relatif, en ce domaine. Des œuvres ont été attribuées successivement à plusieurs auteurs au gré des experts consultés. C'est une sorte de chasse au trésor qui comporte une grande part de rêve. On croit détenir un dessin de tel artiste, jusqu'au jour où il appert que c'est faux. C'est comme pour le renseignement : vous croyez détenir un scoop, jusqu'à ce que vous réalisiez qu'il ne tient pas la route. Finalement, j'ai passé ma vie à chercher, non pour « tuer » l'adversaire, ni pour gagner, mais simplement pour le plaisir de trouver, de savoir.

J'ai aussi un certain penchant pour des domaines plus insolites, comme la mycologie, la phytothérapie ou l'aromathérapie. J'évoque dans mes brouillons mes rencontres avec un personnage pittoresque, atypique et à mon avis génial : le docteur Jean Valnet, père fondateur de l'aromathérapie française, c'est-àdire de l'étude et de l'utilisation thérapeutique des huiles essentielles : lavande, thym, ylang-ylang, sarriette, verveine odorante. Valnet, qui fut médecin militaire au Vietnam, notamment pendant la guerre d'Indochine, soignait ses patients, faute d'antibiotiques, avec des huiles essentielles aux pouvoirs antiseptiques reconnus. Nous avons déjeuné deux fois ensemble au Vert Bocage, restaurant proche des Invalides. Il m'a raconté comment cette approche respectueuse avait contribué au ralliement de quelques tribus et ethnies, loin des décisions à l'emporte-pièce du gouvernement français et de ses formules chocs du genre : « Il faut mater les rebelles. » Une leçon à méditer dans la mesure où cette approche pragmatique, cette politique de bouts de ficelle s'est révélée plus efficace, dans notre ancien empire colonial, que les gigantesques moyens militaires déployés par les Américains, entre déforestation et B52. Le docteur Valnet a fait école, si l'on en juge par ceux qui se réclament de lui, à l'instar d'un Jean-Marie Pelt. Les désastres liés au réchauffement climatique et l'inévitable révolution économique et écologique qui nous attendent sont là pour démontrer la validité de son approche. Et, comme vous le voyez, mes passions privées finissaient toujours par rejoindre mes préoccupations professionnelles !

Chapitre 7

Pouvoirs et pouvoir

« Edgar Hoover[1] n'a jamais été pour moi un modèle. »

Des journalistes et quelques détracteurs ont évoqué l'existence, sous vos ordres, d'un « cabinet noir ». Ce cabinet était-il une réalité ?

J'ai toujours eu quelques fonctionnaires détachés auprès de moi. Deux ou trois formaient ce que j'appelais le « groupe d'enquête à diffusion restreinte », chargé de produire les notes blanches. Une quinzaine d'autres s'occupaient des enquêtes « générales » : c'est ce que l'on a appelé « cabinet noir », mais leurs missions n'avaient rien de « noir » au sens péjoratif

1. L'Américain John Edgar Hoover fut patron du FBI de 1924 à 1972, année de l'entrée en fonction d'Yves Bertrand.

du terme. Tous les préfets ont un secrétariat particulier, de même que la plupart des commissaires de police !

Le fait d'avoir souvent un temps d'avance dans les affaires judiciaires impliquant des politiques, grâce à vos multiples informateurs, ne vous conférait-il pas un certain pouvoir ?

J'essayais d'anticiper parce que c'était mon métier. Je me constituais en même temps une base documentaire. Que certains croient a posteriori qu'il s'agissait pour moi de « tuer » tel ou tel homme politique, je n'y peux rien, mais je vous assure que mon objectif n'a jamais été de « tuer » qui que ce soit. Ceux qui, pour se sortir d'un mauvais pas judiciaire, ont crié au complot des RG, n'ont jamais rien démontré, hormis la fragilité de leurs moyens de défense. C'est toujours assez facile de dire que les RG ou la DGSE « tirent les ficelles ». Une partie de l'opinion le croira, certainement plus que si vous désignez le commissaire du quartier comme le chef d'orchestre d'une affaire d'État.

Vous vous mêliez de tout, y compris de politique étrangère, lorsque vous écrivez par exemple en raccourci dans vos carnets : « Américains et Israéliens veulent foutre en l'air Arafat. » Pour vous, le directeur des RG devait fourrer son nez partout ?

Que ces deux puissances aient décidé de s'en prendre au leader du mouvement palestinien, c'était à mon sens une information que je ne devais pas négliger et qui n'avait d'ailleurs rien de bien confidentiel. Je vous rappelle que la France était, à l'époque, bien plus pro-palestinienne qu'elle ne l'est aujourd'hui.

Même le choix du trajet du rallye Paris-Dakar transitait parfois par votre bureau, à en croire les fac-similés de la mention, dans vos brouillons, à la date du 11 janvier 1999, de la suppression d'une étape en Libye... N'est-ce pas le signe de l'omnipotence ?

Dans « Renseignement généraux », il y a « général ». Tout passait effectivement entre nos mains, à charge pour nous de transmettre aux autres services, contre-espionnage ou espionnage, ce qui devait l'être.

Quelle importance, le fait de savoir que Nicolas Sarkozy tutoyait le criminologue Alain Bauer, comme vous le notez dans vos carnets ?

Nicolas Sarkozy tutoie beaucoup de monde. Il appelle aussi les gens par leur prénom. Il n'était pas inintéressant de savoir qu'un personnage comme Alain Bauer, à qui l'on prête bien des pouvoirs, bien des manœuvres, entrait dans le cercle des très proches conseillers du ministre. Il se rapprochait par là du cœur de la République, même si le tutoiement n'est pas forcément, chez l'actuel Président, un signe d'affection.

Décrypter le tissu relationnel des uns et des autres était une de vos obsessions en termes de renseignement ?

Quand j'étais jeune commissaire, un ancien m'avait fixé le cap : ayez un tissu relationnel important et tenez à jour celui des personnalités qui comptent.

Vous vous intéressiez aussi à la santé des puissants, comme le jour où vous avez évoqué la possible maladie incurable d'un leader politique calédonien. L'état de santé des personnalités était-il pour vous une clef de lecture indispensable de l'actualité ?

La santé des hommes politiques est toujours source de multiples rumeurs qui ne pouvaient nous laisser indifférents. La plupart du temps, les bruits qui couraient se révélaient infondés, mais, en attendant, je prenais note. Tel ministre paraît-il un jour un peu bouffi ? le lendemain, on lui prête un cancer ou le sida ! Je sais l'importance de ce genre d'informations depuis le jour où l'on a appris la maladie de Georges

Pompidou. Aussitôt, les couteaux sont sortis et la guerre de succession a fait rage. Plus la personne concernée est haut placée, plus il faut savoir comment elle se porte. J'ai été au courant assez tôt du cancer de François Mitterrand, ce qui m'a permis de porter un autre regard sur la fin de son règne. C'était d'autant plus crucial que lui-même ne communiquait absolument pas sur le sujet, la santé restant dans notre pays un solide tabou.

Comment obteniez-vous ce genre d'informations ?

Les médecins parlent beaucoup entre eux, et lorsqu'une personnalité est malade, tout Paris finit tôt ou tard par l'apprendre.

Vous aviez le privilège d'avoir entre les mains un certain nombre de livres avant qu'ils sortent en librairie. Quels moyens déployaient les RG pour avoir ainsi la primeur des « bonnes feuilles » ?

C'était le rôle de la section « presse » des RG. Ses membres avaient des contacts avec des journalistes, des éditeurs, des imprimeurs qui leur transmettaient certains ouvrages en avant-première. Nous avions aussi accès au dépôt légal, étape obligatoire pour les éditeurs, qui consiste à déposer un exemplaire du livre avant sa parution en magasin.

Vous étiez toujours aux premières loges lorsque deux grands patrons entraient en conflit. « Bagarre entre Henri Proglio et Jean-Marie Messier », écrivez-vous, évoquant apparemment un bras de fer entre le patron de Veolia et celui de Vivendi. Un œil sur les médias, un œil sur les médecins et un autre sur le monde économique ?

Les luttes de pouvoir entre patrons du CAC 40 sont essentielles à suivre, notamment à cause des conséquences qu'elles peuvent avoir sur l'emploi, mais aussi pour l'avenir de notre patrimoine industriel. Je m'intéressais également de près aux frasques de nos « barons ». Je me souviens avoir pris des notes sur le Boeing que se faisait aménager Jean-Marie Messier. Il a été l'un des premiers à se laisser griser par la mégalomanie du brasseur d'affaires. Il faisait Paris-New York comme vous allez à la station de métro la plus proche. L'excès en tout vous fait oublier les limites du raisonnable et de la décence. En tant que citoyen, je suis révolté par les primes délirantes que s'octroient certains patrons. En consignant dans mes carnets les premiers signes de cette folie des grandeurs, je tapais dans le mille. Les dépenses mirifiques d'un Messier ne pouvaient que finir par nuire à la santé de son propre groupe, c'est pourquoi il était de mon devoir d'alerter là-dessus le gouvernement. Quand je prenais des notes sur ce qui se disait de l'explosion du budget communication d'Airbus ou du groupe Lagardère, je traitais là de rumeurs qui, si elles s'avéraient fondées, risquaient de déboucher un jour sur des affaires d'État. Comment me détourner de ce qui se passait chez Elf ou Total, ces monstres économiques, sans passer à côté de mon métier ?

Nous ne suivions d'ailleurs pas uniquement ce qui se tramait au niveau des géants. Je me souviens par exemple d'avoir observé de près le bras de fer auquel se livrèrent, en 1992, un puissant homme d'affaires algérien et les Auvergnats de Paris. L'homme d'affaires avait réussi à acquérir dix-huit importantes brasseries dans la capitale, pour 200 millions de francs, et ne comptait pas s'arrêter là. Il a finalement dû s'incliner devant le puissant lobby auvergnat, resté maître du jeu avec l'appui des banques, notamment d'une filiale d'International Bankers dont le principal actionnaire n'était autre que le Crédit lyonnais.

Toutes ces petites notes sur des personnalités de tous les horizons, cela pourrait passer pour une volonté de renforcer votre propre pouvoir ? Qu'en dites-vous ?

Ceux qui disent cela n'imaginent pas un seul instant que j'aie pu être simplement un serviteur de la République ! Le suivi de la vie économique et des agissements des piliers du CAC 40 faisait partie de ma mission. Les grands patrons peuvent être des personnages fragiles, certains se sont même révélés de parfaits imposteurs. Les Français ont aujourd'hui compris que ces chevaliers de l'industrie avaient au moins autant de points faibles que les politiques. Mieux vaut que le gouvernement en soit aussi informé que les syndicats, observateurs attentifs de ces luttes féroces et de ces dérives.

Comment qualifiez-vous le rapport que vous entreteniez avec le pouvoir en tant qu'homme de renseignement ?

Ceux qui exercent le pouvoir sont toujours isolés. Ils s'entourent de gens qui leur cirent les pompes toute la journée, et quand le malheur finit par leur tomber dessus, c'est la catastrophe, parce qu'ils n'ont rien vu venir. La courtisanerie a ses limites. Nicolas Sarkozy n'était pas quelqu'un qui prisait particulièrement les mauvaises nouvelles, mais au ministère de l'Intérieur il était secondé par un Claude Guéant qui m'écoutait, le samedi matin, et prenait des notes.

Y avait-il des choses que vous cachiez aux politiques ?

Il y avait pas mal de choses que je ne pouvais pas écrire, mais il me restait le compte rendu oral. Quand je disposais d'une information désagréable sur un proche du pouvoir en place, qui allait par exemple faire l'objet d'une enquête pour corruption, je n'écrivais pas. Plus l'information concernait un proche du ministre de l'Intérieur, plus elle risquait d'être mal reçue. Parfois, les gens au pouvoir n'étaient cependant pas mécontents d'obtenir un renseignement sur les difficultés rencontrées par un membre de leur propre camp. Écoutez plutôt cette histoire :

Un jour, mon directeur, qui travaillait en direct pour le Premier ministre d'alors, Michel Rocard, obtient un tuyau au sujet d'un collier de perles offert à Danielle Mitterrand lors d'un déplacement en Polynésie. L'affrontement étant à son paroxysme entre Mitterrand et Rocard, mon directeur me fait venir et me demande de convoquer un spécialiste de l'outremer. « Il faut partir tout de suite en Polynésie », me dit-il. Je décide alors d'informer le ministre de l'Intérieur, le socialiste Paul Quilès, lequel porte aussitôt l'information aux oreilles du Président. Ç'aurait pu se transformer en affaire d'État, mais ce n'était finalement qu'un collier de cailloux, de la pacotille ! Cela ne valait rien ! Après cela, Quilès a voulu placer mon directeur hors cadre, mais je l'ai défendu, il s'est retrouvé à Bourg-en-Bresse.

Pourquoi ?

C'était un ancien surveillant général de lycée qui péchait surtout par naïveté.

Y avait-il des informations que vos interlocuteurs ne tenaient pas à entendre ?

L'affaire des diamants africains de Valéry Giscard d'Estaing en est l'exemple type. Je me souviens d'avoir averti à l'époque le ministre de l'Intérieur, Christian Bonnet, que cette histoire, mise au jour par *Le Canard enchaîné*, risquait de nuire au Président. Bonnet a transmis le message, mais Giscard était à l'Élysée dans une tour d'ivoire. Il n'imaginait pas un instant échouer sur un tel écueil, peut-être d'ailleurs parce que ces cailloux n'avaient pas grande valeur. *Le Canard* s'est déchaîné et le mot « diamants » a fait des dégâts considérables dans l'opinion. Nicolas Sarkozy n'a pas la même personnalité que Giscard, même si leur isolement a des analogies. S'il avait été réélu, Giscard serait devenu un monarque de style Louis XV. Avec son langage fleuri, Sarkozy prendrait plutôt l'allure du chef autoritaire et populiste !

Avez-vous ressenti un jour du mépris pour un responsable politique ?

J'ai toujours nourri le plus grand respect pour ceux qui avaient une stature d'homme d'État, même si ma position me permettait immanquablement de découvrir la face cachée de leur personnalité...

Un mot revient souvent lorsque vous évoquez les hommes de pouvoir : « tuer ». Peut-on devenir président de la République si l'on ne sait pas « tuer » ?

En général, la sincérité n'est pas la qualité première de ceux qui deviennent président de la République. François Mitterrand maîtrisait son langage, à la différence de Sarkozy, mais il « tuait » autant que les autres – à sa manière, bien sûr.

« Pouvoir » rime-t-il nécessairement avec « dérives » ?

Le pouvoir corrompt. Le pouvoir tue. Il peut même aboutir à la mort de ceux qui l'exercent : on l'a vu par exemple avec Robert Boulin, Joseph Fontanet, Pierre Bérégovoy. Le pouvoir génère une forme de mégalomanie, pas seulement au très haut niveau, mais aussi à des échelons intermédiaires où l'on est particulièrement sensible à ses apparences. Combien de préfets habitués à vivre sous les ors de la République se sont retrouvés, au lendemain d'un Conseil des ministres, contraints de se réfugier, avec leur épouse, dans un deux-pièces, faute d'avoir su prévoir l'avenir ! À la différence des dirigeants de banque, ils n'avaient ni stock options mirobolantes, ni parachute doré, mais ils s'étaient laissé griser par les dorures.

Venons-en à votre propre pouvoir. Combien de personnes aviez-vous sous vos ordres ?

À la direction centrale, nous étions 460. Au total, en comptant les fonctionnaires en poste sur tout le territoire, l'effectif tournait autour de 4 000. Les plus petits départements n'en comptaient pas plus de quatre, mais ce n'était pas forcément les moins efficaces ; dans les départements plus importants, ils étaient parfois atteints par le syndrome de la respectabilité, des honneurs, des cérémonials, comme on le voit parfois dans les gendarmeries : ils étaient au garde-à-vous jusqu'à l'heure de passer à table !

Combien gagnait un directeur des RG ?

On se trouve presque au sommet de l'échelle de la fonction publique, donc parmi la quarantaine de fonctionnaires les mieux rémunérés. Il y avait encore deux cases au-dessus de moi : la case « F » et la case « G »...

Diriez-vous que vous avez eu « le bras long », pour reprendre une expression populaire ?

J'ai eu le bras long quand mes interlocuteurs m'écoutaient, mais je me suis retrouvé dans la catégorie des « petits bras » quand ils ne m'écoutaient plus ou ne voulaient plus me croire. J'ai en fait perdu beaucoup d'appuis et d'amis dès qu'a commencé l'ascension de Nicolas Sarkozy, à tel point qu'aujourd'hui, à l'exception de mes relations familiales, je reçois très peu d'appels téléphoniques, sans doute aussi pour des raisons... techniques !

De quel ordre était le pouvoir dont vous disposiez ?

J'étais au cœur de l'État, et j'avais certainement plus de pouvoir que le directeur des services vétérinaires de la Préfecture de police ou le chef des services de renseignement de la principauté d'Andorre. Je ne tenais pas ce pouvoir du fait que je m'appelais Bertrand et que j'étais directeur des RG. Je le tenais du fait que j'apportais des renseignements généralement appréciés. Mais ce pouvoir-là n'a jamais été sans limites. Je n'étais pas le chef du KGB, ni le plus grand manipulateur de tous les temps ! J'étais placé sous l'autorité du directeur général de la Police et sous celle du ministre de l'Intérieur. Tout directeur des RG que j'étais, je me suis tout de même retrouvé sur écoute téléphonique pendant au moins trois mois, à la demande d'un juge qui enquêtait sur une affaire de corruption présumée à la Mairie de Paris, affaire à laquelle mon service avait consacré plusieurs notes qui s'étaient retrouvées dans la nature...

Un directeur des RG sur écoute, c'est un comble, non ?

Certainement, et ce n'est pas fini ! Je suis convaincu que j'ai également été écouté après ma mise à la retraite, comme si l'on craignait que je continue à exercer quelque sombre influence ou à monter des « coups » contre les responsables politiques en place !

Avez-vous été ce que l'on appelle « un homme de pouvoir » ?

Plus ma relation avec le ministre en exercice était forte et solide, plus mon pouvoir était fort, mais je me suis efforcé de ne jamais l'afficher, à la différence de bien des patrons de la police. Le pouvoir occulte est plus assuré que celui qui se voit. Je me faisais discret les jours de cérémonie officielle, il m'arrivait même d'éviter de me montrer lorsqu'il y avait foule sous les lambris de la salle des fêtes, Place Beauvau, tout comme je ne traînais jamais pour serrer la main du Président lors de mes visites à l'Élysée. L'homme de l'ombre doit rester dans l'ombre. « Plus tu sauras jouer au con, meilleur tu seras », m'avait dit un vieux commissaire. Je l'ai écouté, et, comme le père Joseph, je n'ai jamais bombé le torse ni joué des coudes dans les cocktails.

Cela dit, mon pouvoir était d'abord celui d'un illusionniste qui s'appuyait sur le mythe des RG. Je n'étais pas en contact quotidien avec le président de la République ! Je ne voyais que l'entourage.

Vous faisiez peut-être profil bas, mais vous exerciez une forte emprise sur votre service. D'où venait-elle ?

Dès 1979, j'ai dirigé la section du personnel des Renseignements généraux. Superviser les carrières finit par vous valoir une véritable maîtrise des hommes. Qui contrôlait cette section tenait l'appareil. Or l'appareil, comme chacun sait, c'est le pouvoir.

Vous teniez votre « boutique », mais, en externe, sur qui vous adossiez-vous ?

De la Mairie de Paris au monde médical, de la presse à la classe politique, des syndicats aux Églises, j'avais mes antennes dans tous les milieux. Je ne fréquentais pas pour autant ce que l'on appelle « le monde ». Je n'ai appartenu à aucun réseau, à aucun clan, à aucune chapelle, et cette indépendance a probablement contribué elle aussi à ma survie : quand vous êtes membre d'un réseau, vous disparaissez avec lui s'il vient à vaciller.

Peut-on dire que vous étiez l'un des hommes les plus puissants de la Place Beauvau ?

J'avais la puissance fragile de ceux qui savent. J'étais un colosse aux pieds d'argile. On me craignait et on m'attendait sans cesse au tournant... Ce pouvoir que l'on me prêtait m'a permis de dire à peu près la vérité à mes interlocuteurs, notamment lorsque l'opinion leur était défavorable – faire part d'un mauvais sondage, c'est un peu comme annoncer une mauvaise analyse de sang. Pour autant, j'insiste sur le fait que je n'ai jamais couru après le pouvoir personnel. J'ai défendu l'État socialiste comme l'État UMP. J'ai servi les RG, dont je n'ai cessé d'organiser la survie au-delà des épreuves que nous traversions, sans jamais avoir le sentiment de me servir moi-même.

De quelles « épreuves » parlez-vous ?

Lorsqu'un gouvernement socialiste a voulu faire exploser les RG en jouant sur un nouveau découpage administratif, je me suis accroché. J'ai défendu la boutique, au point de passer aux yeux de certains fonctionnaires pour un sauveur.

Avez-vous disposé d'une véritable liberté de manœuvre ?

Je dois reconnaître que l'on ne me demandait pas grand-chose, et que je n'ai jamais ressenti le poids de la hiérarchie. J'ai toujours été libre, à condition bien sûr de ne rien laisser passer d'important, mais je n'ai jamais utilisé cette liberté à des fins coupables. Je ne dirigeais pas une officine ! Je m'intéressais à tout et à toutes les catégories sociales, sachant que M. de La Tartinière n'était pas forcément plus innocent que M. Durand, et que la femme du monde n'était pas nécessairement plus « blanche » que la prostituée.

Ne pensez-vous pas, rétrospectivement, être resté trop longtemps à la tête de ce service hautement sensible ?

Douze ans à la direction des RG, presque quatorze, si l'on prend en compte les périodes où j'ai été adjoint du directeur, cela fait en effet beaucoup. Je pense que cette longévité a fini par me « plomber ». La durée de vie moyenne des directeurs se situait entre deux et trois ans... J'aurais dû me souvenir de Raymond Marcellin [en fonction de mai 1968 à février 1974] me disant que six ans à la tête du ministère de l'Intérieur, c'était trop. Il était allé le dire au Président, mais Georges Pompidou l'avait éconduit en ces termes : « Je vous garde à l'Intérieur parce qu'avec vous j'ai confiance. »

Votre fidélité aux ministres successifs peut-elle expliquer votre durée de vie administrative ?

La seule fidélité dont je me réclame, au fond, est celle qui me rattache à l'ancien ministre de l'Intérieur Raymond Marcellin. Nous avions des liens quasi familiaux. C'est lui qui m'a tout expliqué, notamment l'importance des « coups tordus » dans cette République. Rien de tel pour déstabiliser un adversaire ou un concurrent, me disait-il. Malgré les professions de foi angéliques des uns et des autres, c'est une technique qui reste encore très répandue aujourd'hui.

Regrettez-vous de vous être accroché à votre fauteuil ?

Non, mais les gens ont commencé à fantasmer sur les raisons de mon maintien alors que les ministres changeaient. Comment ce type tient-il aussi longtemps ? se demandaient-ils. Et l'idée s'est répandue que les politiques me conservaient parce que je faisais « chanter » les gens, parce que je « tenais » tel ou tel. Je devais avoir des dossiers sur tout le monde, autrement ma durée de vie devenait inexplicable !

On disait : « Bertrand les tient tous... » Cela n'était donc pas vrai ?

Mon objectif n'a jamais été de « tenir » qui que ce soit, ni de faire chanter ou de faire peur à qui que ce soit. Autrement, je serais devenu le Edgar Hoover français, du nom de cet homme qui régna quarante-huit ans à la tête du renseignement américain et fut accusé de faire chanter toute la classe politique. Ce n'est pas parce que vous dirigez douze ans les Renseignements généraux que vous savez tout sur tout le monde ! Et puis, Edgar Hoover, qui disposait, disons-le, au passage d'un budget considérable, n'a jamais été pour moi un modèle. Je ferais même montre d'un orgueil incommensurable à vouloir me comparer à ce personnage pour lequel je n'ai par ailleurs aucune admiration. J'ai simplement fait mon métier !

Malgré vos dénégations, les RG resteront, aux yeux de beaucoup, le lieu de toutes les combines, de tous les coups fourrés, de tous les montages...

Tout ce que je dirai n'effacera jamais la réputation de « monteur de coups » que l'on m'a accollée. Les directeurs qui m'ont succédé à la tête des RG n'ont rien arrangé. Il y aurait eu une forte personnalité après moi, on m'aurait vite oublié ! Le préfet Pascal Mailhos et Joël Bouchité m'ont en fait desservi par leur faible envergure. Dans la tête des gens, j'étais toujours le directeur des RG !

On peine tout de même à croire que vous n'avez jamais trouvé le moyen de vous rendre indispensable...

J'ai toujours été loyal envers mon ministre. Ensuite, je ne me contentais pas de proposer à mes interlocuteurs un simple commentaire de l'actualité. Je leur apportais toujours un *plus*.

Un « plus » de quel genre ?

Permettez-moi de me réfugier derrière la modestie sans laquelle on finit par passer pour un Tartarin.

Leur faisiez-vous peur ?

Je sais simplement que les ministres se méfiaient de moi parce qu'il y avait tout le temps du monde dans mon bureau.

Yves Bertrand en maître chanteur, c'est donc un grand fantasme ?

Le chantage, nous dit le Larousse, est un « délit qui consiste à obtenir quelque chose, le plus souvent de l'argent, en menaçant de révélations ou d'imputations diffamatoires ». Cela suppose au moins deux acteurs : une personne censée détenir des informations compromettantes, et une victime... Pendant des années, journalistes, relations, voisins de quartier m'ont immanquablement ramené sur ce terrain, invoquant les dossiers que j'étais censé détenir sur tout un chacun et les quelque 800 000 à 1 million de fiches que les RG conservaient. Il est difficile de répondre de façon cartésienne à de telles assertions, d'abord parce qu'on ne vous croit pas, ensuite parce qu'elles s'appuient sur une vision mythique de l'activité du service et de son directeur.

Avant vous, des responsables des RG ont néanmoins fini par inquiéter le pouvoir en place...

Le cas de Jacques Harstrich a été le plus criant. Cet historique de la maison forçait l'admiration, même s'il ne fallait pas lui demander trois pages d'écriture. À son époque, vous pouviez arrêter un gauchiste comme Alain Geismar, le rouler dans un tapis et l'embarquer sans avoir sur le dos la Ligue des droits de l'homme ! Le pouvoir a fini par le trouver un peu trop puissant à son goût, et il a été muté à Metz, en 1979. Je n'ai jamais roulé personne dans un tapis, mais j'ai subi le même traitement que lui. Pourtant, je vous l'assure, lui comme moi n'avons jamais fait que ce qu'on nous demandait de faire !

Vous est-il un jour venu à l'idée de tronquer l'un de vos sondages d'opinion pour ne pas déplaire aux gouvernants ?

Je ne pouvais évidemment pas savoir si tous les chiffres qui remontaient de province étaient justes ou s'ils étaient truqués. On corrigeait évidemment, pour tenir compte de la marge d'erreur, mais on ne trichait pas. Je fournissais les résultats bruts au cabinet, bons ou mauvais, à charge pour lui de voir ce qu'il en ferait. Il pouvait les garder sous le coude s'ils dérangeaient ou les transmettre à Matignon et à l'Élysée. Il pouvait aussi décider de les rendre publics d'une façon ou d'une autre s'il les trouvait convenables. Quand Jacques Chirac et Alain Juppé ont annoncé la dissolution de l'Assemblée nationale, les premiers sondages que nous avons réalisés étaient engageants : ils partaient gagnants avec cent sièges d'avance. Puis l'écart s'est peu à peu réduit. Je me souviens que Juppé dénigrait nos résultats. Il ne voulait pas y croire. L'écart n'a bientôt plus été que de vingt-cinq sièges et ils ont fini par perdre ! Plus tard, lorsque sous la cohabitation j'ai annoncé la défaite imminente de Lionel Jospin à la présidentielle, ils n'ont pas non plus voulu me croire. Je leur ai dit que c'était perdu le jour de l'élection, vers 18 heures, après avoir sondé quelques bureaux-test. Je me souviens encore de la réaction du directeur de cabinet du ministre de l'Intérieur, Bernard Boucault. « C'est encore une connerie des RG ! » m'a-t-il dit. Je pense que Nicolas Sarkozy aurait tout à gagner, aujourd'hui, à disposer d'un outil comme celui que nous avions construit.

Vous nous disiez avoir été « écouté », mais vous, aviez-vous également l'« écoute » facile ?

La psychose de l'écoute est très répandue dans ce pays. À en croire la rumeur, les RG écoutaient tout le monde. Mon quota était en fait assez limité, et l'homme de la rue ne faisait certainement pas partie de nos cibles. Il faut cependant se replacer dans le contexte. Dans les années 1970, il n'y avait dans le paysage ni commission nationale Informatique et Libertés (CNIL), ni Commission des interceptions. L'éventail des personnes écoutées était bien plus large, et les états-majors des syndicats n'y échappaient pas. Dès que vous aviez une certaine notoriété, on vous écoutait, à tel point que ceux qui ne l'étaient pas le prenaient parfois mal, comme ce responsable politique du Morbihan qui m'a dit un jour : « Mais je ne suis vraiment rien, à vos yeux, pour ne pas être écouté ? » L'écoute était un élément du statut social, comme la possession d'un 4×4. Si, en plus, on fréquente un club très fermé, on est alors au summum !

Quelle était l'efficacité de ces écoutes ?

Dans la lutte contre l'islamisme radical, on a eu de bons résultats. Les gens se doutent en général qu'ils sont sur écoute, mais ils finissent toujours par lâcher quelque chose, dans l'urgence. À défaut de nourrir un dossier judiciaire, cela nous permettait de démonter des réseaux, d'autant plus que nous disposions, aux RG, d'un grand nombre de traducteurs capables de comprendre toutes les langues, jusqu'aux dialectes du sous-continent indien. Cela dit, on en apprenait énormément en couvrant les réunions publiques, même celles qui ne rassemblaient que trente personnes. C'est bien plus utile que d'entendre les discours officiels.

Croyez-vous que le nombre d'écoutes téléphoniques ait augmenté depuis votre départ ?

Il y a les écoutes qui sont soumises à la Commission de contrôle, et puis le reste. Matignon a toujours disposé d'un contingent à part, sous contrôle de l'Élysée. Plus le pouvoir se voit des ennemis partout, plus vous êtes sûr que les écoutes se multiplient. Aujourd'hui, ce sont plutôt des gens comme moi que l'on écoute, ou bien comme votre directeur de rédaction. Et quand on ne veut pas le faire directement, on fait appel au privé.

Pourquoi les RG étaient-ils à ce point redoutés du temps de leur splendeur ?

Les Renseignements généraux ont toujours suscité la méfiance. Je cristallisais cette volonté, qui habitait certains, de nous faire disparaître... Tout le monde avait l'impression d'être espionné. On nous voyait partout, même quand on n'y était point. Mais c'est quand on croyait que nous n'y étions pas que nous y étions... Le bon fonctionnaire du renseignement est celui dont on ne détecte pas la présence !

Ce n'est pas vraiment comme ça que vous allez changer l'image de marque de votre ancien service !

Quand j'ai débuté, on me disait : « Vous êtes dans la secrète. » Je crois que cette formule explique bien l'aura des RG. On ne prête qu'aux riches ou présumés tels, et cela nous arrangeait bien. Travailler pour « la secrète » crée un phénomène d'attraction-répulsion dont je me souviens d'avoir longtemps joué. Parfois, cela a même pu être pour moi un argument de séduction, mais, la cinquantaine passée, les dames regardent davantage la décoration que vous portez à la boutonnière...

Maintes fois, les RG ont été pointés du doigt, par exemple au lendemain de la profanation du cimetière juif de Carpentras, dans le Vaucluse, dans la nuit du 8 au 9 mai 1990. C'étaient eux les coupables, forcément...

On nous a accusés d'être pour quelque chose dans cet acte abominable. On a désigné l'extrême droite, puis dit qu'elle avait travaillé main dans la main avec mon service... jusqu'au jour où l'enquête a permis de cerner la personnalité des coupables, en fait des jeunes du coin. Ce n'était ni l'extrême droite, ni les Renseignements généraux, mais des garçons sans aucune attache politique, et passablement incultes.

Les RG ont souvent été dénoncés comme une « police politique ». Est-ce un terme que vous récusez ?

Je ne nie pas que les RG aient été une police politique – rappelons qu'ils existaient depuis la Révolution française. Mais en 1994 la donne a changé. On leur a officiellement retiré, cette année-là, le suivi des partis politiques, à l'initiative du ministre de l'Intérieur Charles Pasqua. « La bête immonde est terrassée ! » s'est alors exclamé l'éditorialiste Franz-Olivier Giesbert. Une police politique n'était plus supportable sur le plan des principes, il convenait d'en prendre acte, d'autant plus qu'un Serge July était depuis longtemps passé du statut de dangereux révolutionnaire à celui de notable et patron de presse [il dirigeait le quotidien *Libération*] !

La « fuite » est-elle parfois un instrument de pouvoir ?

Il y a deux sortes de fuites : celles qui sont provoquées par le régime en place et celles qui sont destinées à lui nuire. On parvient à déterminer l'origine d'une fuite en regardant à qui elle profite. J'ai remarqué que l'on ne pouvait les éviter totalement à partir du moment où l'on passait par la phase « papier ». Dès lors que votre note circule à trois exemplaires dans la nature, la fuite n'est pas loin. Sauf cas de bavardage intempestif, cette fuite ne devra jamais rien au hasard. Une fuite peut être orchestrée à seule fin de déstabiliser l'auteur de la note. C'est pourquoi je pense sincèrement que moins on écrit, mieux on se porte !

C'est l'auteur des « carnets » qui le dit !

L'écriture est dangereuse. Avec elle, on peut se faire facilement piéger. J'ai donc appris peu à peu l'art de ne pas écrire...

« Je ne suis nullement à l'origine – et, à ma connaissance, aucun de mes proches collaborateurs – de la

fuite dans le quotidien Le Monde *», écrivez-vous dans vos brouillons. Avez-vous néanmoins planifié un certain nombre de fuites à partir de votre service ?*

Quand je sentais que la diffusion d'une information ne dérangeait pas, voire qu'elle ferait plaisir en haut lieu, je n'hésitais pas à la transmettre à un journaliste. Une fuite bien ciblée peut infléchir le cours d'une vie politique !

Et une fuite qui vous échappe ?

La fuite involontaire, c'était le talon d'Achille des RG. Dans la maison, c'était une obsession. Alors que j'étais encore jeune commissaire, un ancien m'avait mis en garde à ce sujet. Le malheureux fut lui-même viré à cause d'une fuite ! Je n'ai jamais connu la peur physique, dans mon métier. Même les convocations chez le juge Halphen ou chez le juge Charpier n'ont pas été pour moi de terribles épreuves dans la mesure où ils se sont montrés très corrects avec moi. Non, la grande peur, c'était bien celle de voir une de nos notes se retrouver à la Une d'un journal.

Toutes les fuites ont-elles un impact ?

On ne sait jamais à l'avance quel effet va produire une fuite. Certaines affaires font un tabac dans les médias et l'opinion, alors qu'on leur prédisait un flop, et vice versa.

Dans votre bureau, au quatrième étage de la rue des Saussaies, vous disposiez d'un coffre-fort...

Comme tout le monde !

Que contenait-il ?

Rien ! Je n'y laissais que des papiers sans importance, parce que je n'avais pas confiance dans ce vieux coffre. Il était là depuis la Libération. Un seul type savait l'ouvrir, c'était « Riquet », un virtuose de la serrure. Il avait commencé à exercer son art dans les années 1940. À l'oreille, il ouvrait n'importe quel coffre ! Un magicien ! Plusieurs fois, je l'ai fait venir chez moi parce qu'on avait perdu les clefs. Je me souviens qu'il a même secouru un jour Gaston Defferre, alors ministre de l'Intérieur, qui avait oublié la combinaison de son propre coffre. Il avait travaillé avec le fameux Harstrich, ce colosse du renseignement opérationnel mis à la porte parce qu'il avait trop de pouvoir.

Avec un pareil « Fregoli des coffres » dans leur manche, les « opérationnels » des RG étaient sûrs qu'aucune porte ne leur résisterait...

C'était l'époque de « la secrète ». Tant qu'on ne tombait pas sous le coup de la loi, tout était possible. Cette équipe ne produisait aucune note. Elle était là quand le ministre avait besoin d'elle. Cela n'a jamais été ma façon de procéder. J'ai toujours privilégié le contact humain. J'ai toujours pensé que l'information ouverte, comme on dit dans le jargon, était plus riche que l'information fermée. Vous mettez le masque et vous êtes Zorro, mais on obtient autant, si ce n'est plus, à visage découvert. En écoutant aux portes, on n'entend que la moitié de ce qui se dit, on peut même comprendre de travers... Et la meilleure façon de vous faire piquer un document important est de le laisser dans votre coffre !

Peut-on rester aussi longtemps à la tête des RG sans se retrouver avec une flopée d'ennemis ?

Cela irait sans doute plus vite de dresser la liste de mes amis que celle de mes ennemis... En quelques jours, avec Jacques Fournet, nommé aux Renseignements généraux par François Mitterrand et socialiste lui-même, nous sommes devenus copains. Avec Jean-Louis Debré, devenu ministre de l'Intérieur, la glace a été rompue en quelques jours, alors qu'un conseiller technique m'avait annoncé mon départ imminent... Mais si je vous disais que Lionel Jospin et moi sommes devenus les meilleurs amis du monde, vous ne me croiriez pas ! La fonction même de directeur central des RG suscite l'animosité. Les gens vous en veulent à cause des pouvoirs dont vous êtes censé disposer. Ils sont convaincus que vous tirez toutes les ficelles. Ceux qui ne vous connaissent pas vous prennent pour un gestapiste. La haine surgit parfois de façon inexplicable. Je me souviens d'un conseiller technique de Jean-Pierre Chevènement que j'étais descendu voir dans son bureau. Je lui avais parlé comme on parle à un ancien combattant de la Gauche prolétarienne, ainsi qu'il m'arrivait de le faire avec Rony Brauman [ancien président de Médecins sans frontières]. Il s'est mis très en colère et a demandé ma tête au ministre ! Il n'avait pas changé d'époque... J'entretenais pourtant des relations tout à fait cordiales avec des responsables actifs de l'extrême gauche ! Je n'avais de haine envers aucun de mes interlocuteurs : la haine est incompatible avec l'exercice du métier.

Des ennemis mortels, vous en avez eu jusque dans votre propre « maison ». Votre pouvoir faisait-il des jaloux ?

Durant un certain temps, j'ai dû faire face aux menées déstabilisatrices de trois fonctionnaires visiblement déçus par les espoirs de promotion qu'ils avaient placés en Charles Pasqua. Un jour, ils ont passé les limites acceptables. Ils sont allés fouiller dans les actes de succession de mon épouse décédée, et se sont débrouillés pour photocopier une partie du dossier qu'ils ont ensuite distribué dans tout Paris. C'est le patron d'un journal qui m'a alerté. Il m'a apporté la photocopie d'un acte notarié provenant directement de la conservation des hypothèques. L'histoire s'est achevée par la révocation de ces policiers, en janvier 1996, pour atteinte à la vie privée. Ce qui intéressait ce trio maléfique, c'était bel et bien mon pouvoir ! Ce prétendu pouvoir les faisait fantasmer. Cela tenait à des détails, comme le fait, pour l'un d'eux, de ne pas monter dans ma voiture quand je recevais un visiteur étranger, mais dans une voiture suiveuse. Un autre se sentait tenu à l'écart. Le troisième se serait bien vu directeur : c'est lui qui tirait les ficelles de ce complot. Dans ces circonstances difficiles, j'ai bénéficié d'un allié de poids en la personne de Jean-Michel Roulet, alors conseiller du Premier ministre Alain Juppé. C'est entre ses mains qu'est tombé le dossier porté à Matignon par ces comploteurs à l'ambition démesurée. Il m'a aussitôt appelé en me disant qu'il devait absolument me montrer quelque chose. L'objectif du trio était de prouver que j'avais des biens et de suggérer que cet enrichissement était suspect – en clair : que je m'étais laissé corrompre par les casinotiers. Claude Guéant est aussi de ceux qui ont dit que ce coup bas était ignoble, et qu'il ne fallait pas laisser passer. Je n'en demandais pas tant !

Vous contrôliez certes la « maison », mais vos adversaires les plus déterminés agissaient finalement de l'intérieur...

Le poste de directeur des RG est à la fois redouté et envié. Quelques fonctionnaires se sont déchaînés pour tenter d'arracher la place. D'autres m'ont simplement pris en grippe, je pense notamment à quelques cagoulards de petite envergure dont je n'ai jamais connu les véritables mobiles. Quand on essaie de prendre le pouvoir, on a raison quand on gagne ; quand on perd, on a eu tort...

La publication par la presse de larges extraits de vos carnets personnels n'a-t-elle pas fait grossir les rangs de vos détracteurs ?

Parmi mes nouveaux ennemis déclarés, j'ai été surpris de découvrir un certain nombre de personnes, notamment des journalistes, qui venaient me voir régulièrement. Ils mangeaient dans ma main ; maintenant, ils me crachent dessus. Cela me fait penser à ces types qui vont au bordel et font ensuite voter des lois contre la prostitution. Je constate par ailleurs que mes brouillons servent à alimenter un tas de règlements de comptes qui me dépassent. Récemment, un ancien haut responsable de la police a encore reçu sous pli anonyme quelques pages dans lesquelles je citais son nom...

Chapitre 8

Chantages, trahisons et « coups tordus »

« Plus la gauche est affaiblie,
plus la droite s'entre-déchire... »

On dit que les ministres de l'Intérieur vous appréciaient pour votre habileté à ce qu'on appelle dans les coulisses du pouvoir « le billard à trois bandes »...

Lorsqu'ils prenaient leurs fonctions, tous les ministres de l'Intérieur tenaient le même discours : « Je ne veux pas de *coups tordus*, monsieur Bertrand. Je veux être un ministre propre ! » Quelques mois plus tard, le discours changeait du tout au tout : « Mais il n'y a rien dans ce que vous m'envoyez, tout cela est complètement creux ! » maugréaient-ils. Ils voulaient du renseignement, quelque chose de plus « consistant » que ce qui figurait dans la synthèse quotidienne. Cela se terminait invariablement de la même façon : je descendais les voir dans leur bureau et leur transmettais oralement tout ce que je ne pouvais pas écrire. Le pouvoir ne peut se satisfaire de peu. Nicolas Sarkozy m'a fait passer pour un colporteur de ragots, mais j'imagine que son entourage a besoin d'informations plus bien « saignantes » que celles qui figurent dans les rapports de la Cour des comptes ou du Conseil d'État ! Je les comprends d'ailleurs parfaitement : si j'étais à leur place, j'aurais les mêmes besoins.

L'« intox » savamment orchestrée n'est-elle pas un outil de gouvernance ?

La plus retentissante opération de ce genre que j'aie eu à connaître est celle qui fut fomentée pour mettre sur la touche Raymond Marcellin : c'est l'affaire des écoutes du *Canard enchaîné*. Nous étions en 1974. Georges Pompidou allait mourir et on était en train de préparer sa succession. Toute l'histoire a été montée du début à la fin pour « tuer » Marcellin, ministre de l'Intérieur et candidat potentiel à la succession. La principale victime me l'a elle-même confié plus tard en ces termes : « Ils m'ont eu ! » Il n'avait jamais été question de piéger les locaux du journal satirique, mais d'accréditer le fait que le ministre en avait eu l'idée. Le piège a parfaitement fonctionné. Marcellin a été écarté vers le ministère de l'Agriculture, Chirac est monté d'un cran, et Giscard a été élu président.

Le complot fait-il partie des traditions françaises ?

En 1947, le directeur de la Sûreté nationale faisait espionner son propre ministre, Jules Moch, qui finit par découvrir le micro caché dans son bureau sous un tableau. Pendant des années, la France a vécu aux accents du complot permanent. La IVe République a marqué l'apogée des comploteurs. Théorème : plus le pouvoir est faible et divisé, plus les affaires se multiplient. La Ve République a mis fin à cette forme de connexion, mais les scandales ont continué sous une autre forme. À la manœuvre on a vu spécialement ceux que l'on pourrait appeler les malfrats du gaullisme, mais de Gaulle lui-même est resté jusqu'au bout intouchable.

Plus récemment, les époux Tibéri ont occupé une place de choix dans vos carnets. Quelques extraits parmi ceux qu'on a pu lire : « Ville de Paris. Tibéri doit voir Chirac début mai. En a marre de Balladur, Séguin, Sarkozy, Madelin, etc. (...). Tibéri a 65 lettres. (...) Le cabinet de Chirac distribuait du fric en liquide à des tas de gens sur les fonds secrets de la ville. Ils ont laissé des carnets quand ils sont partis. Ils sont convaincus que l'entourage des Tibéri les a récupérés. Chirac emmerdé. S'il ne soutient pas Tibéri, Xavière et lui balancent tout. B. avait récupéré les archives que Chirac avait laissées (...). Tibéri va balancer L. pour emploi fictif. Chirac avait demandé par écrit à Tibéri, en 93, de le garder à son cabinet (...). Révélations sur le service général du Ve arrondissement, explosives car c'est l'arrondissement de Chirac. » Le successeur de Jacques Chirac à la Mairie de Paris avait-il vraiment les moyens de déstabiliser celui qui était devenu président de la République au cas où ses ennuis judiciaires se confirmeraient ?

Chirac étant désormais à l'Élysée, les Tibéri se sont retrouvés propulsés au centre du jeu politique – je dis « les » Tibéri parce que Jean et Xavière ne sont pas dissociables. Je ne les voyais pas en chair et en os ; je n'ai même rencontré Jean Tibéri qu'une fois, à l'occasion d'une cérémonie. En revanche, ils me faisaient régulièrement passer des messages. Le ton était toujours le même : si on ne les sortait pas du guêpier judiciaire, ils déballaient tout. Étaient-ils vraiment déterminés à le faire ? Je ne le sais pas. Il y a une marge importante entre dire que l'on va faire « péter » la République et passer à l'acte. Les Tibéri étaient victimes du « syndrome Étienne Marcel » [prévot des marchands de Paris, assassiné par les bourgeois parisiens en 1358 après avoir cherché à instaurer une monarchie contrôlée], mais ils n'ont en définitive fait aucune révélation propre à nuire à qui que ce soit.

De quel œil les conseillers de Chirac suivaient-ils ce dossier brûlant ?

Toutes ces menaces sont finalement restées lettre morte, mais durant la période où l'affaire occupait la Une des journaux, je dirais que l'Élysée suivait le sujet comme le lait sur le feu. Pour Jacques Chirac, cette affaire était un véritable boulet. Politiquement cassés, les Tibéri véhiculaient l'image d'une ère révolue dont le Président cherchait absolument à se défaire.

Vous a-t-on explicitement demandé de vous intéresser à ces dossiers et à leur éventuel devenir ?

On ne me demandait rien ! Je transmettais des notes qui étaient appréciées, tout simplement. Cette affaire, comme tant d'autres, je l'ai suivie de ma propre initiative. Vous sentez quand un dossier ne va pas tarder à prendre de l'importance.

Qui étaient les petits messagers des époux Tibéri ?

Ce qui était en jeu, derrière eux, c'était la solidarité corse. C'est le seul appui dont ils étaient certains qu'il ne se déroberait pas. Les Corses ont cette qualité : ils se soutiennent entre eux face à l'adversité. Les Tibéri pensaient sincèrement que le pouvoir politique pourrait stopper le bras de la justice, ce qui n'était d'ailleurs pas totalement irréalisable. Ils avaient divers canaux de transmission ; les RG en faisaient partie. J'étais un vecteur susceptible de faire remonter un message vers l'Élysée ou ailleurs...

Passons à la page politique suivante. Fidèle d'entre les fidèles de Jacques Chirac, vous passez pour avoir mis tout votre poids et votre savoir-faire dans la balance lors de l'affrontement entre votre mentor et Lionel Jospin à l'occasion de l'élection présidentielle de 2002. Jouant sur les registres classiques des RG, vous auriez distillé dans la presse une série d'informations visant à déstabiliser le candidat socialiste. Du moins est-ce une hypothèse qui a été plusieurs fois agitée par les perdants. Qu'en est-il ?

Je commencerai par dire que Lionel Jospin a d'abord été battu par sa faute bien plus qu'à cause de prétendus pièges tendus par les RG. Pour moi, il a perdu énormément de points et de crédibilité quand il s'est attaqué à l'« âge du capitaine », autrement dit lorsqu'il s'en est pris à la supposée vieillesse de son adversaire. Il a eu cette phrase malheureuse, devant quelques journalistes, dans l'avion qui le ramenait d'un déplacement à la Réunion. On a su plus tard qu'il avait absorbé quelques verres de punch avant de monter dans l'avion, lui qui boit surtout de l'eau. En France, on ne s'en prend pas à l'âge du capitaine. Ce sont des choses qui ne passent pas du tout auprès de l'opinion. On n'est pas dans l'Amérique des Kennedy ! La jeunesse n'est pas forcément un atout dans ce pays où, pour occuper la présidence de la République, on est encore jeune à soixante-dix ans !

N'avez-vous pas alimenté vos contacts dans la presse en informations croustillantes sur le passé trotskiste du candidat socialiste ?

Ce qui a perdu Lionel Jospin, ce n'est pas le fait que les journaux ont raconté telle ou telle anecdote au sujet de son passé gauchiste. Ce qui l'a perdu, c'est la façon dont il s'est défendu quand des informations à ce propos ont commencé à sortir. En substance, il a expliqué qu'il n'avait jamais été « lambertiste » et que les témoins qui évoquaient sa présence au sein de cette chapelle trotskiste le confondaient certainement avec son frère. Dès cet instant, ses anciens amis trotskistes ont décidé de le remettre à sa place. Boris Fraenkel, chef historique de ce courant, a exceptionnellement rompu le silence pour affirmer haut et fort que son ancien camarade mentait. Le coup lui a été fatal. Il ne venait pas des Renseignements généraux, mais de son ancien camp. Jospin aurait pu s'en sortir en jouant la carte de la clarté. Il aurait fort bien pu gagner l'élection en assumant ce passé-là. En se reniant, il a perdu des points parmi les siens. Ses ex-amis ne le lui ont pas pardonné. Non seulement il se moquait d'eux, mais, par ce mensonge, il les humiliait. L'épisode a achevé de « plomber » le candidat.

Vous n'y seriez donc vraiment pour rien ?

Je vous affirme que les révélations concernant le passé trotskiste de Lionel Jospin ne sont pas parties de mon service. Nous ne les avons pas non plus suscitées. Nous nous sommes contentés de reprendre les informations divulguées dans les médias et de les rassembler dans des notes que j'adressais au ministre de l'Intérieur. Je suis à peu près convaincu qu'il s'est agi d'une vengeance de la part des anciens camarades du candidat socialiste. Ils n'étaient pas satisfaits, alors ils l'ont tout simplement balancé. Pierre Boussel, alias Lambert, a parlé le premier. Les autres ont suivi.

Vous avez également consigné dans vos carnets des informations au sujet du père de Lionel Jospin. D'où venaient-elles ?

Pour moi, elles émanaient des mêmes sources. Ses anciens amis croyaient savoir que son père avait été plus ou moins collaborateur après avoir été un fervent partisan de Marcel Déat, comme pas mal de compagnons de route de la SFIO. Ils ont décidé de s'en servir pour « allumer » le fils. Il était assez difficile pour moi de faire l'impasse sur un sujet aussi sensible. Que le Premier ministre fasse ainsi l'objet d'attaques frontales était de la première importance pour le directeur des Renseignements généraux. J'ai voulu savoir d'où partaient ces flèches, d'autant plus que la campagne semblait particulièrement affecter Lionel Jospin. J'avais moi-même assez de contacts, et depuis très longtemps, parmi les lambertistes pour connaître l'origine de cette campagne. Ils ont même tenté de faire passer le père du Premier ministre pour l'ami d'un ancien déporté mis au ban de la société pour avoir affirmé que les chambres à gaz étaient une invention sioniste, thèses reprises bien malgré lui par l'extrême droite. S'attaquer ainsi de biais à l'entourage des hommes publics fait partie des traditions françaises. On s'en prend à leur parentèle, à ce qu'ont fait leur frère cadet ou leur cousine germaine. C'est souvent malsain, mais je me devais de suivre ces agressions collatérales. Si ça sortait un jour dans la presse et que vous n'aviez pas averti, vous passiez pour un incapable !

Lionel Jospin vous a cependant explicitement accusé d'avoir ourdi cette campagne contre lui...

Le Premier ministre n'ignorait pas que j'avais été un spécialiste de la mouvance lambertiste et que j'étais incollable sur les différentes écuries se revendiquant du trotskisme. C'est pour cette raison qu'il m'a montré du doigt. Mais il s'est trompé, à moins qu'il n'ait sciemment désigné les Renseignements généraux pour se dédouaner et ne pas avoir à se retourner directement contre ses anciens ou encore actuels amis politiques. D'ailleurs, Boris Fraenkel n'a pas eu besoin de mes notes pour divulguer ces informations : lui-même s'en est carrément ouvert à la télévision ! Ceux qui, comme Serge Raffy ou Claude Askolovitch, ont écrit des livres ou des articles sur le sujet n'ont pas eu non plus besoin de moi : ils avaient suffisamment de sources en interne !

Les dénégations du candidat Jospin avaient-elles une chance de porter leurs fruits auprès de l'opinion publique ?

Ce mensonge a été une erreur tactique. Le fleuve socialiste s'est nourri d'un affluent alimenté par une mouvance trotskiste qui ne s'en est jamais cachée et qui va de Jean-Christophe Cambadélis à Julien Dray. Lionel Jospin a voulu se démarquer, tout comme Dominique de Villepin aura tenté de faire oublier son passage par le secrétariat général de l'Élysée en me snobant. C'est comme si je disais demain que je n'ai jamais été directeur des RG : tout le monde se tiendrait les côtes !

Dans vos carnets figurent également un certain nombre d'éléments, repris de la presse ou par la presse, au sujet d'une maison achetée par le couple Jospin sur l'île de Ré. Y avait-il vraiment matière à ruiner ses ambitions politiques ?

C'est le deuxième mensonge fatal. Le candidat socialiste n'a pas souhaité que le public connaisse le véritable prix auquel il avait payé cette maison. Le notaire était l'un de ses vieux copains, et le soupçon a commencé à grandir, d'autant plus que les agents immobiliers du coin trouvaient qu'il avait fait une bonne affaire. Les îliens, c'est pire que les villageois : tout le monde ne parlait plus que de ça ! Deux éléments intriguaient : d'abord, l'acte de vente avait été signé à l'hôtel Matignon, ce qui en soit constituait une erreur : même si tout était clair, les gens risquaient d'y voir une magouille ; ensuite, on avait omis de mentionner sur ce même acte l'origine des fonds employés pour l'achat du bien dans la case où on précise normalement le montant des prêts accordés. Cumulés, ces deux éléments risquaient d'accréditer l'idée qu'on avait cherché à cacher quelque chose. Certains s'en sont emparés, dans la presse, pour évoquer l'usage des fonds secrets de Matignon. À l'approche d'une importante élection, c'est le genre de rumeur qu'il faut déjouer à tout prix et au plus vite, au risque d'être emporté. La polémique a d'ailleurs été plus virulente dans les rangs même de la gauche qu'à droite.

Comment avez-vous été informé de cette « affaire » ?

L'histoire a fait le tour de l'île avant d'arriver aux oreilles de l'antenne des RG la plus proche, celle de La Rochelle. Le notaire avait bavardé avec un agent immobilier qui s'en était ouvert à un ami... Si je ne fais pas une note sur ce sujet au moment où l'information m'est transmise, je suis un bon à rien ! C'est le B-A BA du métier ! Ces faits concernaient tout de même, je le rappelle, le Premier ministre en place, pas le quincaillier du coin ! De la même façon, ses propos au sujet de l'« usure » des vieux en politique n'auraient intéressé personne s'ils n'étaient sortis de sa bouche. Or ç'a été encore pire que s'il avait soulevé la jupe d'une hôtesse de l'air à bord de l'avion. Il en va ainsi de tous les personnages de haut niveau : si ce n'est pas le président de la République française qui séjourne au Mexique chez un homme d'affaires sur lequel pèse un certain nombre de soupçons, tout le monde s'en moque !

Celui que l'on a parfois surnommé « le Professeur » s'est-il à votre avis définitivement grillé dans cette ultime bataille ?

Lionel Jospin a péché par imprudence, mais on ne peut être bon sur tous les coups... Son image puritaine est sortie écornée de cet épisode. Quelles qu'aient été les modalités de son acquisition immobilière, cela ne cadrait pas avec son personnage. Quelqu'un qui passe pour vivre comme un pasteur ne peut se voir soupçonner de dissimulation. Une telle séquence lui a évidemment fait laisser beaucoup de plumes. Mais, encore une fois, les RG n'y ont été pour rien : l'ancien Premier ministre était assez grand pour se déstabiliser tout seul.

Vraiment ?

Si Lionel Jospin avait lu les notes des RG, peut-être serait-il encore en activité !

C'est de l'humour ?

Il a été, un temps, l'un de mes trois lecteurs privilégiés, avec le ministre de l'Intérieur et l'Élysée, mais il n'a pas souhaité tenir compte de ce que nous lui disions. Il nous a ignorés. Il a en même temps fait comme s'il était surprenant qu'un candidat à l'élection présidentielle soit attaqué, alors que c'est le lot commun de tous les candidats. Je le répète : les accusations que l'ancien Premier ministre a alors formulées contre moi ne tiennent pas. Il voyait les RG derrière tous les coups, mais ses propres erreurs ou maladresses lui ont coûté bien plus cher que tout ce que j'aurais jamais pu fomenter ! Il s'est démoli tout seul ! Il a d'ailleurs commis une ultime erreur en se retirant comme il l'a fait : en politique, on ne déserte pas le combat. Mitterrand l'a excellemment montré.

Revenons à l'affaire Clearstream dont vous nous avez raconté comment, sur ordre de l'Élysée, elle avait mis un terme brutal à votre carrière administrative. Depuis le départ, on l'a vu, Nicolas Sarkozy vous a imputé une responsabilité certaine dans cette manipulation consistant à ajouter une série de noms sur un listing provenant de la chambre de compensation luxembourgeoise Clearstream. Que répondez-vous à cette accusation ?

Chaque fois que j'essaie d'évoquer cette affaire

avec des novices, je réalise que personne n'y comprend rien. Pour moi, cela a été avant tout une source d'« emmerdements », excusez le mot ! La seule question qui vaille est en effet de savoir qui a ajouté ces noms sur les listings, et dans quel but. Mon adjoint de l'époque, Bernard Squarcini, y figure, mais pas moi ! Vous pensez bien que si j'avais été pour quelque chose dans ce trucage, j'aurais pris grand soin d'y introduire mon nom ! N'est-ce pas la moindre des précautions ? Tout ce que je sais, c'est que ces ajouts auraient été faits en plusieurs étapes. Franchement, si vous disposez d'informations supplémentaires, je suis preneur !

Personne ne croira que votre connaissance du dossier s'arrête là...

Pour moi, toutes les hypothèses sont recevables ! Compte tenu des éléments dont je dispose, mon intime conviction est que Nicolas Sarkozy a été informé de cette affaire plus tôt qu'on ne l'a dit.

Parmi les éléments qui plaident contre vous, on peut relever le fait que le nom de l'informaticien d'origine libanaise Imad Lahoud, spécialiste des circuits de blanchiment, mis en examen dans cette affaire Clearstream, figure dans les pages connues de vos carnets à une époque où personne ne le connaissait. À la date du

8 mai 2001, soit trois ans avant le déclenchement officiel du scandale, vous notez : « Un Libanais riche, 9, avenue Niel, Imad Lahoud, né le 7 août 1967 à Beyrouth, gendre de Fr. Heilbronner, s'est converti au judaïsme pour épouser la fille d'Heilbronner. Pourrait w c lj. » Dans quelles circonstances cet homme dont vous semblez penser, si l'on traduit correctement, qu'il « pourrait travailler contre Lionel Jospin » fait-il irruption dans vos carnets ? S'agissait-il de quelqu'un que vous comptiez recruter ?

À l'époque, on me parle de ce personnage comme on me parle de beaucoup d'autres. La source est bonne, mais je tairai son nom. Je vous certifie cependant que je n'ai jamais rencontré de ma vie Imad Lahoud, pas plus que je ne l'ai manipulé d'une quelconque manière. Le fait qu'il soit le gendre d'un proche du président Jacques Chirac a probablement retenu mon attention. Dans le cadre de l'instruction sur l'affaire Clearstream, il a eu l'occasion de déclarer qu'il m'avait rendu visite dans mon bureau, place Beauvau, et que je lui avais tenu la main au moment d'ajouter des noms aux listings. C'était tellement énorme que personne, bien sûr, ne l'a cru. Il suffit de consulter le registre des visiteurs, rue des Saussaies, pour constater qu'il n'a jamais franchi le sas pour venir me voir. Remarquez au passage qu'il a disparu de mes carnets aussi vite qu'il y était apparu.

À en croire les initiales qui figurent en marge de ces annotations, c'est la commissaire Brigitte Henri qui a attiré votre attention sur ce redoutable spécialiste de la finance. Qu'en est-il ?

Lorsque Brigitte Henri a évoqué devant moi le cas d'Imad Lahoud, c'était bien plus tard, au sujet d'un enfant qu'elle souhaitait adopter. Lahoud lui avait apparemment promis de l'introduire auprès d'institutions spécialisées au Liban, promesse qui ne s'est en fait jamais concrétisée. Mais je suis formel sur un point : ce n'est absolument pas sur mes instructions qu'ils se sont rencontrés.

Certains affirment que Gérald Penciolelli, votre interlocuteur privilégié au sein du journal d'extrême droite Minute, *connaissait Imad Lahoud. En a-t-il été question entre vous ?*

Penciolelli ne m'a jamais présenté Imad Lahoud : je suis, là aussi, formel.

Le nom de Jean-Louis Gergorin, autre protagoniste de l'affaire Clearstream, est également mentionné à plusieurs reprises dans vos carnets. Quels étaient vos liens avec lui ?

Je n'ai pas plus rencontré Jean-Louis Gergorin qu'Imad Lahoud. La seule chose que je sache, c'est que cet homme brillant passait déjà pour assez extravagant lorsqu'il est sorti de l'ENA.

Jean-Pierre Van Geirt, grand reporter aujourd'hui à la retraite, ancien de Paris-Match *et de TF1, n'a pas vraiment apprécié d'être cité à de multiples reprises dans vos carnets, au point qu'il est « passé à table » dans le journal* Libération. *À l'en croire, il aurait récupéré pour votre compte les fameux listings Clearstream auprès d'un journaliste français expatrié entre Belgique et Luxembourg. Voilà un éclairage nouveau sur cette affaire dans laquelle des journalistes qui rêvent de faire couler le « bateau Nicolas Sarkozy » en créant de toutes pièces un scandale de corruption ne jouent pas forcément les derniers rôles. Que lui répondez-vous ?*

Jean-Pierre Van Geirt a effectivement insisté pour me présenter un certain Jean Nicolas, journaliste en exil depuis qu'il faisait l'objet d'une fiche de recherche en France. Je l'ai rencontré une fois au Luxembourg. C'était probablement une erreur, mais je voulais tester la fiabilité de ce garçon qui animait un site Internet proposant d'excellentes informations au sujet de la Corse. Mon adjoint, Bernard Squarcini, l'a également vu à ma demande. Il était censé disposer d'une multitude de renseignements, mais notre rencontre n'a pas vraiment eu de suites. La seule chose que j'ai vu arriver, c'est effectivement une copie des listings Clearstream. Van Geirt, qui les tenait de Nicolas, m'a apporté ces CD en novembre ou décembre 2003. Je les ai remis pour analyse au service informatique, qui n'y a rien trouvé de passionnant. Dans cette version qui n'avait pas encore été trafiquée ne figuraient les noms d'aucune personnalité, et sûrement pas ceux de mon adjoint et du ministre de l'Intérieur, Nicolas Sarkozy, que l'on y a retrouvés plus tard. J'ai donc récupéré les CD que j'ai aussitôt restitués à celui qui me les avait aimablement transmis. Au passage, je dirai que j'ai du mal à croire que les journalistes en question soient à l'origine du trucage des listings. Ils n'avaient pas l'envergure pour planifier ce genre de manipulation de haute volée. Les CD dont je parle circulaient alors d'ailleurs dans tout Paris.

Le fait que ces listings truqués ne comportaient le nom d'aucun chiraquien ne constituait-il pas une forme d'aveu ?

C'était là une manipulation grossière visant précisément à faire porter le chapeau aux chiraquiens. Je me suis d'ailleurs dit que cela ne pouvait venir d'eux, tellement ç'aurait été énorme.

Une faction de la DGSE, le service d'espionnage français, a-t-elle pu être mêlée à ce coup fumant ?

Ce n'est pas une hypothèse à écarter totalement. Ce service était alors atomisé, traversé de rivalités intestines, partagé en clans et en chapelles. Il en était déjà ainsi du temps du SDECE, l'ancêtre de la DGSE.

Vous qui n'êtes pas né de la dernière pluie, si l'on peut dire, vous n'en sauriez pas davantage sur cette manipulation dont l'actuel président de la République se présente comme l'une des principales victimes ?

Les exécutants de cette sombre affaire ont-ils agi de leur propre initiative ? Ont-ils agi sur instructions ? De qui ? Qui était capable de monter une opération aussi périlleuse ? Quelle officine était susceptible d'y tremper ? J'ai vainement tourné et retourné ces questions, parce que cela entrait dans mes compétences de patron des RG, sans obtenir de réponse satisfaisante. À qui profite le crime ? Celui qui répond à cette question dispose déjà d'une partie de la réponse. Pour ma part, je resterai prudent devant une lecture trop simpliste. Des noms ont visiblement été ajoutés par de bons connaisseurs du groupe aéronautique franco-allemand EADS, puis d'autres puisés dans la sphère politique. C'est là qu'est apparu le patronyme du père de Nicolas Sarkozy, lequel a bientôt crié au loup.

Pensez-vous que ces façons de combattre l'adversaire politique, savoir à coups de dossiers secrets et de notes blanches détournées, appartiennent à une période révolue ?

Ce que je peux dire en toute certitude, c'est que les RG n'existent plus ! La Direction centrale du renseignement intérieur a pris la relève en absorbant les RG et la Direction de la surveillance du territoire ; à la tête de ce puissant service, Nicolas Sarkozy a choisi de placer mon ancien adjoint, Bernard Squarcini. Les « affaires » n'en resteront pas moins au centre du combat politique dont les protagonistes continueront à se battre à coups de dossiers. Les scandales font partie de la vie politique, comme l'instrumentalisation des juges. Le « cul » et l'argent de poche font trébucher les élus en Angleterre. En France, c'est le politico-financier, aussi inhérent au pays que les défilés et les grèves dans le service public. Et la gauche n'a rien à envier en ce domaine à la droite : dès qu'une affaire peut déstabiliser l'adversaire, on la sort en utilisant à fond les médias.

La classe politique française est-elle la seule au monde à s'illustrer par de telles pratiques ?

Ne croyez pas cela ! Aux États-Unis, la classe politique est également très coutumière des coups bas.

Ces pratiques se retrouvent aussi bien en Italie et en Espagne. En France, le principal moteur de ces opérations de déstabilisation se situe au sein même de la droite : cela fait des générations que dure cette vendetta. Elle a d'abord opposé les gaullistes historiques aux giscardiens, jusqu'au remplacement de ces derniers par les sarkozystes. Ces deux camps ont passé leur temps à se tirer dessus. La faiblesse des socialistes n'arrange rien : plus la gauche est affaiblie, plus la droite s'entre-déchire. Autant dire qu'on n'en verra pas de sitôt la fin.

Votre ancien service a-t-il été témoin ou acteur d'autres opérations de ce genre dont nous n'aurions pas eu vent ?

À plusieurs reprises, j'ai alerté le ministre de l'Intérieur sur des « coups » en préparation. Déceler ces opérations avant qu'elles voient le jour était l'une de mes principales préoccupations. C'est en partie pour cette raison que je recevais autant de journalistes. Ces manipulations passent en général par la presse, et le meilleur moyen d'en avoir connaissance avant qu'elles explosent au grand jour est de fréquenter ceux qui en seront les vecteurs, que ce soit malgré eux ou en toute connaissance de cause. Mon travail consistait à détecter la rumeur qui tue, à alerter tel ou tel journaliste sur le peu de fiabilité du dossier qu'on lui avait transmis, et à prévenir ainsi une campagne bidon.

Comment se prémunir contre de telles manipulations, qu'on soit membre d'un service de renseignement ou journaliste ?

D'une manière générale, il faut se méfier des dossiers qu'on vous livre « clefs en main ». Les dossiers apparemment les plus beaux sont souvent très décevants. Il est plus fréquent qu'un vrai renseignement arrive par un biais qui n'avait pas l'air fiable de prime abord.

Avez-vous le souvenir d'avoir refusé d'entraîner votre service dans l'un de ces « coups tordus » ?

Cela m'est arrivé plus d'une fois. On n'est tout de même pas obligé d'accepter de mettre soi-même en œuvre des méthodes de style gestapiste ! Je ne vais pas vous dire que je n'ai jamais monté de « coups », ce serait faux. Mais je n'ai jamais été un montreur d'ours ! On a tendance à ne retenir que ces supposées manœuvres, mais sachez que je n'ai par exemple joué aucun rôle dans l'affaire du pasteur Doucé, cet incroyable ratage imputable aux RG parisiens et qui défraya la chronique au milieu des années 1980.

Un ratage mortel, le cadavre du pasteur en question ayant été retrouvé sous l'humus en forêt de Rambouillet...

Le préfet de police de l'époque, Pierre Verbrugghe, avait invité le patron des RG parisiens à calmer les ardeurs de ce pasteur qui tenait une librairie et dont l'entourage était soupçonné de faire chanter plusieurs personnalités parisiennes. La mission est tombée entre les mains d'une poignée de « bras cassés » qui seraient allés bien au-delà de ce qu'on leur demandait. Rien n'a jamais été démontré, mais le pasteur a bel et bien été déterré en forêt par des sangliers ou des corbeaux. Pour l'image des RG, l'épisode a été catastrophique. Cela nous a même « plombés » pour des années, moi y compris, alors que je n'y étais vraiment pour rien. Il suffit d'un scandale comme celui-là pour occulter pendant dix ans tout le reste de vos activités, par exemple contre l'islamisme fondamentaliste.

Aux premières loges de la vie politique, vous avez assisté à maints retournements de vestes. La trahison est-elle inhérente à ce milieu ?

Une petite poignée d'hommes se sont refusés à trahir le général de Gaulle, même quand il est parti, et sont restés gaullistes, mais ce genre de comportement est plutôt rare. Aujourd'hui, la trahison fait partie du paysage, c'est une évidence, et je trouve ces mœurs assez effrayantes. L'*Homo politicus* est un personnage versatile qui s'adapte à toutes les circonstances. Prenez encore le cas de Nicolas Sarkozy : il a d'abord été balladurien, puis chiraquien. Maintenant, il est exclusivement sarkozyste !

CHAPITRE 9

Corruption

« La politique tournait autour du fric et des affaires. »

Il a été fait grand cas de votre intérêt pour la vie privée des responsables politiques, mais vous avez également consigné dans vos « brouillons » des dizaines d'informations sur l'« argent caché » de ces mêmes politiques. Quelle importance ces éléments avaient-ils pour vous ?

Je commencerai par vous dire quelle importance cela a eu pour eux... ! Dans mes carnets, les informations qui dérangent le plus les politiques sont celles qui ont trait à leur financement occulte. Tout ce que j'ai pu écrire, par exemple, sur Cécilia Sarkozy a eu bien moins d'impact sur eux que les éléments que j'ai consignés au sujet du Gabon et des présumés dons en liquide effectués par le défunt président de cet État africain si proche de la France, Omar Bongo. Dès que l'on touche à l'argent, à la corruption, aux dessous-de-table, on court le risque de mettre les politiques en fureur. J'ai payé cher, si j'ose dire, d'avoir mis mon nez là-dedans.

Pendant une bonne quinzaine d'années, les affaires politico-financières ont fait la Une des journaux. À quel moment avez-vous ressenti le besoin de vous y mettre, vous aussi, et de mobiliser une partie de votre service sur ce sujet ?

C'est le socialiste Pierre Joxe, pour la seconde fois ministre de l'Intérieur en mai 1988, qui nous a le premier demandé de travailler sur le politico-financier. Le constat était simple : la vie politique tournait autour des « affaires ». Avec Jacques Fournet, alors directeur des Renseignements généraux, nous avons monté une cellule dont faisait notamment partie la commissaire Brigitte Henri, qui deviendra une spécialiste de la lutte anticorruption. C'était là une décision politique qui ne m'a attiré que des ennuis !

Comment vous êtes-vous organisé pour suivre ce secteur ?

On s'est mis à examiner toutes les affaires qui défrayaient la chronique, mais les suivre ne suffisait pas : il fallait essayer de conserver un coup d'avance sur les autres. C'est la mission même des RG. Informer nos interlocuteurs une fois que l'affaire s'étalait dans les journaux n'aurait servi à rien. À partir de là, nous avons effectivement pris le risque d'entamer une course de vitesse avec la justice. Nous nous sommes si bien investis dans ces dossiers que nous avons fini par trébucher à cause d'eux.

Pourquoi ?

À force d'enquêter, vous en venez à indisposer sur des niveaux politiques très élevés. Soit vous ne dites rien, et vous reculez. Soit vous écrivez, comme je le faisais, vous transmettez les renseignements que vous avez obtenus, et vous vous faites proprement « allumer » ! Cela a été mon cas. La commissaire Brigitte Henri a mis son nez dans des sphères qui échappaient jusque-là au regard de la police, et donc de la justice. Elle l'a fait avec passion. Elle a ramené trop de « matière ». Elle s'est attaquée à la gauche comme à la droite, et ses notes sont devenues dangereuses pour le pouvoir.

Un exemple ?

Lorsqu'elle s'est mise à « gratter » sur la MNEF, cette mutuelle étudiante alors considérée comme la

« pouponnière » du Parti socialiste, on m'a clairement fait savoir qu'elle devait ravaler sa curiosité. Les politiques ne supportent pas que l'on aille fouiller dans leurs poches !

Jean-Pierre Chevènement, Daniel Vaillant, Dominique de Villepin, Charles Pasqua et quelques autres vous ont eu successivement sous leurs ordres. Comment résister à la tentation d'impliquer votre service dans le jeu politique, par exemple en vous invitant à démasquer les filières occultes du financement de l'adversaire ?

La tentation a toujours été grande, en effet, de nous impliquer dans les batailles politiques en cours. Chacun cherchait à nous faire prendre partie pour son camp contre l'autre. Mais cela finissait immanquablement par lui retomber dessus. On a finalement décidé de tout arrêter et le pôle judiciaire de la rue des Italiens, érigé en fleuron de la lutte contre la corruption, est aujourd'hui réduit à sa plus simple expression !

Cela ne vous concernait qu'indirectement, mais l'arme fiscale a-t-elle parfois été employée par les politiques pour déstabiliser l'adversaire ?

Les dossiers fiscaux ont toujours constitué une arme terrible. Rien de tel pour abattre quelqu'un que de divulguer ses ennuis avec le fisc. Le contrôle fiscal lui-même n'est pas toujours innocent. Quand cela vous tombe sur le dos, vous avez d'abord avantage à chercher à savoir pourquoi.

Quand vous notez, au sujet d'un ministre, qu'il exerce des activités de marchand de biens dans l'immobilier, quel est l'objectif ?

Les RG étaient là pour essayer de prévenir les « coups durs », lesquels peuvent survenir de deux horizons : le sexe et les affaires. Quand la cupidité d'un homme politique devient trop visible, le scandale risque d'éclater à tout instant. Un ministre qui se porterait acquéreur, par exemple, d'une vingtaine d'appartements en Espagne pourrait être rattrapé par une affaire financière. Je demeurais cependant prudent vis-à-vis des informations de ce type, surtout lorsqu'elles concernaient des personnages connus pour déranger par leurs positions politiques.

Les politiques craignaient-ils ce qui se tramait dans les cabinets d'instruction ?

À l'époque, ils tremblaient devant les juges. Je vous rappelle qu'un certain nombre d'entre eux ont été pris dans leurs filets. Les choses sérieuses ont commencé dans la région azuréenne, où une partie de la classe politique a été décimée, du Niçois Jacques Médecin au Cannois Michel Mouillot, alias le Kennedy de la Côte d'Azur, en passant par le Toulonnais Maurice Arreckx. Ensuite, il y a eu la vague des jeunes pousses du RPR, ces garçons que l'on disait purs et prometteurs, au premier rang desquels le Lyonnais Michel Noir et le Grenoblois Alain Carignon, emportés eux aussi par les « affaires ». Les attaques partaient dans tous les sens ! Les difficultés s'amoncelaient devant la porte de ces jeunes élus de droite qui revendiquaient l'appellation de « réformateurs ». Ils avaient su trouver une sémantique qui leur permettait de se vendre à l'opinion, mais cela s'arrêtait là. En fait de réforme, leur principale ambition était de prendre la place des anciens, lesquels n'ont pas forcément été mécontents de les voir sombrer sous le poids de démêlés financiers.

Nous l'avons déjà évoqué, plusieurs notes blanches attribuées aux RG et consacrées à la corruption au sein du RPR ont été envoyées sous pli anonyme au juge Éric Halphen à partir de 1993. L'affaire a provoqué un tel scandale que vous avez été sommé de rendre des comptes devant la justice, de même que la commissaire Brigitte Henri. Avez-vous à cet instant regretté d'avoir envoyé vos agents inspecter le portefeuille de certains dirigeants politiques ?

À cause de ces notes sur le financement occulte du RPR, je me suis retrouvé en train de fournir mon ADN et sommé de rédiger des pages d'écriture chez le juge Halphen qui me soupçonnait d'être le « corbeau ». Les analyses n'ont rien donné, mais il m'a quand même convoqué trois fois ! Il voulait même aller perquisitionner à Matignon, mais on ne l'a pas laissé entrer. Celui qui a pris la décision de diffuser ces notes anonymement a propulsé les RG au beau milieu d'une bagarre qui ne les regardait pas... Fallait-il rédiger ces notes ? Je me suis posé la question après coup. Elles nous ont clairement provoqué des ennuis, mais, pour ce qui est du fond, la plupart des informations qu'elles contenaient étaient bonnes. Un jour, Halphen, qui n'était pas un méchant garçon, m'a même fait cet aveu : « Dans ces dossiers, vous avez deux ans d'avance sur moi. – Je suis désolé, monsieur le juge, ai-je répondu. – Je ne sais rien et vous avez tout écrit ! » s'est-il encore exclamé. Ce qui signifie qu'à ses yeux la commissaire Brigitte Henri, auteur de la plupart de ces notes, avait récolté des « tuyaux » redoutables !

Comment réagissaient vos commanditaires, autrement dit les dirigeants politiques, durant cette période trouble ? Les aviez-vous toutes les heures au bout du fil, inquiets de ces conséquences prévisibles ?

Le gouvernement suivait le dossier au jour le jour. Quand Brigitte Henri a été entendue par le juge Halphen, Dominique de Villepin, secrétaire général de l'Élysée, m'a appelé. Il voulait savoir ce qu'elle avait dit. Je l'ai rassuré : elle avait parlé le moins possible.

Durant plusieurs années, les juges sont partis à l'assaut de la gestion de la Mairie de Paris sous Jacques Chirac. Les échos de ces affaires reviennent régulièrement dans ce qu'on connaît de vos carnets. « L'argent des fonds secrets de la Ville de Paris était dans une banque de Zurich », avez-vous écrit. Pensiez-vous que l'ancien maire de la capitale, devenu président de la République, était lui-même menacé ?

La Mairie de Paris, c'est autre chose que la mairie d'Aurillac, sans vouloir discréditer les édiles du Cantal ! La Mairie de Paris est un élément central dans le dispositif politique. Tenir Paris, c'est tenir la France. Et Jacques Chirac a tenu Paris. Cela l'a conduit aux plus hautes destinées dans la conduite de l'État. Avec ces « affaires », c'est le cœur de la chiraquie qui était visé. J'ai évidemment noté dans mes « carnets » toutes les informations que l'on m'apportait sur ces dossiers. Je sentais qu'ils allaient prendre de l'ampleur, au moins en termes d'impact sur l'opinion. Ils représentaient à l'évidence un très réel danger pour Chirac lui-même. Mais il n'était pas le seul que les juges poursuivaient de leurs assiduités : tout le monde y est passé !

Comment avez-vous vécu vos propres auditions par le juge Halphen ?

J'ai été entendu trois fois par ce magistrat. Je lui ai raconté la façon dont je remettais quotidiennement mes notes, en général entre les mains d'un huissier qui se faisait fort de les porter jusqu'au cabinet du ministre. Le juge aurait évidemment bien voulu connaître nos sources, mais je n'ai jamais balancé personne. J'ai tout pris sur moi. Certains, je le sais, ont eu très peur que je parle, mais je n'ai rien dit. Je ne crois pas que l'on puisse être un bon professionnel et en même temps une « balance ». Celui qui donne ses sources ne peut prétendre faire du renseignement. Il est foutu.

Vous avez également été entendu par la juge Laurence Vichniewski. Un mauvais souvenir ?

Pas du tout. L'audition a duré autour d'une heure et demie et s'est très bien déroulée. Très classique dans la forme : la magistrate n'a fait preuve d'aucune animosité à mon endroit. Je me souviens qu'elle m'a demandé ce que je pensais d'Yves Bonnet, ancien patron de la DST. Elle avait vu son nom apparaître dans un dossier et voulait savoir si je le pensais plutôt naïf ou plutôt malhonnête. Croyant le défendre, j'ai cru bon de répondre que je le trouvais naïf. Il ne me l'a jamais pardonné.

Que cherchaient les juges d'instruction ?

J'ai également été convoqué par le juge Charpier, à Versailles, par le juge Fradin, à Montluçon, bien avant de l'être par les juges Pons et d'Huy dans l'affaire des « carnets »... Tous considéraient comme anormal de n'avoir aucune prise sur les RG. À tous j'ai expliqué posément que j'étais au service du gouvernement, mais je puis vous certifier qu'ils n'étaient guère convaincus. Pour eux, les RG devaient être les auxiliaires de la justice. Je m'y suis opposé, par principe et par déontologie. On ne faisait pas le même métier. On n'avait pas la même psychologie, pas plus que le médecin et le pharmacien ne sont faits du même bois. Les RG sont une police administrative, pas judiciaire. Ils œuvrent pour le seul compte de l'exécutif, alors que les juges, eux, sont en principe au service des justiciables. Si nous avions commencé à leur rendre des comptes, c'était la mort assurée des RG !

Les juges rêvaient-ils de puissance ?

Les juges ont vécu en ces années-là une forme d'âge d'or. À l'occasion des « affaires », ils ont senti qu'ils pouvaient renforcer et asseoir leur pouvoir. Ils ont réussi à faire régner un climat de crainte latente durant plusieurs années, mais le Parquet, lié au pouvoir exécutif, n'a pas suivi les magistrats. Il n'a pas cessé, en fait, de freiner les dossiers. Vous ne le savez sans doute pas, mais la haute magistrature n'est pas particulièrement riche en Robins des bois !

Tout cela a-t-il été bénéfique pour la démocratie ?

Je ne répondrai pas de manière schématique à cette question. C'est comme si vous me demandiez si Robespierre et Saint-Just ont fait du bien à la démocratie et à la République ! Les juges ont aussi sérieusement enquiquiné des gens qui ne faisaient que leur travail ! Ils sont allés perquisitionner dans des rédactions comme celle du *Canard enchaîné* ! Trouvez-vous que c'est sain pour la démocratie ? Par ses excès, le pouvoir législatif avait brisé la IVe République. Cette fois, la fonction judiciaire s'est immiscée clairement dans le champ politique. Et l'on se dirigeait tout droit vers une république des juges...

N'étaient-ils pas tout simplement dans leur rôle ?

Certains d'entre eux voyaient des affaires protéiformes partout, y compris là où il n'y en avait pas. Ils se croyaient revenus à la période de l'Inquisition ! Cela dit, ils ont su occuper le terrain : ils campaient à la Une des journaux tous les jours !

Avez-vous eu la tentation, pour rester à la pointe de l'information, d'espionner des juges ?

Non. Vous imaginez les RG placer un juge sur écoute avec l'aval de Matignon ? Cela n'aurait pu se faire qu'en dehors de l'administration, par le biais d'officines privées. Je ne l'ai pas souhaité.

Les « affaires » étaient-elles au cœur de vos nombreux entretiens avec les journalistes ?

Je les voyais aussi pour parler d'autres choses, en particulier de l'islam fondamentaliste, mais cela les intéressait nettement moins. C'est moins vendeur, n'est-ce pas ? Évidemment qu'ils me passaient des informations sur les « affaires » en cours, mais nous avions aussi nos propres canaux, par le biais notamment des services de police chargés des enquêtes préliminaires pour le compte des magistrats. Mais je vais encore plaider pour ma chapelle : si je ne m'étais pas tenu au courant jour après jour de l'actualité des dossiers judiciaires, il aurait mieux valu fermer boutique !

Le cas « Sirven » emplit lui aussi quelques pages de vos carnets. Nous sommes en pleine affaire Elf, et l'argentier présumé du groupe, Alfred de son prénom, est en cavale. Vous parlez d'une protection de la « mafia libano-syrienne ». Vous le situez ensuite en Birmanie où il aurait eu un contact avec l'ambassadeur de France. On vous transmet bientôt une photo du fugitif avec sa compagne philippine. « Sirven va parler », écrivez-vous enfin, laissant entendre qu'il s'apprêterait à expliquer publiquement qu'il n'a rien fait sans l'aval de François Mitterrand et de Charles Pasqua... Que reste-t-il aujourd'hui de cette Arlésienne ?

Alfred Sirven a finalement été localisé aux Philippines et interpellé par la police. On le suivait à la trace depuis le début. C'était la traque du moment. On le voyait partout, comme, plus tard, le nationaliste corse Yvan Colonna, dans un registre évidemment différent. Les tuyaux percés arrivaient par dizaines à cause du fort indice de notoriété du personnage. Depuis les premiers jours de sa fuite, on disait qu'il allait tout faire sauter par des révélations explosives. Finalement, il n'a rien fait exploser du tout ! Il a commencé à écrire sa vie en prison, à la Santé, mais, après sa libération, il est mort avant d'être allé plus loin que l'évocation de ses faits de Résistance. Serait-il allé au bout de ces Mémoires ? Je crois que c'était une forme de chantage exercée par ses proches pour qu'on le laisse finir tranquillement sa vie.

« Tarallo mouille tous les hommes politiques et les services secrets », écrivez-vous à propos d'un autre acteur phare du dossier Elf. C'était une manie, dans ce dossier tentaculaire, d'annoncer des révélations qui ne viendraient jamais ?

André Tarallo, me disait-on à l'époque, avait annoncé lui aussi la rédaction d'un ouvrage explosif. Soit il n'est pas allé au bout de son projet, soit c'était « Retenez-moi, ou je fais un malheur. » Quand on prétend disposer de secrets importants, mieux vaut les garder pour soi : autrement, on se défait de son arme principale !

Dossier suivant : vous revenez perpétuellement sur le cas des Hauts-de-Seine. Était-ce un département plus affairiste que les autres ?

Les Hauts-de-Seine, je le répète, c'est le département de France le plus riche financièrement et politiquement : c'est une pépinière de hauts responsables. Évidemment que je m'occupais davantage de ce département que de la Lozère ! Mais n'allez pas croire pour autant qu'il y avait là plus de corruption que dans les départements moins riches. La seule chose qui change, dans ce cas, ce sont les sommes en jeu.

L'un des acteurs politiques des Hauts-de-Seine, Patrick Balkany, maire de Levallois-Perret, très proche de Nicolas Sarkozy, a plusieurs fois retenu l'attention de vos services. Quelle image gardez-vous de lui ?

Si je vous disais qu'il me fait penser à saint François d'Assise, ou que la morale kantienne est au centre de ses préoccupations, vous ne me croiriez pas ! Il est un pur produit de ce département, passé de la pauvreté à la grande richesse. Ville très pauvre après la guerre, Levallois-Perret est devenue la vitrine de l'enrichissement des Hauts-de-Seine.

À gauche, vous vous préoccupiez régulièrement du sort d'un homme d'affaires traqué par la justice qui le soupçonnait d'avoir organisé le financement du Parti socialiste à partir des grandes surfaces. « Il faut envoyer quelqu'un le voir », écrivez-vous au moins à deux reprises. Une intention suivie d'effet ? Pour lui arracher d'utiles aveux ?

Quand il s'agissait de corruption, je vous l'ai dit,

on travaillait sur la droite aussi bien que sur la gauche. Une source me répétait qu'il fallait voir le personnage en question, qu'il était accessible à un contact. J'ai certainement demandé à ma section financière de travailler sur lui et sur ses réseaux. C'était un pivot du financement du Parti socialiste. S'il nous avait parlé, on aurait eu une petite avance sur les juges, qui l'ont finalement interpellé.

« Vérifier si Contassot a des casseroles », écrivez-vous au sujet de cet élu « vert » parisien. Pourquoi vous intéresser à lui sous cet angle ?

Les RG étaient en charge du suivi des élections. Vérifier si tel ou tel élu avait des ennuis avec la justice – ou risquait d'en avoir – entrait dans nos attributions.

Vous évoquez un jour, dans vos « brouillons », des liens entre la mafia russe et les partis politiques français. Pourra-t-on jamais en finir avec l'« argent sale » de la politique ?

Les partis politiques ne peuvent conserver leur magot dans un bas de laine ou une lessiveuse. Même les partis d'extrême gauche ont recours aux banques ! Dès lors que les flux financiers passaient par la Suisse ou par le Luxembourg, vous ne pouviez exclure la présence d'« argent sale ». À l'époque, je me souviens d'avoir rencontré le procureur suisse Bernard Bertossa, chantre de la lutte contre la corruption, pour évoquer avec lui la lutte contre la délinquance financière. L'heure était alors, comme en Italie, à la répression façon « Mani pulite » [mains propres], mais les enquêtes n'ont finalement pas donné grand-chose, car lorsque vous travaillez sur l'argent, vous vous cassez vite le nez contre un mur. La lutte anticorruption était une bien belle image...

Dans les dernières pages de vos « carnets », les affaires politico-financières occupent moins de place. Est-ce parce que vous auriez levé le pied par crainte de retours de bâton ?

C'est plutôt que les affaires politico-financières sont passées de mode. Le phénomène s'est éteint de lui-même, sans d'ailleurs produire de véritable effet. Les responsables politiques ont repris les choses en main. On a coupé les ailes des investigateurs financiers, policiers ou magistrats. On a fait comprendre à la Rue des Italiens, siège de la justice financière, qu'elle en faisait trop.

Les juges d'instruction ont-ils mangé leur pain blanc durant ces folles années ?

Les excès de la juge Eva Joly, notamment dans

le cadre de l'affaire Elf, médiatisés à outrance, sont probablement pour quelque chose dans ce retournement historique. La période Halphen restera aussi comme une sorte de summum. Les juges touchaient à tout. Ils se prenaient pour des justiciers, pour des Zorro, persuadés que l'opinion les suivrait. Aujourd'hui, le politico-financier est quasiment tombé aux oubliettes ! On est passé à autre chose. Le pouvoir en profite pour imaginer la disparition pure et simple de la fonction du juge d'instruction. Comme ça, au moins, il ne risquera plus de faire peur à personne !

La classe politique française est-elle en définitive plus corrompue qu'une autre ?

Je ne le pense pas, mais certains se sont fait une spécialité de « surfer » sur les affaires pour faire progresser leur camp. La corruption, elle, a évolué. Il y a aujourd'hui bien moins qu'autrefois de liquidités qui circulent sous le manteau, et l'ère des enveloppes est en partie révolue. On est loin de l'époque où le patronat distribuait des mallettes pleines de billets à ses poulains, ceux sur qui il misait pour défendre ses intérêts. Je ne dis pas qu'il ne se passe plus rien de ce genre, mais les opérations sont certainement beaucoup plus discrètes... sauf lorsqu'un chef d'État se laisse ostensiblement inviter gratis par un milliardaire ! Le dernier endroit où l'on distribue du liquide, c'est sans doute le bureau de certains chefs d'État africains.

Diriez-vous que le pouvoir politique a gagné contre le pouvoir judiciaire ?

Un certain nombre de responsables ont fini en prison, mais le système politique de la Ve République a survécu, et bien des personnalités aux méthodes contestables sont passées entre les gouttes – moi, je vous assure que j'ai vraiment besoin d'un parapluie quand il pleut !

Après les affaires, la fin des affaires ?

L'opinion a toujours besoin de boucs émissaires. Les juges lui en fournissaient à la pelle, même si la plupart des instructions ont fini par capoter. Aujourd'hui, avec la crise, patrons et banquiers ont remplacé les politiques. On a changé d'époque. Il y a vingt-trois ans, Action directe avait assassiné Besse [1]. S'il y a quelque jour un nouvel attentat perpétré contre un patron, cela ne me surprendra pas. En période de crise, on s'en prend toujours aux managers. Les primes de départ, les bonus, les stock

1. Le 17 novembre 1986, Georges Besse, P-DG de Renault, fut assassiné par des membres du groupe terroriste d'extrême gauche Action directe.

options, les parachutes dorés, c'est suspect, pour ne pas dire honni. Soyons vigilants : depuis l'Ancien Régime, l'antisémitisme se nourrit du rejet de l'argent. Je ne partage pas forcément l'opinion de ceux qui pronostiquent une situation pré-insurrectionnelle. Mais si tel était le cas, bien que les supplices, la pendaison, la guillotine aient été supprimés, je pense que les gens fortunés seraient les premières victimes de la vindicte populaire. Afficher sa richesse en France est de très mauvais goût, et ceux qui s'y risquent sont rapidement refroidis par le fisc. Ou alors il faut être très riche, et de préférence par héritage, comme ces filles de bonne famille qui ne se mélangeront jamais aux parvenus !

CHAPITRE 10

Renseignement à la française

« Je me suis fait policier
pour être au cœur des choses. »

Certains vous présentent comme un homme de renseignement un peu vieux jeu. Qu'en pensez-vous ?

Le renseignement, c'est comme le violon : c'est un métier qui ne supporte pas les grincements. Je reconnais que mon fonctionnement était parfois un peu archaïque, mais, tant que j'étais efficace...

On vous a également présenté comme le personnage le plus sulfureux du pays...

On disait que je sentais le soufre, mais il faut bien sentir quelque chose, non ? La seule façon d'être inodore, ç'aurait été de ne rien faire. Ça n'était pas mon style ! Jean-Émile Vié, l'un de mes prédécesseurs, disait : « Les RG, c'est la Gestapo démocratique. » Des deux mots, celui qui a ma faveur est évidemment le mot « démocratique » !

Y a-t-il une école française du renseignement ?

On ne compte plus les échecs des Américains, ou, plus près de nous, des Allemands en matière de renseignement. Le renseignement, pour moi, c'est parler, dialoguer, converser avec ses sources. Je suis toujours resté fidèle à cette méthode. Je ne dénigre pas les écoutes téléphoniques ni les moyens techniques, mais le contact physique me paraît bien plus important. On aura beau truffer les locaux de police d'ordinateurs, la source humaine restera la cheville ouvrière du renseignement. Tant pis si l'on me traite d'archaïque ! Quand vous lisez un texte bien écrit, vous comprenez tout... De là à parler d'école française, comme vous dites, je ne sauterai pas forcément le pas, simplement parce que le renseignement a mauvaise réputation dans notre pays. L'image de marque de ce métier reste assez sombre. Qui dit renseignement pense aussitôt « trou de serrure »...

De quoi vos journées de directeur des RG étaient-elles faites ?

J'arrivais place Beauvau à 8 heures du matin. Je n'en repartais en général pas avant 20 heures, voire 20 h 30. Entre-temps, je voyais beaucoup de monde. Le contact, je vous le répète, était la clef de mon travail.

Un petit verre de whisky à la main, de préférence ?

Quand je proposais à mes interlocuteurs(trices) un jus de fruit, à quelques exceptions près, on préférait le champagne ou le whisky.

Pouvez-vous nous dire quel était le nombre de vos sources régulières ?

J'avais, par exemple, une source bien implantée dans le Tout-Paris. Soit mon interlocuteur venait à mon bureau, comme beaucoup, soit il me téléphonait pour me transmettre un nouvel élément. Il faisait, à sa façon, du journalisme. En retour, je lui donnais parfois des « tuyaux » au sujet du terrorisme. Il faisait partie de cette poignée de personnes qui savent tout sur tout et tous, ou presque. Combien étaient-elles ? Une quarantaine, pas davantage. Dans l'idéal, il aurait fallu que je les voie toutes, ce qui n'a jamais été le cas. J'ai surtout veillé à entretenir des sources dans tous les milieux, y compris dans les milieux judiciaires où je m'appuyais sur quelques magistrats souvent considérés par leur hiérarchie comme atypiques, mais qui me fournissaient des informations de première importance, à l'instar du juge d'instruction grassois Jean-Pierre Murciano.

Comment choisissiez-vous vos « interlocuteurs » ?

J'ai remarqué qu'il ne fallait pas se contenter de voir des personnes haut placées. En fait, plus la source est gradée, moins elle sait de choses – ou moins elle veut en révéler. Le mieux, c'est l'échelon intermédiaire. Les « grands » passent leur temps en cérémonies. Pour évoquer le monde de la médecine, le praticien sait bien plus de choses que le grand professeur. Celui qui fait les nuits à l'hôpital est bien mieux informé que le conférencier. Je fréquentais peu de préfets et aucun ambassadeur. Ces hauts personnages font tellement le tri qu'au final il n'y a pour ainsi dire rien sur le bureau du ministre qu'ils sont censés renseigner. Ils ne disent rien par crainte de se retrouver porteurs de la mauvaise nouvelle. Ils préféreront toujours le rôle de cireur de pompes. Les « petits », en revanche, sont au courant de milliers de choses. Je notais par exemple tout ce que m'apportaient les sans-grade du journalisme, sans faire aucune impasse, et je triais après. Il ne faut rien négliger, surtout pas le courrier des lecteurs. C'est une mine d'or pour qui sait lire entre les lignes, un excellent reflet de l'état de l'opinion. Plus le journal est censé dire la vérité, plus il reçoit d'informations.

Flic à l'ancienne jusqu'au bout des doigts, vous écrivez le jour de votre première leçon d'informatique : « Mettre la flèche sur Explorer. *Cliquer deux fois très vite sur le bouton gauche de la souris. Appuyer une fois sur* se connecter. *On arrive sur la musique (le* navigateur*). À partir de là, je formule les demandes avec un moteur Yahoo... » Pour votre génération, le renseignement ne se trouvait pas sur Internet...*

Pour savoir si une source dit vrai ou si elle brode, rien ne vaut un contact direct. Cela suppose évidemment d'être rompu à ce genre d'exercice, mais, en rencontrant la personne, vous comprenez rapidement à qui vous avez affaire. Je voyais énormément de monde, seule façon de finir par croiser la personne qui va vous livrer quelque chose de vrai... Pour moi, les RG « à l'ancienne », comme disent certains, cela ne veut rien dire. Ce métier ne peut s'exercer que dans et par la proximité. C'est peut-être une méthode de vieille police, mais je ne la renie pas davantage que mes convictions, même si elles sont à l'origine de mes ennuis ! Les meilleurs dans le domaine du renseignement ne sont d'ailleurs pas forcément les mieux placés dans la hiérarchie. Je me souviens d'un enquêteur qui était dix fois plus fort que tous ses supérieurs hiérarchiques. Quand vous avez un bon élément parmi votre personnel, c'est une merveille. Les gens qui ont la fibre du renseignement, vous les mettez en plein désert, ils vous ramènent quelque chose ! D'autres, vous les déposez à Nanterre, ils ne vous rapporteront rien, comme cette fonctionnaire à qui je demandais tous les soirs : « Alors, quoi de neuf ? », et qui, tous les soirs, me répondait : « Rien. » Elle m'avait pourtant fait bonne impression au départ.

C'est peut-être cela, le renseignement à la française : un métier de bouts de ficelle...

Dans un film de Bourvil, on voit un fonctionnaire pêcher une enveloppe au fond d'une boîte aux lettres avec un caramel. Ce qui compte, c'est sortir la lettre, et je vous assure que ça coûte beaucoup moins cher avec un caramel ! Mais il y a mieux encore que le caramel : le facteur. Nous en avons longtemps eu un, parmi nos sources dûment immatriculées. Il ouvrait toutes les lettres destinées au Parti communiste et copiait ce qui pouvait présenter un intérêt pour nous. Nous étions ainsi en mesure de capter tout ce qui remontait des fédérations vers la Place du Colonel Fabien, à une époque où le PC occupait encore une place considérable dans le paysage politique. De temps en temps, nous récupérions un bon truc, mais les hommes ne sont pas infaillibles. Un jour, ce facteur est tombé malade. Il est allé raconter en détail au procureur de la République tout ce qu'il faisait pour le compte des RG. Je me souviens d'avoir vu notre directeur, Jean-Jacques Pascal, transpirer à grosses gouttes. « Vous assumerez toute la responsabilité de cette affaire », m'a-t-il dit. Je suis allé voir directement le ministre, le socialiste Paul Quilès, qui a su limiter les dégâts en traitant directement avec André Lajoinie, alors le patron du PCF. Personne n'en a entendu parler.

Faisiez-vous aussi les poubelles, comme le raconte la légende ?

Quand nous l'avons fait, cela s'est en général révélé fructueux. Nous avons, par exemple, longtemps fouillé les poubelles de la Banque commerciale de l'Europe du Nord, boulevard Haussmann, à Paris, qui gérait une partie des comptes bancaires du Parti communiste. Ils ne s'étaient pas encore mis à la broyeuse ! Nos fonctionnaires faisaient ça en plein jour et ne se sont jamais fait repérer, mais je pense que l'idée ne viendrait à personne, aujourd'hui, de fouiller les poubelles de Marie-George Buffet : le PC ne mobilise plus 20 % de l'électorat !

À votre époque, la police pratiquait facilement ce qu'on appelait, dans le jargon, des « fontaines ». Cela consistait à s'introduire chez les gens en leur absence sans laisser aucune trace de son passage. Une bonne méthode ?

Les flics des RG passaient aussi du temps à écouter les conversations au comptoir du bistrot. Ce qui compte, au-delà de la technique, c'est le résultat. Aujourd'hui, on aura davantage recours aux officines privées pour ce genre de missions périlleuses. Mais la recherche conservera toujours un côté artisanal. On a essayé de renoncer aux sources humaines parce qu'on s'en méfiait. On a testé le modèle allemand, qui consiste à mettre des ordinateurs partout. À chaque fois, on a échoué. Les Américains ont perdu des guerres contre des types qui luttaient avec des armes faites de bric et de broc, comme au Vietnam. Avant eux, malgré ses faibles moyens, la France, en matière de renseignement, avait été plus performante en Indochine, même si rien n'a pu empêcher Diên Biên Phu. Elle s'était appuyée sur certaines tribus montagnardes, alors que les Américains ont fait pleuvoir le napalm. La source humaine est non seulement plus économique, mais elle est aussi plus efficace. On supprime les caissières dans les supermarchés mais, sauf à mettre des micros partout, on ne supprimera jamais le « caissier » en matière de renseignement.

Les RG étaient-ils une exception française ?

Comme la DST, les RG avaient la particularité d'être un service de police rattaché au ministère de l'Intérieur. On retrouve le même genre de service dans les pays du Maghreb ou en Afrique noire, là où notre modèle a été reproduit, mais dans aucun pays d'Europe du Nord. Le fait d'être rattaché à la police présente un avantage important sur le plan logistique, mais la situation est tout autre dans les pays anglo-saxons. Elle est aussi très différente sur le fond. Chez nous, le renseignement sert à anticiper les épreuves à venir, les conflits sociaux, les éventuels débordements en cas de manifestation. Prévenir pour désamorcer, telle est la mission. Combien de chauffeurs de taxi vont-ils se mobiliser ? Combien de personnes vont-elles défiler dans les rues de Nice ? C'est ce qui intéresse un pouvoir central qui souhaite engager des forces mobiles suffisantes pour encadrer la rue. Chez les Anglo-Saxons, le renseignement est considéré comme une activité noble. Il faut dire que MI-5 et MI-6 agissent sous l'autorité de Sa Gracieuse Majesté.

Lors de la divulgation de vos carnets, certains commentateurs ont parlé de « basse police ». Vous reconnaissez-vous dans ces termes ?

Il n'y a pas de haute ni de basse police : il y a la police. « Basse police », cela ne veut rien dire. Le travail de l'îlotier est aussi important que celui du haut fonctionnaire de la DST ou des RG. De grandes affaires ont été résolues grâce à des gardiens de la paix !

Vous ne répondez pas vraiment à la question...

Ce que l'on a appelé « basse police », sous Napoléon, c'étaient les commissaires spéciaux que l'on envoyait dans les gares pour détecter et surveiller les agitateurs politiques potentiels. En aucune façon je ne me suis inscrit dans cette tradition. Ceux qui parlent de « basse police » appartiennent certainement à cette presse d'élite qui méprise une presse « bas de gamme » accusée de regarder sous les jupes des dames. Je remarque simplement que ça n'empêche pas les gens d'acheter cette presse-là, bien au contraire.

Toujours à propos de ce que vous rapportiez dans vos « brouillons », il a aussi été question d'une police aux « mains sales ». Qu'en pensez-vous ?

Il n'y a pas de « mains sales » ni de « mains propres »... Le travail des RG ne peut consister à raconter *Le Petit Chaperon rouge* aux enfants du pensionnat d'à côté. En côtoyant le sordide comme il le fait parfois, en se confrontant à la femme battue ou à l'ivrogne qui veut se jeter par la fenêtre, le policier peut se salir les mains. Dans ce métier, on se salit les mains quand on travaille. Puisqu'on y est, je vous rappellerai cette phrase que Camus prête à l'un de ses personnages : « Je me suis fait policier pour être au centre des choses. » Toute police peut évidemment être attentatoire aux libertés sous un régime totalitaire, mais dans un cadre démocratique, sous l'œil d'organes de tutelle qui la contrôlent, elle est indispensable.

Pour vous, le rôle des RG consiste d'abord dans la surveillance de la sphère politique et de tout ce qui la traverse... Quand votre fascination pour la chose politique a-t-elle débuté ?

Durant mon enfance, j'ai été bercé par les débats politiques. Une fois par semaine, le mercredi soir, une poignée d'hommes se retrouvaient à la maison, autour de mes parents, pour une longue veillée où ils parlaient de l'actualité. Mon père, contrôleur aux hypothèques, était plutôt radical. L'un de mes oncles, « tonton Maurice », fonctionnaire aux PTT, était communiste. L'autre, ancien adjudant-chef dans la Coloniale, était resté pétainiste. Ma mère, elle, était très chrétienne, je me souviens de son assiduité à l'occasion du mois de Marie. Je les écoutais attentivement débattre. J'enregistrais dans ma mémoire. Il y avait autour de cette table une liberté de ton et une liberté d'esprit que je n'ai pas souvent retrouvées ailleurs. J'ai parfois pensé que mon penchant pour la chose politique venait de là. Élève commissaire à l'école de Saint-Cyr-au-Mont-d'Or, je n'ai pas hésité un instant à l'heure d'opter entre la PJ, la Sécurité publique ou les RG. Mon père et mes oncles ne m'ont d'ailleurs pas seulement transmis le goût du politique ; ils m'ont également inculqué le sens du service public et donc de l'État, pour lequel ils travaillaient tous.

De quoi parlait-on autour de cette table familiale en ces années-là ?

Il était beaucoup question de Pierre Mendès France, qui gouvernait alors le pays, mais les deux sujets qui revenaient de façon récurrente, c'étaient successivement la guerre d'Indochine et la guerre d'Algérie. L'oncle militaire trouvait que l'on avait capitulé en Indochine et il s'est réjoui, au début, de la guerre d'Algérie, puis il y a eu le déchirement des accords d'Évian. Il avait admiré Pétain pour la bataille de Verdun, pas pour sa collaboration avec les Allemands, et il était profondément antigaulliste. L'oncle communiste avait des positions radicalement opposées. Entre les deux, je me suis fait mon opinion personnelle. En 1962, étudiant à la fac de droit d'Aix-en-Provence avec Jean-Charles Marchiani, j'ai été partisan de l'Algérie française. Je suis devenu gaulliste dans les années 1968-69, quand de Gaulle a été trahi. Le Général avait une stature que je n'ai retrouvée, par la suite ni chez Pompidou, ni chez Giscard, ni chez notre actuel Président.

Dans votre carrière, vous avez tout de suite noué des liens privilégiés avec les politiques. Vous vous êtes, si l'on peut dire, solidement accroché au wagon de ceux qui pesaient le plus lourd. Qu'avez-vous fait pour qu'on vous remarque aussi vite ?

L'histoire commence dès mon premier poste, à Montmorency, dans le Val-d'Oise, lorsque la députée Solange Troisier fait des pieds et des mains pour me conserver dans sa circonscription. Célibataire, j'arpentais avec elle toutes les cérémonies, et elle appréciait apparemment ma production. Je me souviens notamment de quelques notes très fouillées sur la communauté juive pied-noir installée à Sarcelles, alors la plus importante de France. Elle m'appelait « mon officier de renseignement ». À un moment, le ministre de l'Intérieur, Raymond Marcellin, a eu besoin de quelqu'un pour le poste RG de Lorient, dans son département. Solange Troisier a dit qu'elle appellerait le président Pompidou pour me garder auprès d'elle, mais elle ne l'a pas fait. C'est ainsi que je me suis retrouvé dans ce fief socialiste du Morbihan, conformément au vœu du ministre. Ce département était un tremplin pour le pouvoir. Le successeur de Marcellin, Christian Bonnet, en était également issu. Il allait veiller sur moi et m'inscrire au tableau d'avancement complémentaire à la veille du scrutin présidentiel de 1981. Les socialistes ne pourraient pas m'en retirer et j'allais ainsi me retrouver plus jeune commissaire divisionnaire de France. Grâce à ce piston, j'aurai toujours gardé deux longueurs d'avance dans le déroulement de ma carrière. Paradoxalement, la gauche ne m'aura pas mis au ban, bien au contraire, puisqu'elle m'aura confirmé comme sous-directeur des RG, moi, l'homme de droite, avec le grade de contrôleur général !

Quel bagage Raymond Marcellin vous a-t-il transmis ?

Après sa chute, en 1974, j'ai continué à le voir. Je lui ai rendu visite jusqu'à sa mort, et chaque fois nous parlions de l'histoire. Marcellin a occupé presque tous les postes ministériels sous la IVe, puis sous la Ve République, et Giscard qui ne l'aimait pas, a pensé à la fin de son mandat à le rappeler – enfin, c'est ce que m'a confié l'intéressé. Il avait l'étoffe pour devenir Premier ministre. Il adorait le renseignement. Il sentait que le renseignement était l'un des piliers de la République. Il connaissait l'importance des RG, surtout dans les périodes où le régime est faible. C'est Jules Moch, pourtant à gauche, qui l'avait fait venir au ministère de l'Intérieur en 1947. Moch avait par la suite tenté de l'exiler dans une annexe éloignée, boulevard Gouvion-Saint-Cyr mais Marcellin avait refusé de bouger. Ce qui lui a plutôt réussi.

On a l'impression, à vous entendre, que vous vous viviez comme un preux défenseur de l'État central...

J'ai été effectivement formé à l'école du jacobinisme. Lorsque j'ai pris mes fonctions à Lorient, la première chose que m'a dite le ministre, c'est qu'il fallait que j'aie l'œil sur le Front de libération de la Bretagne, le FLB. Ses militants avaient la réputation, à l'époque, de former une organisation redoutable, mais, lors des surveillances, je ne les ai jamais aperçus que dans les bistrots ! C'était un mélange composite où l'on voyait des gauchistes s'acoquiner avec des types qui avaient pactisé avec les Allemands au nom du nationalisme breton. Toutes les formes d'indépendantisme étaient alors à surveiller étroitement. C'est un axe de travail qui est d'ailleurs resté valide jusqu'à présent. Il serait bien pompeux de clamer que les Renseignements généraux ont sauvé la République. Ils ont cependant contribué à désamorcer un certain nombre de situations difficiles. Le démantèlement du groupuscule Action directe, c'est eux, tout comme la détection des convertis et des membres actifs de la mouvance identitaire à l'extrême droite.

À en croire ses communiqués victorieux, la police a décapité à plus de vingt reprises l'organisation terroriste basque ETA. N'est-ce pas rageant, à force ?

ETA, c'est l'hydre de Lerne. Je ne sais pas si vous avez remarqué, mais on « décapite » cette organisation à chaque fois qu'un ministre ou qu'un président est annoncé en visite officielle en Espagne. Cela ne vous étonnc pas ? La dernière fois, c'était eu avril 2009. La veille de l'arrivée de Nicolas Sarkozy à Madrid, la presse révèle que les chefs de l'appareil militaire de l'organisation basque ont été arrêtés « grâce à une collaboration exemplaire » entre policiers espagnols et français. Le lendemain, le président et sa femme sont reçus en grande pompe par le roi et son épouse, et les propos dithyrambiques fleurissent dans la presse, même si le coup de filet est quelque peu éclipsé par les comparaisons entre la beauté et les toilettes respectives de Carla et de la jeune princesse d'Espagne. Belle opération de « com », mais je tiens le pari que l'appareil politico-militaire de l'ETA, telles les têtes de l'hydre de Lerne ou la queue du lézard, se reconstituera dans les plus brefs délais. J'ai vécu maintes fois ce type de scénario, je crois pouvoir en parler en connaissance de cause.

Marcellin mis à part, quels ont été vos maîtres en matière de renseignement ?

Roger Frey et Alexandre Sanguinetti savaient sous-traiter certaines opérations délicates. Si l'affaire tournait mal, ils se retiraient. C'est le meilleur moyen d'échapper à la justice et à la mise en cause publique. Les militaires ont fait exactement le contraire en allant couler un bateau de Greenpeace en Nouvelle-Zélande, simplement parce que la Marine ne voulait pas être dérangée autour du centre d'essais nucléaires de Mururoa. Lorsque la bavure a été connue, on n'a plus eu qu'à remonter jusqu'à la DGSE et jusqu'à l'Élysée. Frey et Sanguinetti étaient des bons, eux ! Ce n'est pas en signant des chèques qu'ils traitaient les affaires sensibles ! Les militaires sont des gens droits qui ne voient les choses qu'en blanc et noir. Le gris, ils ne connaissent pas. Or, où que l'on se tourne, le gris est largement majoritaire ! Dans le renseignement on ne peut rester toujours droit dans ses bottes : il faut parfois savoir les enlever pour ne pas faire de bruit.

Avez-vous eu un jour affaire à la censure ?

Jamais.

Pratiquiez-vous, vous, une forme d'autocensure ?

Je prenais évidemment des précautions sémantiques, mais, en général, j'arrivais à dire à mes interlocuteurs ce que j'estimais ne pas devoir leur écrire...

Les services de renseignement échappent à la pression des statistiques et aux quotas. Ils sont relativement épargnés par la culture du résultat, et vous semblez plutôt vous en réjouir...

La culture du résultat dans la police se résume à la production de statistiques séduisantes. Rien de plus facile que de jouer avec les chiffres, mais, pour moi, il n'y a rien de pire : on leur fait dire ce qu'on veut. Et comme celui qui n'a pas de bonnes statistiques risque de perdre sa place, tout le monde y va de sa petite tricherie. Les bons chiffres que l'on sert à l'opinion publique sont le reflet de la peur des chefs. Aux RG, vous n'avez ni taux d'élucidation, ni nombre de gardes à vue. Par ailleurs, un seul et unique renseignement peut valoir cent autres.

Que donniez-vous en échange à vos informateurs ? Une protection ? De l'argent ?

Je vous citerai un cas. Je rencontrais régulièrement les chefs de file des catholiques intégristes dans un restaurant de la rue du Bac, les Ministères. Un jour, ils ont eu besoin de moi pour une affaire de legs qui leur avait été fait et qu'ils ne parvenaient pas à récupérer. Je me suis tourné vers le cabinet du ministre, à l'époque Jean-Louis Debré, et le dossier a été rapidement débloqué. Mes rapports avec le milieu catholique n'en ont été que meilleurs. Les gens imaginent que l'indic se fait automatiquement payer. L'argent n'intervient en fait qu'une fois sur dix, et quand il vient sur la table, les sommes en jeu ne sont pas énormes. Le plus gros versement dont je me souvienne a eu lieu après l'arrestation des membres d'Action directe en 1987. On a dû verser 1 million de francs (un peu plus de 150 000 euros) à notre source. La moyenne tournait plutôt entre 400 et 2 000 francs, soit entre 60 et 300 euros. Les gens parlent par jalousie, par esprit de vengeance, ou pour se faire mousser, davantage que par appât du gain. Le voisin dénoncé pour conspiration avec les islamistes est souvent un voisin dont on ne supporte plus les soirées bruyantes accompagnées de brochettes et de merguez qui fument un peu trop...

Les RG s'occupaient du renseignement intérieur tandis que la DST gérait le contre-espionnage, autrement dit les menées diligentées contre la France depuis l'extérieur. Les deux « boutiques » se ressemblaient-elles ?

Je vous répondrai en citant le trait d'humour d'un ancien directeur de la Police nationale, Pierre Verbrugghe. « Vous savez quelle est la différence entre les RG et la DST ? demandait-il. Les RG, c'est un hôpital psychiatrique dont les fenêtres sont ouvertes. La DST est un hôpital psychiatrique dont les fenêtres sont fermées. »

Que pensez-vous de la suppression des RG, ou plutôt de leur intégration, pour au moins une partie des effectifs, dans un vaste service de renseignement englobant également la DST, autrement dit le contre-espionnage ? Êtes-vous nostalgique ?

Je me souviens qu'une sous-préfète qui devait être nommée dans l'Aveyron était venue me voir pour me demander vers quelle direction orienter les RG « Vous avez un sujet unique et essentiel, lui ai-je répondu. Les agriculteurs. » La France reste un pays rural. Le contrôle des départements passe par les syndicats agricoles, c'est une tradition depuis Jacquou le Croquant. Enfermée dans ses schémas urbains, la sous-préfète ne m'a pas écouté. Elle a attendu quinze jours avant de recevoir le patron de la FDSEA (Fédération départementale des syndicats d'exploitants agricoles). Aux premiers remous, elle a été mutée... Localement, les RG étaient l'œil du préfet sur le terrain... Dans ma position, avec le passé qui est le mien, je ne peux que regretter la disparition des RG. Vous ne me verrez pas pour autant aller déposer des fleurs sur la tombe des RG une fois par semaine. Quant à l'efficience de la nouvelle Direction centrale du renseignement intérieur, la DCRI, j'attends de voir. Dans un premier temps, à l'annonce de ce mariage forcé entre RG et DST, j'ai pensé à ces sous-offs qui mettaient dans la même chambrée Réunionnais et Martiniquais : le soir même, on voyait que ça n'irait pas. Comment faire vivre un service offensif comme la DST avec les RG ? Je suis certain que les deux cultures se rapprocheront, après le départ des « anciens » des deux maisons, mais, en attendant, je ne suis pas convaincu qu'ils apportent autant d'informations que les RG d'hier.

L'ambiance était-elle parfois légère, aux RG ?

Je vais vous raconter une anecdote qui montre que nous savions être facétieux. L'histoire se situe dans les années 1970. Mme Claustre était alors retenue en otage dans le désert tchadien par les troupes rebelles d'Hissène Habré à une époque où les enlèvements n'étaient pas aussi monnaie courante qu'aujourd'hui en Somalie, au Yémen ou ailleurs. J'ai appelé l'un de mes commissaires en poste dans une préfecture de province, qui portait le même patronyme que la séquestrée. Je lui ai expliqué qu'Hissène Habré était prêt à ce qu'il joue les médiateurs. Évidemment, ai-je ajouté, il ne peut s'agir que de toi, car cette homonymie impressionnera les ravisseurs en laissant supposer que tu aurais des liens de parenté avec l'otage. Je lui ai demandé de se préparer à affronter le désert, et il a pris cette délicate mission très à cœur. C'était complètement loufoque, voire d'un goût assez douteux, mais ce cher Claustre, qui connaît mon esprit malicieux, ne m'en a pas tenu rigueur. Il m'a d'ailleurs récemment exprimé son soutien face aux attaques dont j'ai été l'objet. Quant à Mme Claustre, elle a été libérée dans d'autres conditions...

Chapitre 11

Journalistes

« J'avais un collaborateur pour qui les journalistes c'était Lucifer... »

Les noms de très nombreux journalistes apparaissent dans les pages connues de vos carnets : pas loin d'une quarantaine. On a le sentiment que vous avez mis un point d'honneur à fréquenter tous ceux qui ont peu ou prou approché le domaine de l'investigation, ou à tout le moins à vous tenir informé de leur production. Vos visiteurs réguliers se recrutaient essentiellement dans la presse écrite, à quelques exceptions près. Vous receviez aussi bien de simples reporters que des rédacteurs en chef, des journalistes chargés de la rubrique « Police » comme des chroniqueurs politiques. Parmi les quotidiens, on relève une forte représentation de la rédaction du Monde, *avec pas loin d'une dizaine de noms cités, deux journalistes de* Libération, *un journaliste du* Parisien *et un journaliste du* Figaro. *Parmi les hebdomadaires, vous accordiez une importance particulière au* Canard enchaîné *et à la rédaction de* L'Express, *mais vous receviez également plusieurs représentants du* Journal du dimanche, *de* Paris Match, *du* Point *ou du* Nouvel Observateur, *de* L'Événement du jeudi, *puis de* Marianne – *dont moi-même en tant que spécialiste des questions de police. Vous ne faisiez pas non plus l'impasse sur les indépendants, qu'ils aient ou non une notoriété dans leur milieu. Ces représentants de ce que l'on appelle « le quatrième pouvoir » étaient-ils si bien « rencardés » qu'il fallait absolument les fréquenter ? Leurs enquêtes étaient-elles à ce point inquiétantes pour les politiques qu'il fallait à tout prix se tenir informé des « scoops » qu'ils allaient signer dans leurs organes de presse respectifs ?*

Je recevais des journalistes tous les jours, parfois jusqu'à quatre dans la même journée ! Je n'ai pas inventé cette façon de travailler. C'est une méthode qui a été mise au point par deux de mes illustres prédécesseurs à la direction centrale, Philippe Massoni et Jacques Fournet. La modernité passait par cette ouverture. Un directeur des RG qui se priverait de recevoir les journalistes, c'est pour moi quelque chose d'inconcevable. Le représentant du service à Cahors va me donner des nouvelles des derniers comices agricoles. Si je veux en savoir plus long, je dois rencontrer du monde : des journalistes, mais aussi des industriels, des hommes d'affaires, des médecins, des syndicalistes. Je m'entretenais tous les jours avec une dizaine de personnes, dont deux ou trois journalistes. Je voyais surtout des représentants de la presse nationale dont vous avez cité les titres principaux. Je connaissais au moins une personne dans chacun des grands organes de presse, radios et télévisions comprises. J'étais également en contact avec des membres des rédactions de quelques grands journaux régionaux comme *Ouest France*, *Nice-Matin* ou *Le Provençal*. Je tenais à les recevoir moi-même, mais je n'étais pas le seul : les membres de la « section presse » voyaient eux aussi des journalistes. J'ai le sentiment d'avoir entretenu avec eux de bons rapports, ou alors je suis un grand naïf...

Pour le commun des mortels, ces liaisons n'ont rien de naturel. Vous espériez que les journalistes vous fassent part de leurs « scoops » ?

Savoir un ou deux jours à l'avance que le *Journal du dimanche* ou un autre va révéler un scandale, ce peut être utile au gouvernement. Cela permet d'anticiper le coup, de préparer éventuellement une riposte. Les bons journalistes en savaient tout autant, si ce n'est plus que moi. Ils m'ont apporté de bonnes informations, que j'ai évidemment exploitées. Le plus souvent, ils venaient pour essayer de recouper auprès de moi les éléments qu'ils avaient entre les mains. Il leur arrivait même de me demander de vérifier un « tuyau » pour eux. C'était une forme de partenariat. J'avais un adjoint pour qui les journalistes, c'était l'incarnation de Lucifer. Pas pour moi ! Un service de renseignement replié sur lui-même est condamné à mort !

Y avait-il une règle du jeu entre vous et les journalistes ?

J'ai toujours été correct avec eux, et eux avec moi – à deux exceptions près. Si un journaliste me transmettait une information en me demandant de ne pas l'écrire, je ne l'écrivais pas. Si je demandais à un journaliste de ne pas publier une information, il ne la publiait pas. S'il le faisait, je mettais un terme à nos relations. J'ai ainsi cessé de voir certains d'entre eux. La règle était connue de tous. C'était une sorte de code de bonne conduite aux termes duquel la parole donnée était importante.

Parleriez-vous à ce sujet d'une forme de connivence ou de complicité entre vous et eux ?

Un directeur des RG est là pour assurer la défense de l'État. Que je sache, les journalistes ne sont pas forcément programmés pour détruire l'État. J'ai constaté qu'en additionnant nos connaissances je finissais par presque tout savoir. Je ne leur tirais pas les vers du nez ! Ils me disaient ce qu'ils avaient envie de me dire. Permettez-moi cependant de dénoncer le bal des hypocrites et des tartuffes : parmi ceux qui ont été les plus virulents à mon endroit au moment de ma chute figuraient quelques-uns de ceux qui fréquentaient le plus assidûment mon bureau !

Est-ce la seule fois que la machine médiatique s'est retournée contre vous ?

Non. On s'est évidemment servi des journalistes pour me déstabiliser. Je ne citerai qu'un épisode. Un journaliste qui venait régulièrement me voir s'était procuré auprès d'un conseiller du Premier ministre – en l'occurrence Lionel Jospin – un rapport sur l'ultra-gauche et les altermondialistes. Il a publié dans son journal l'index des personnes citées, par ordre alphabétique, avec un commentaire du genre : « les RG fichent les militants ». Résultat : je me suis retrouvé devant la commission de déontologie des métiers de sécurité qui m'a fort heureusement « acquitté ». Je n'avais fait que mon métier, et aucune suite n'a été donnée à cette affaire. C'était une manipulation, une opération politique destinée à m'envoyer au tapis, mais sans effet. Le seul qui a finalement eu ma peau, c'est Nicolas Sarkozy !

Quel terrain d'entente trouviez-vous avec les journalistes ?

Les journalistes sont censés recueillir des informations, j'étais censé recueillir des renseignements. La relation se déroulait sur le mode de l'échange. S'ils n'y avaient pas trouvé leur compte, ils auraient cessé de venir me voir. En général, ce sont eux qui m'appelaient, mais il m'arrivait aussi de prendre les devants. Ne cherchez aucune malignité dans cette relation. Nous confrontions nos points de vue sur telle affaire ou telle situation politique. C'était la meilleure façon de voir si nous n'étions pas, eux ou moi, victimes d'une intox, d'une manipulation. Il y a parfois et même souvent des dossiers qui circulent dans les rédactions, distribués sous le manteau à seule fin de dégommer telle ou telle personnalité. Il est bon de le savoir et de voir venir. Nous travaillions de concert. Nous nous enrichissions mutuellement grâce à une forme de synergie que je trouvais assez efficace.

Estimez-vous que les journalistes ont été « réguliers » avec vous, pour reprendre un de vos termes ?

J'ai aussi rencontré une poignée de pseudo-journalistes, quelques farfelus, de vrais tordus, de grands naïfs et une kyrielle d'allumés. Les tordus, ceux qui vous trahissent à la première occasion, je cessais tout simplement de les voir. Les naïfs, ceux qui croient tout ce qu'on leur dit, je les mettais en garde, pour limiter les dégâts. La catastrophe n'est jamais bien loin. Il suffit que le directeur de la rédaction soit en vacances pour que le papier bidon soit publié, et l'erreur n'est pas réparable. Un jour, j'ai ainsi reçu un journaliste convaincu d'avoir entre les mains l'organigramme de l'ETA militaire. En fait d'affaire du siècle, il s'était fait escroquer : tout était bidon... Les allumés, je les voyais venir de loin. Avec eux, comme avec les farfelus et les aigris, le problème est devenu différent : ils ont désormais des chances de trouver une place sur Internet où plus personne ne les contrôlera vraiment. Certains basculent carrément dans le n'importe quoi, au risque de décrédibiliser une profession déjà mal en point – remarquez, la police, ça n'est pas mieux !

Vous fréquentiez les journalistes de tous bords, jusqu'aux extrêmes ?

Me contenter de ne recevoir que des journalistes du *Figaro*, ç'aurait été absurde. Un peu comme si je me satisfaisais de lire la *Pravda* ! Ou vous passez la journée à regarder la pendule en attendant l'heure de la sortie, ou vous travaillez et vous prenez forcément des risques. J'ai déjeuné un jour à l'hôtel Lutetia avec Jean-Marie Le Pen. Le même jour, je pouvais rencontrer un représentant de la LCR ou de Lutte ouvrière. À l'époque où ils tenaient le haut du pavé, j'ai fréquenté des membres de la Gauche prolétarienne. C'était ça, le métier ! Avec les journalistes, j'ai agi de même, sans faire l'impasse sur aucune tendance.

D'après ce que nous connaissons de vos « brouillons », vous aviez un lien particulier avec le journal d'extrême droite Minute...

Je n'ai jamais perdu de vue le poids que représentait, à l'époque, un journal comme *Minute* : un tirage supérieur à 100 000 exemplaires, ça n'est pas rien. À la manière de *Gringoire* avant-guerre, *Minute* vous démolissait des gens tous les jours. Il était de mon devoir de cultiver un lien avec eux, et je recevais régulièrement à mon bureau le patron de ce journal Gérald Penciolelli. C'est un type très correct, qui ne m'a jamais fait un coup tordu. Ses parents s'étaient pris d'affection pour moi et je l'ai soutenu moralement lorsqu'il a connu des difficultés personnelles. Il n'avait rien d'un fasciste caractérisé. C'était un spécialiste du Proche- et du Moyen-Orient à qui on avait même confié des missions semi-officielles dans la région !

Difficile d'échapper à la question suivante : avez-vous eu la tentation, au cours de votre carrière, d'utiliser un journaliste, de le manipuler, de lui souffler un article pour servir tel ou tel camp ?

Ces rencontres, je vous le répète, fonctionnaient sur le mode de l'échange. Même si le terme est impropre, je dirai que l'on s'« utilisait » réciproquement en permanence. Même le mot « partenariat » dont j'ai usé plus haut est encore trop fort. Les journalistes étaient contents, à l'occasion, de repartir avec un bon « scoop ». Je ne crois pas qu'ils se sentaient pour autant redevables, mais je savais qu'en retour j'apprendrais tôt ou tard quelque chose. Le fonctionnaire des RG en Lozère ou dans le Gers boit deux ou trois coups avec les agriculteurs du coin et rédige une note sur leur état d'esprit ; ce n'est pas pour autant qu'on doit l'accuser de les manipuler ! Moi, à Paris, je voyais dans le même esprit le patron de la FNSEA, le premier syndicat agricole, ainsi que les représentants de la presse nationale !

Ce n'est pas tout à fait la même chose, dans la mesure où vous « nourrissiez » les journalistes en renseignements de toutes sortes. Peut-on dire que vous avez été, à une certaine époque, une sorte de super-rédacteur en chef distribuant dossiers et sujets d'enquête aux journalistes ?

N'exagérons pas ! Je n'ai été le rédacteur en chef de rien du tout ! On peut à la rigueur manipuler un journaliste qui sort de l'école, mais les journalistes d'investigation rompus aux arcanes de la vie politique et judiciaire ne se seraient pas laissé dicter leurs articles ! Ce ne sont pas des idiots. C'est même le contraire. On ne manipule pas aussi facilement un journaliste du niveau de Claude Angeli, pilier du *Canard enchaîné* et homme d'une grande prudence et féru de politique étrangère ! Je savais pertinemment que si l'idée m'était venue de faire sortir dans la presse une saloperie par l'intermédiaire d'un mauvais journaliste, cela se serait automatiquement retourné contre moi. En revanche, quand le « tuyau » était bon, ils n'avaient pas besoin de moi pour décider de publier leur article. Je me suis contenté de prodiguer quelques conseils. Nous en restions au stade de l'échange de bons procédés. Mon métier, c'était de ne pas être l'idiot du village qui ne sait rien, mais d'être au contraire informé de tout ce qui allait être publié. Je n'inventais pas les affaires, pas plus celle de la MNEF, cette mutuelle étudiante soupçonnée d'avoir donné lieu à certaines malversations au bénéfice d'éléments du Parti socialiste, qu'aucune autre ! Je n'ai aucun goût pour la prestidigitation ni pour la manipulation. Je n'ai jamais fait sortir d'oiseau de mon gilet. Le costume que vous me prêtez là est trop grand pour moi ! S'il y avait un danger, il était, pour moi, ailleurs : c'était de voir une rumeur se transformer en information alors que nous aurions été tous intoxiqués par une seule et même source. J'avais, sur ce plan, un avantage sur les journalistes : je disposais de nombreux collaborateurs capables d'effectuer un travail de vérification, ce qui me permettait, normalement, de voir venir le mauvais coup. Quand je n'étais pas sûr de mon information, je la transmettais aux autorités au « super-conditionnel ».

Une information qui circule dans le microcosme parisien est-elle nécessairement fondée ?

Certaines informations tournaient en boucle comme le chat qui se mord la queue. C'était la règle du jeu dans ce petit monde où le nombre de « sachants » est finalement très limité. C'est pourquoi les recoupements sont indispensables avant de relayer une information, sauf à la reprendre pour expliquer précisément en quoi elle est bidon.

À de multiples reprises apparaissent dans les pages connues de vos carnets une série de chiffres difficiles à interpréter. Parfois on comprend que vous consignez le montant des sommes figurant au crédit de votre plan d'épargne logement ou de votre compte courant. D'autres fois, vous vous livrez à une série de multiplications. Plusieurs de ces opérations figurent à côté de noms propres, en particulier de noms de journalistes. C'est de la lecture de ces pages qu'est née la rumeur selon laquelle il vous serait arrivé de rémunérer tel ou tel journaliste, rumeur qui a fait des ravages dans certaines rédactions. Qu'en est-il exactement ?

Cette histoire est complètement rocambolesque. Je n'ai jamais versé un centime à un journaliste ! Jamais ! Les chiffres que vous évoquez n'ont rien à voir avec de quelconques paiements. J'interrogeais régulièrement ma banque pour savoir où j'en étais de mes comptes. Quant aux multiplications, je crois qu'il s'agissait essentiellement de convertir des francs en euros, ou vice versa. Vous me voyez donner des sous à un grand reporter confirmé comme Gilles Gaetner ? Vous me voyez acheter un Hervé Gattegno ? Vous voulez rire ! Les journalistes que je fréquentais n'étaient pas le genre de types à se faire acheter. On nage là dans le fantasme intégral, probablement alimenté par des pisse-copie avec lesquels je n'entretenais pas de bonnes relations. La seule fois où j'ai proposé des sous à un journaliste, il s'agissait d'un pauvre hère dont je voyais bien qu'il n'avait pas de quoi se payer un taxi pour retourner à la gare. Cela s'est arrêté là.

Vous avez été très proche d'un journaliste du Canard enchaîné, *André Rougeot, emporté par la tempête judiciaire après la publication d'un livre sur l'affaire Yann Piat, députée du Var, du Front national, assassinée le 25 février 1994 par deux hommes à moto. Que retenez-vous de cet épisode ?*

Je repense en effet souvent à mon ami André Rougeot. Il aurait soumis son manuscrit à un éditeur attentif ou, mieux, au patron de son journal, celui-ci lui aurait probablement suggéré de couper quelques paragraphes, ceux où il accusait deux personnalités politiques régionales [Michel Gaudin et François Léotard] d'avoir commandité le coup. Sans ces quelques pages qui lui ont valu un procès coûteux, il aurait fait un best-seller et n'aurait pas été décrédibilisé.

Après l'explosion de l'usine AZF, le 21 septembre 2001, à Toulouse, les RG ont suivi la piste de l'attentat. Un certain nombre de journalistes ont embrayé. N'avez-vous pas, au cours de votre carrière, contribué à nourrir, volontairement ou non, quelques emballements médiatiques ?

Le patron de l'antenne RG de Toulouse, Joël Bouchité, a effectivement travaillé à l'époque sur une hypothèse terroriste. Nos fonctionnaires avaient été intrigués par la disparition d'un Maghrébin dont on disait qu'il enfilait les slips les uns sur les autres à la façon de certains martyrs islamistes ! C'était une piste parmi d'autres que l'on se serait reproché de ne pas creuser, sans compter ceux qui nous en auraient fait grief, trop heureux de nous tomber dessus. La piste n'a finalement pas été validée, mais des journalistes s'y sont accrochés, malgré l'absence de toute revendication. La thèse de l'attentat était plus spectaculaire, d'un point de vue médiatique, que celle de l'accident. Le rôle des RG n'est pas d'aller dans le sens de l'opinion publique, ni de jeter de l'huile sur le feu ; je ne pouvais donc que réitérer nos doutes, lorsqu'ils venaient me voir, sachant que nous n'avons jamais eu de certitude absolue quant aux raisons de l'explosion, au sujet de laquelle les experts se sont entre-déchirés tout au long du procès.

Les journalistes ont-ils tendance à voir le mal partout ?

Les scénarios trop simples n'intéressent pas beaucoup les journalistes, car ils ne sont pas vendeurs ; mais les gens de presse ne sont pas seuls dans le coup : le public a besoin qu'on lui présente un coupable. Prenez l'affaire du tueur en série Patrice Allègre, toujours à Toulouse. J'ai rapidement senti que les accusations portées contre Dominique Baudis par des prostituées étaient bidon. Cela n'a pas empêché l'ancien maire de la ville rose de devoir venir s'expliquer à la télévision. Heureusement que tous les gens que salissent des campagnes de ce genre ne se suicident pas, comme le ministre Roger Salengro en 1916 !

Quand est née votre attirance pour les journaux et les journalistes ?

Dès l'âge de treize ans, à Grasse, je passais beaucoup de temps à lire les journaux. C'était une période de grande richesse journalistique grâce à tous les titres issus de la Libération. J'achetais tout : *L'Humanité* comme *Nouveaux Jours*, *Rivarol* ou *La Croix*. De la presse communiste à la presse catholique en passant par la presse d'extrême droite, je ne négligeais rien. Puis j'ai commencé à acheter tous les livres politiques qui approvisionnaient la seule librairie de Grasse, la librairie Perrier, boulevard du Jeu-de-Ballon. Tout mon argent de poche y passait. Cela a forcément pesé dans mon choix d'entrer aux RG à la sortie de l'école des commissaires. Aujourd'hui, le marché est nettement plus restreint, mais je reste un grand consommateur de journaux. Je constate que *Libération* a conservé sa liberté de ton et que *Le Figaro* reste fidèle à sa ligne : surtout ne pas déplaire au Prince. Je lis çà et là que le développement d'Internet serait à l'origine d'un phénomène de strangulation de ces journaux. Personnellement, je pense que le vieillissement relatif des Français va à l'encontre de cette idée préconçue qui voudrait qu'Internet doive tout avaler. La lecture de la presse correspond à un rituel, celui du café que l'on consomme le matin à la brasserie de son quartier, avec éventuellement un croissant tiède et un brin de causette avec le serveur ou le gérant. Je ne suis pas certain qu'Internet ait aussi vite la peau de ces habitudes-là.

Quand avez-vous été vraiment confronté pour la première fois aux médias ?

Lors de l'arrestation des membres du groupe Action directe dans une ferme de Vitry-aux-Loges (Loiret), le 21 février 1987. J'étais alors chef d'état-major des RG. Philippe Massoni, mon maître à penser en ce domaine, alors directeur du service, m'appelle un samedi soir et me dit : « Prépare-toi, c'est toi qui vas être chargé de la communication. » Une cellule avait également été mise en place à l'Élysée pour communiquer sur le sujet, mais ils étaient... 36 ! Et puis, c'était un coup réussi des RG, même si les terroristes avaient été repérés par une femme qui n'appartenait pas à notre service. En plus, je connaissais bien le sujet, moi qui avais travaillé pendant des années sur l'extrême gauche. Action directe et les RG, c'était devenu un couple indissociable !

Je me souviens d'avoir répondu aux journalistes toute la nuit, et j'ai tout de suite su que j'aimais ça. Je me sentais fait pour la communication. C'est mon tempérament. Je ne suis pas homme à rester enfermé dans mon bureau, à refuser de prendre les gens au téléphone et à faire des lignes d'écriture dans mon coin. La nuit où j'ai « vendu » les arrestations de Vitry-aux-Loges aux journalistes, j'ai vu qu'il y avait moyen, quand le contexte s'y prêtait, de mettre en valeur le travail du service.

Considérez-vous qu'il y a certains liens entre le métier de journaliste et celui qu'exerçaient les fonctionnaires des RG ?

Le renseignement est un travail d'extraverti, tout comme le journalisme : à l'inverse de certains fonctionnaires, on ne passe pas son temps à produire des statistiques bidon, les fesses vissées derrière un bureau ! Mais ce n'est pas le seul rapprochement que l'on peut faire. Nous aussi, comme les journaux, nous procédions à des sondages d'opinion ! Nous passions notre temps, aux RG, à prendre le pouls du pays. À la différence des instituts de sondage privés qui se contentent souvent de questionner quelques centaines de personnes par téléphone, et qui sont là pour ne pas faire de peine à ceux qui les paient, nous visions un échantillon minimum de 4 000 personnes. C'était déjà énorme. Une fois, à la demande de Charles Pasqua, nous sommes même montés jusqu'à 6 000 personnes sondées. Cela a parfaitement fonctionné, jusqu'au jour où Lionel Jospin, Premier ministre, a ordonné à son ministre de l'Intérieur, Jean-Pierre Chevènement, de faire disparaître notre Office central des sondages et des statistiques. Ce n'était pas la première fois que Jospin se tirait une balle dans le pied !

Que voulez-vous dire ?

Je n'ai jamais compris le sens de sa démarche. Le secret doit se nicher dans sa personnalité. Pour Lionel Jospin, cet institut était un truc soviétique, alors que tous ses prédécesseurs avaient trouvé nos sondages on ne peut plus utiles. Nous avons bien entendu obtempéré et dissous cette belle machine. À partir de là, je me suis un peu plus rapproché des journalistes, seule façon pour moi de compenser cet énorme manque. Quant au gouvernement, il a été obligé de commander des sondages aux instituts privés dont l'objectif n'est pas exactement le même : il y a toujours un aspect commercial dans leur démarche. Ils seraient prêts, en exagérant un peu, à fabriquer ou imaginer un nouveau peuple, comme jadis en Allemagne de l'Est, pour plaire au payeur. S'il le faut, pour les besoins de la caisse, ils vous mettront dans le même sac l'abbé Pierre, Nicolas Hulot et Simone

Veil, et touilleront l'ensemble pour voir et vous dire qui arrive en tête...

Dans votre peau de directeur des RG, vous sentiez-vous aussi un peu journaliste ?

Il y avait une grande différence entre eux et moi : le nombre de lecteurs. Les journalistes qui venaient me voir en avaient des milliers. Moi, je n'en avais officiellement que trois : le ministre de l'Intérieur, le Premier ministre et le président de la République. Ce sont des gens certes importants, mais nous n'avons jamais eu avec eux un problème d'Audimat ni de tirage. Je montais à quatre lecteurs quand je faisais suivre une note à l'intention du ministre de l'Agriculture ou de l'Éducation nationale. Je relativiserai cependant en rappelant que le taux de pénétration des journaux nationaux est assez bas en province : dans le Berry, on ne voit pas beaucoup *Le Figaro*, ni *Le Monde*. À la différence des RG, implantés sur tout le territoire, les journalistes et commentateurs de la vie politique ont tendance à vivre dans un monde clos.

« Dassault a 10 % : il veut faire du Figaro Magazine *un* Jour de France *», avez-vous écrit dans vos brouillons. « Jérôme Bureau, ex-trotskiste de la LCR, rédacteur en chef de* L'Équipe, *reçoit des menaces »,*

consignez-vous ailleurs. Ou encore : « Jérôme Bellay, directeur général d'Europe 1, partirait. » Vous étiez vraiment à l'affût de tout ce qui touchait au monde des médias...

Un journal qui s'effondre, une ambiance qui se dégrade au sein d'une rédaction, une ligne éditoriale qui part en vrille : ce sont là des choses qu'un gouvernement doit connaître. Je notais tout ce qui pouvait m'aider à comprendre les mouvements qui agitaient tel ou tel journal, mes visiteurs issus de la profession ne se faisant d'ailleurs pas prier pour me rapporter là-dessus quelques anecdotes significatives. Les grands journaux sont de véritables institutions, et la presse est un des piliers de la vie politique. Mais je ne m'intéressais pas qu'à ces médias : j'étais tout autant préoccupé de ce qui se disait et s'ourdissait dans le secret des cabinets médicaux ou dentaires, chez les commerçants ou les chauffeurs de taxi, convaincu que le moral de ces vecteurs d'opinion pouvait finir par peser lourd dans le climat général !

« FOG remplacerait Colombani », écrivez-vous encore – allusion au fait que Franz-Olivier Giesbert était alors pressenti pour succéder à Jean-Marie Colombani à la tête du quotidien Le Monde... *Les changements de ligne éditoriale de ce journal semblaient vous préoccuper énormément...*

Cette hypothèse-là était alors dans l'air. Les ministres étaient évidemment friands de ce genre d'information. Connaître le nom du futur patron du *Monde*, de *L'Express* ou de *Marianne* était, pour moi et mes « lecteurs », quelque chose de fondamental. Probablement plus que de connaître le nom du futur ministre des Énergies renouvelables ! *Le Monde* n'est pas n'importe quel organe de presse. L'affaiblissement du monopole idéologique exercé par ce quotidien ne pouvait me laisser indifférent. À une certaine époque, personne n'osait contredire *Le Monde*. L'équipe constituée par Edwy Plenel, patron de la rédaction, et l'investigateur Hervé Gattegno était à même de nuire à n'importe quelle réputation ou situation : vous aviez traversé la rue en dehors des clous ? Vous étiez mort ! Mais lorsque vous voulez être trop puissant, vous finissez par vous faire abattre, ce qui a fini par arriver à Plenel, qui a laissé derrière lui un journal dont la ligne n'a pas fini de flotter...

Vous étiez en quelque sorte l'œil de Moscou dans les médias ?

Tout cela était connu. Je n'avais aucun mal à être au courant de toutes les haines, de toutes les fractures au sein des rédactions, et je vous assure que cela me permettait de décrypter pas mal d'événements. Il n'était pas non plus inutile de savoir que le journaliste et écrivain Pierre Péan considérait que Nicolas Sarkozy, alors patron de l'UMP, avait constitué une cellule chargée de travailler sur lui, cellule dont faisait partie, disait-il, mon propre adjoint, Bernard Squarcini ! Voilà qui méritait à tout le moins d'être vérifié !

Pourquoi les médias ont-ils ainsi monopolisé l'attention des RG ?

Les journaux sont un inappréciable indicateur. La lecture des journaux et l'écoute des radios vous permettent de voir si l'action d'un gouvernement est perçue comme cohérente ou si, au contraire, elle déboussole les gens. Il suffit de lire la presse pour s'apercevoir que tel ou tel homme politique est en phase avec le pays, ou qu'il a perdu sa confiance. Prenez le cas de Nicolas Sarkozy. *Marianne* et *Le Canard enchaîné* ont toujours été contre, on le sait. Mais quand *Le Figaro*, jusque-là favorable, devient un peu perfide, ou quand *L'Express* est en pleine reculade, ce sont là des signes. Il n'est que d'écouter Apathie sur RTL pour comprendre quand le Président a perdu la main. Nicolas Poincaré, sur la même antenne, ne se gêne pas non plus pour l'allumer. Après l'avoir encensé, les journaux « amis » le vilipendent. Ses voyages aux frais des milliardaires coûtent cher au Président, tout comme ce salaire dont il a multiplié le montant en arrivant à l'Élysée. Les Français ont l'impression qu'il ne pense qu'au pognon.

Au-delà de ce constat, la communication est aujourd'hui au cœur de notre système politique, économique et social, médiatisé à outrance. Moins on vote, plus on communique. Plus les électeurs s'abstiennent, plus les médias remplissent l'espace. On parlait de « réclame » dans les années 1950, quand « Omo lavait plus blanc ». On est passé à la « publicité », terme plus respectable, devenue la « pub ». On peut aussi parler de matraquage sur fond de conformisme ambiant. Nicolas Sarkozy a gagné la présidentielle et continue de dominer le jeu politique grâce à une extraordinaire stratégie de communication. « Je serai le Président du pouvoir d'achat », disait-il. Rien ne vient, mais il reste en tête des sondages. Il faut dire que c'est le Président qui désigne les patrons des chaînes de télé. Il contrôle tout, sauf les sites Internet qui deviennent et deviendront de plus en plus le refuge des opposants, ces nouveaux « maquisards » parmi lesquels on rencontre d'ailleurs le meilleur comme le pire...

Les hommes politiques que vous avez servis avaient-ils peur des médias ?

Oui, et je pense qu'ils n'avaient pas complètement tort d'avoir peur. La presse fait votre réputation et la défait en quelques jours, et il est plus difficile de se remettre d'un lynchage médiatique que d'une condamnation judiciaire. Tous les hommes politiques que j'ai servis tenaient compte de ce que disait la presse, même s'ils n'en tiraient pas tous les mêmes conséquences. Nous concoctions quotidiennement pour eux une revue de presse spéciale comportant des articles qui ne figuraient probablement pas dans la revue de presse officielle.

Vous a-t-on un jour reproché de trop voir les journalistes ?

Jusqu'à Nicolas Sarkozy, personne ne me l'avait reproché. Puis Claude Guéant m'a personnellement fait savoir que ces contacts étaient trop fréquents. Il est possible qu'ils en aient pris ombrage. Mais je crois que le fond importait peu : Sarkozy voulait utiliser cet argument pour me remplacer. Il me voyait comme un « serpent qui se glisse dans les fougères », selon des propos rapportés dans un livre. Mais je ne me suis jamais caché ! Les noms de mes visiteurs étaient tous inscrits dans le cahier que tenaient les gardiens de la paix chargés de l'accueil ! Il y en a, parmi eux, comme les plus anciens de *L'Express*, que je connaissais depuis 1983 !

Quelle analyse faites-vous de l'évolution du paysage médiatique ?

Ce que l'on appelle « le quatrième pouvoir » a subi de lourdes attaques, ces derniers temps, à cause du mouvement de concentration des entreprises et des journaux. Cette concentration ne va certainement pas contribuer à renforcer la liberté de la presse, pas davantage que la nouvelle mainmise de l'État sur certains groupes, notamment audiovisuels. Quand je vois la servilité de certains vis-à-vis du pouvoir, j'ai comme le sentiment que l'on est en train de prendre une sacrée distance avec les conceptions qui étaient celles d'un Albert Londres. Je remarque par ailleurs que les journaux, à l'exception de quelques-uns, ont tendance à tous dire à peu près la même chose. Quand ils ne nous vendent pas les salaires des cadres, le classement des hôpitaux, les cours de l'immobilier, ils nous proposent les privilèges de la fonction publique ! Leur pouvoir, cependant, ne se dément pas. La radio exerce une influence énorme sur l'opinion. Quant à Jean-Claude Dassier, longtemps pilier du groupe TF1 [devenu président de l'OM en juin 2009], c'est un formidable homme d'appareil. À côté, un Frédéric Lefebvre, le communicant de l'Élysée, ne pèse pas lourd !

Les liens personnels et étroits de Nicolas Sarkozy avec certains patrons de presse sont-ils pour vous quelque chose de nouveau ?

En n'y prenant pas garde, TF1 pourrait se tranformer rapidement en *Pravda* sarkozyste, mais ce n'est pas le seul média touché. Le jour où tous les patrons de presse seront nommés par le « roi », il y aura du souci à se faire pour le lectorat et l'Audimat, car lecteurs et téléspectateurs risquent peu à peu de décrocher. Si j'étais encore en poste aujourd'hui, je m'intéresserais à la façon dont l'Élysée suit de près ce secteur, incitant à promouvoir les journalistes bien en cour et à écarter ceux qui déplaisent...

Une dernière chose : pour quelles raisons, au mois de mai 2009, vous êtes-vous désisté du procès que vous aviez intenté au journal Le Point *après la divulgation du contenu d'une partie de vos « brouillons » ?*

Je me suis d'abord désisté parce que l'enquête sur la façon dont mes carnets ont été copiés au Palais de Justice était encore en cours. Comment juger ce qui en a été fait sans savoir qui était à l'origine du détournement ? La deuxième raison est que je sentais poindre le lynchage médiatique. Autrefois, les campagnes médiatiques étaient longues. Aujourd'hui, elles vous assomment en l'espace d'une semaine : on vous abat brutalement, puis tout s'arrête et on passe à autre chose. Un clou chasse l'autre, pour dire les choses de façon plus prosaïque. Si vous surmontez cette épreuve, c'est le signe d'une énorme capacité de résistance nerveuse. Je ne me sentais pas prêt à affronter un épisode d'une telle violence. Toute personne qui exerce une once de responsabilité peut se retrouver dans l'œil du cyclone du jour au lendemain, comme cela a été récemment le cas du procureur de Nanterre, Philippe Courroye, ou du député socialiste Julien Dray, que j'ai par ailleurs bien connu. Toute personne peut se retrouver chez nous dans la peau du bouc émissaire. Dans la pratique, la présomption d'innocence n'existe pas. C'est le règne de l'*hominum clamor*, le cri des hommes, qui naît à partir d'une rumeur instillée par une minorité, voire une officine, puis admirablement relayée par les médias qui finissent par détruire la cible. Si, un jour, la personne visée est innocentée, elle a tout juste droit à deux lignes rectificatives dans le journal qui l'a couverte de boue, alors qu'en attendant elle est physiquement et psychologiquement détruite...

CHAPITRE 12

Gauchismes

« De Gaulle a tout compris, sauf Mai 68. »

Avec l'arrestation, fin 2008, des membres de la petite communauté de Tarnac (Corrèze), soupçonnés d'avoir fomenté des attentats contre la SNCF, on a vu resurgir le fameux « ennemi intérieur » cher à nos gouvernants tout au long des années 1970. Quel regard portez-vous sur cette affaire qui a notamment valu plus de six mois de prison préventive au théoricien supposé de ce groupe anarcho-autonome, Julien Coupat ?

Je crois qu'au moment où l'affaire s'est déclenchée, après l'immobilisation sauvage de dizaines de TGV, il fallait des boucs émissaires. On a trouvé Julien Coupat et ses amis. On leur a mis les sabotages sur le dos, mais le parfum de scandale d'État n'est pas loin lorsqu'on parle ici de « terrorisme ». On a pour le moins fait preuve d'une légèreté coupable. Le travail de renseignement n'était pas terminé lorsqu'il a fallu transmettre tous les éléments à la justice afin de montrer à l'opinion qu'on avait l'affaire bien en main. On a bâclé le dossier. Le président de la République réclamait du résultat, alors on lui a proposé une solution. À ce rythme, il faudra bientôt redéfinir le mot « terrorisme » ! Il faudra aussi s'interroger sur les dérives liées à la fameuse « culture du résultat ». C'est un truc qui peut se révéler très dangereux, la culture du résultat ! À un moment ou à un autre, cette culture incite les policiers à dénicher ou « révéler » à tout prix de quoi satisfaire les autorités. Peu importe si l'on ne parvient jamais à apporter les preuves de ce qu'on a avancé ! Peu importe si l'on a péché par manque d'analyse !

Quel sentiment vous inspire la prose engagée de Julien Coupat, un garçon qui place l'État policier au cœur de sa rhétorique ?

C'est un type d'extrême gauche pur et dur. Il se dit pacifiste, mais il se situe dans la ligne des penseurs de l'anarchisme et du marxisme-léninisme. Face à ce genre de mouvance, il ne faut pas s'en tenir à une approche policière, forcément réductrice, et surtout ne pas succomber aux sirènes d'un pouvoir obsédé, pressant les forces de l'ordre de rassurer l'opinion. L'analyse est plus importante que la rapidité des « saute-dessus » cagoulés du RAID ! Ministre de l'Intérieur, Michèle Alliot-Marie a péché par incompréhension d'un phénomène, au risque de faire de Coupat un héros, voire un martyr. Traiter le dossier comme cela a été fait ne peut que multiplier les émules : il y aura bientôt plein de petits Coupat !

Vous-même, comment décryptez-vous le phénomène ?

Dans l'esprit du président de la République comme dans celui de la ministre de l'Intérieur, l'extrême gauche est globalement à l'origine de tous les maux. Je connais ce petit monde depuis le début des années 1970. La mouvance anarchiste a évidemment connu des épigones violents. Quelques groupuscules se sont détachés et se sont radicalisés, à l'instar des fameuses Cellules autonomes, des Gari [1], des Grapo et d'Action directe, le plus significatif de tous, qui se réclamait des Brigades rouges italiennes et de la Fraction Armée rouge allemande. Mais les anarchistes ne sont pas tous des terroristes en puissance. Il y a même dans cette mouvance un certain nombre de véritables pacifistes, parmi lesquels je classerais les héritiers des libertaires du XIXe siècle.

1. Voir plus loin, p. 277.

Comment procédiez-vous face à ce genre de menace, à votre époque ? Comment gériez-vous cette mouvance à gauche de la gauche ?

Il faut toujours s'accorder le temps d'étudier un phénomène avant de prendre des mesures. J'avais monté au sein du service une sous-direction de l'analyse que j'avais confiée à Dominique Roulière. Cela permettait d'éviter le style PJ : on ne traite pas des scissions au sein du courant situationniste comme on traite un gang de braqueurs de banques. Derrière ces mouvements spontanéistes et radicaux, il n'y a le plus souvent aucun chef d'orchestre. Neutraliser les chefs présumés ne sert donc pas à grand-chose. Il faut en revanche investir plus lourdement encore dans le renseignement et l'analyse. Mais je vois bien que ce gouvernement n'a pas le temps. Lorsqu'ils décident de démanteler le « groupe de Tarnac », Nicolas Sarkozy et Michèle Alliot-Marie sont dans le feu de l'action.

Ont-ils fait une erreur tactique ?

Le renseignement, c'est comme les dribbles dans les matches de foot : cela ne suffit pas à remporter la partie. Il faut ensuite être capable d'établir la bonne synthèse.

Au-delà du fantasme, croyez-vous à une résurgence de l'action directe et violente en France, à la manière de ce que l'on a pu observer récemment en Grèce ?

Lors d'une émission présentée par Marie Drucker, j'ai eu l'occasion d'évoquer les risques que représentait un groupement comme celui des « Robin des toits » qui fait notamment la chasse aux antennes et autres relais téléphoniques. On s'est aussitôt moqué de moi, mais un mouvement de ce type peut très bien générer, demain, des groupuscules radicaux. En passe d'envahir le champ médiatique, le thème devrait susciter des vocations, et, pourquoi pas, une forme de terrorisme. Dans l'histoire des mouvements radicaux, on a vu des tumeurs bénignes se transformer brusquement en cancers. La Gauche prolétarienne des années 1970 n'avait rien d'un mouvement terroriste. Des années après, on s'est retrouvé avec Action directe. Le phénomène peut se reproduire. Sur fond de défense de l'environnement, on devrait voir émerger des groupes non violents, mais aussi d'autres qui prôneront l'action radicale. Le sujet est porteur à une époque où la lutte des classes a perdu de son acuité, même si l'on peut très bien y revenir. On sent que ces mouvements remuent le pays dans ses tréfonds en dénonçant les risques que sont censés présenter les téléphones portables, les fours à micro-ondes et autres appareils pour la santé des humains et des animaux.

Les mouvements *écologiques* sont pacifistes par essence, mais pas nécessairement les mouvements *écologistes*. Je n'accuse évidemment pas les « Robins des toits » de prôner le terrorisme. Je veux simplement souligner le fait que ces groupuscules, à l'instar de ce qui se passe au Royaume-Uni ou en Allemagne, pourraient commettre des actes juridiquement qualifiables de terroristes. Le Front de libération des animaux a décidé de « libérer » les cobayes et s'en prend violemment aux laboratoires d'expérimentation. À terme, on peut imaginer que d'autres aillent jusqu'à commettre des attentats au nom de cette même cause.

L'émission télévisée à laquelle vous faites référence vous a valu une véritable bronca médiatique...

En effet, et cette bronca a nettement dépassé le cadre des sympathisants de « Robin des toits » et des amis de Noël Mamère. « Bertrand voit des gauchistes partout » : voilà ce qu'ils ont dit. Ce n'est pas juste. Contrairement à d'autres, je sais faire la différence entre les trotskistes, les libertaires et les situationnistes. Je me contente de mettre en garde contre des périls potentiels en essayant d'écarter tout manichéisme.

Quel est le fondement idéologique de cette nouvelle radicalité ?

Cette nouvelle forme de terrorisme prendrait sa source dans la répulsion d'une fraction de l'opinion pour les nouvelles technologies. Les groupes qui se sont livrés à une guérilla, plusieurs semaines durant, dans les grandes villes grecques se réclamaient de l'anarchie. J'ai eu le sentiment que le mouvement drainait aussi derrière lui pas mal de simples casseurs, des jeunes dont on chercherait en vain les penchants idéologiques. C'est un phénomène qui devrait perdurer et qu'il faut surveiller de près, car il peut s'étendre en Europe, y compris en Europe de l'Est. On est là plus proche de la violence des bandes que de la violence politique. Les jeunes qui se sont livrés à des actes violents à l'occasion d'une manifestation contre le sommet de l'OTAN, à Strasbourg, en avril 2009, étaient-ils d'extrême gauche ? Ils critiquent le capitalisme, la police et toutes les institutions représentant cet ordre qu'ils abhorrent. Très organisés, vêtus de tenues noires, ils m'ont rappelé, dans la forme, ces groupes qui se qualifient d'« identitaires » et qui s'en prennent à l'altermondialisme, rejetant intellectuellement tout ce qui vient d'ailleurs.

Chaque mois de mai, depuis 1968, on agite en France le spectre de la révolte. Les « événements », comme on les appelle, obsèdent à la fois la presse et la classe politique. Vous êtes entré aux RG cinq ans après Mai 68. Comment vos anciens vous ont-ils mis dans le bain ? Quelle mémoire le service conservait-il de ces semaines où la France a changé de visage ?

Le général de Gaulle a tout compris, sauf Mai 68. C'est là qu'il s'est complètement fourvoyé. On lui prête ce propos au sujet des CRS, un jour qu'il les avait sentis flancher : « Il n'y a qu'à leur donner de la gnôle, et ils iront au charbon ! » C'était la réflexion d'un ancien combattant de la Première Guerre mondiale. De Gaulle était dépassé. Dans son esprit, l'armée était un corps plus prestigieux que la police. Il n'a pas compris que la police allait être au centre des événements, pas plus qu'il n'a vu venir le début du déclin de l'armée. Son premier réflexe, en ce mois de mai, a consisté à aller consulter à Baden le général Massu, pas le patron de la police ni celui des CRS, alors que le principal problème qui se posait était un problème de police, d'ordre public. Pour lui, le mouvement était le fait des communistes. Les mao-spontex, la Gauche prolétarienne, Vive la Révolution, tout cela ne voulait rien dire à ses yeux. Les analystes des RG, eux, étaient nettement plus perspicaces. Ils voyaient bien, au contraire, que les communistes freinaient un mouvement qu'ils ne comprenaient pas eux-mêmes. Tout était parti de la scission de l'Union des étudiants communistes, événement considérable dont les RG eux-mêmes n'avaient pas vraiment pris la mesure. En fait, ils n'avaient pas été beaucoup plus brillants que de Gaulle : eux aussi vivaient dans le passé.

Comment expliquez-vous ce ratage ?

Mai 68 était un événement irrationnel et imprévisible, le genre de mouvement que l'on ne peut expliquer qu'après coup. La situation n'est pas loin d'être la même aujourd'hui : on ne sait pas ce qui peut arriver demain. Les anciens m'ont raconté la débandade totale de la haute administration. Tout le monde essayait de se planquer, à tous les échelons. Raymond Marcellin, nommé ministre de l'Intérieur le 30 mai 1968, est à peu près le seul à être resté à son poste, lui qui avait jusque-là en charge l'Aménagement du territoire. La plupart des fonctionnaires ne venaient plus à leur bureau : ils pensaient que le vent allait tourner. Les gens sont comme ça : si la cote de popularité de Nicolas Sarkozy tombait au plus bas d'un seul coup, ils ne seraient pas nombreux à lui rester fidèles ! Je peux vous paraître pessimiste, mais l'Histoire, ce n'est pas de l'eau de rose ni des bouquets de fleurs ! Je reste convaincu que le pouvoir, en ce printemps-là, n'est pas passé loin de la catastrophe.

Pour les RG, cet échec a marqué un tournant. Après avoir raté le coche, ils ont mis les bouchées doubles...

La première réponse a consisté à créer, dès le mois de juin 1968, la cellule « Mouvements révolutionnaires ». On était dans l'improvisation. Les types ont appris sur le tas. C'était fait de bric et de broc. On a commencé par y intégrer les enquêteurs contractuels, comme on aurait récompensé les harkis : ils avaient été les indics des RG sur les barricades, ils méritaient d'être titularisés. Quand je suis arrivé, ils étaient encore tous là. J'ai été élevé dans cette culture. Raymond Marcellin faisait une véritable fixation sur Alain Krivine et les trotskistes. Il était obsédé par cette mouvance et lisait toutes les notes que pouvaient produire sur le sujet la DST, les RG et les fameuses brigades opérationnelles régionales qui travaillaient sous l'égide des Renseignements généraux.

C'était, à l'époque, votre pain quotidien...

En 1973, j'ai pris la tête de cette cellule « Mouvements révolutionnaires », l'une des deux branches de la section « Affaires politiques particulières », l'autre s'occupant exclusivement du Parti communiste. J'étais en liaison permanente avec Philippe Massoni qui venait de créer, au sein de la Préfecture de police de Paris, les « groupes de direction » spécialisés dans la lutte opérationnelle contre l'extrême gauche.

On a le sentiment que tout le monde, du haut en bas de l'appareil d'État, vivait dans la hantise que cela recommence...

La Gauche prolétarienne leur avait fait très peur. Lorsqu'elle a été dissoute, tout comme avaient été dissoutes auparavant les ligues d'extrême droite, c'est parti dans tous les sens, avec la naissance d'une flopée de groupuscules. Les maos se sont dispersés et on les a retrouvés partout, jusque chez les Républicains indépendants, parti bourgeois s'il en est ! L'esprit de l'action spontanée a cependant perduré, suffisamment pour engendrer, des années plus tard, quelques groupuscules terroristes. On a vu apparaître les Gari dans la région de Toulouse, avec l'anarchisme espagnol dans leurs bagages. Je me souviens qu'ils faisaient toujours des jeux de mots, c'est même comme ça qu'on les reconnaissait. En occitan, les *garis*, ce sont les rats ! Dès qu'il y avait un truc humoristique, on disait : c'est les anars !

La notion d'« ennemi intérieur » est récurrente, depuis ces années-là. Brandie régulièrement par la droite, elle lui sert le plus souvent à serrer les rangs. Que recouvre-t-elle ?

L'idée de l'« ennemi intérieur » rejoint celle du complot permanent contre la République. Ce sont les politiques qui la brandissent, pas les RG. Depuis 1968, l'ennemi intérieur et la subversion reviennent sans cesse sur le tapis. Quand la droite est au pouvoir, on désigne ainsi l'extrême gauche, y compris l'écologie politique. Quand la gauche est au pouvoir, le danger vient toujours de l'extrême gauche, mais aussi de l'extrême droite. Au soir de l'élection, on se sent fort, mais dès que survient le premier accès de faiblesse, on ressort l'ennemi intérieur de sa boîte. Rien de tel que de ressouder ses partisans face au péril qui vient ! Tous les régimes ont besoin d'un ennemi intérieur à un moment ou à un autre. Michèle Alliot-Marie n'a fait que reprendre ces thèmes éculés. Comme la grippe porcine, l'ennemi intérieur permet de faire diversion. On nous en rebat les oreilles pour finir par nous annoncer que tous les malades ont été guéris en trois jours.

Chaque fois qu'un mouvement lycéen, qu'une révolte étudiante, qu'une mobilisation ouvrière s'installe dans la durée, on en revient invariablement aux trotskistes. À tort ou à raison ?

Trotski n'a pas eu le loisir d'exercer le pouvoir, ayant été assassiné par un émissaire de Staline. Tout part de là. Les trotskistes ont toujours été structurés pour survivre par gros temps. Ils ont le culte de l'organisation secrète. Ils étaient tellement mieux organisés que les autres, qu'ils sont encore là aujourd'hui ! Grâce à leur opacité et à une certaine pratique de l'omerta, ils sont passés à travers tout. Quand j'ai pris la tête de la cellule « Mouvements révolutionnaires », ils constituaient une préoccupation majeure. Quarante ans plus tard, ils sont restés aussi performants. L'entrisme, l'infiltration, c'est leur métier. Voyez l'adresse d'Olivier Besancenot dans le jeu politique. Le point faible des trotskistes, c'est qu'ils sont eux-mêmes divisés en chapelles d'un sectarisme absolu. La branche Lutte ouvrière, c'est le trotskisme ouvriériste. Les autres se considèrent comme des intellectuels. À un moment donné, le député socialiste Julien Dray les avait plus ou moins pris en main après avoir créé de toutes pièces le mouvement SOS Racisme et noyauté tout ce qui pouvait l'être pour le compte de François Mitterrand, ce qui était très bien joué de la part du Président. Dray effacé pour des raisons qui n'ont rien à voir avec le jeu politique, mais qui montrent que les trotskistes ne sont pas forcément insensibles au luxe et à l'argent, ils ne vont pas pour autant disparaître. La CGT leur mène une guerre sans merci, mais l'affaiblissement constant du communisme fait qu'elle perd année après année ses moyens. Le cas de Force ouvrière est différent dans la mesure où il subsiste, à l'intérieur de cette organisation syndicale, un courant trotskiste très fort. Entre-temps, la majorité des grands anciens se sont « notabilisés ». Ils sont entrés au Parti socialiste. Ils ont intégré le jeu politique et institutionnel, parfaitement conscients du fait qu'ils étaient en train de se renier.

Olivier Besancenot en « meilleur ennemi » de Nicolas Sarkozy, cela vous inspire quoi ?

Il n'y a rien de tel, pour affaiblir le Parti socialiste, que de faire monter Besancenot. En sens inverse, François Mitterrand a fait monter Jean-Marie Le Pen pour les mêmes raisons. Nicolas Sarkozy se sert fort bien de cet opposant qui ne cesse de progresser, du moins dans les intentions de vote. Pour ne rien gâcher, il a une tête de gentil garçon. Cela dit, je suis convaincu que Sarkozy ne veut pas non plus d'une UMP par trop puissante. Il entend bien diriger seul le pays.

Quels étaient, à votre époque, les liens des RG avec les syndicats ?

Il y avait à la direction centrale des RG une section « Affaires sociales ». Elle était chargée de suivre les syndicats généralistes, mais aussi le syndicalisme étudiant, de l'UNEF SE, plutôt communiste, à l'UNEF ID, de tendance trotskiste. C'était l'une des sections les plus actives. C'est elle qui produisait le plus grand nombre de notes couleur saumon : jusqu'à une quinzaine dans la journée en cas de conflit. Pas une manifestation n'échappait à notre vigilance, mais nos contacts avec les leaders syndicaux étaient cordiaux. Nous étions pour ainsi dire partenaires, en relation quasi quotidienne avec eux, ce qui se justifiait par la spécificité du syndicalisme français, fondé sur le rapport de force, à la différence du syndicalisme anglo-saxon, plus axé sur la négociation. Chez nous, c'est tout de suite grève et manifestation ! Le pourcentage de grévistes et le nombre de manifestants sont plus importants que le contenu de la manifestation elle-même. Très liée au tempérament gaulois, cette tradition remonte au XIXe siècle. La classe politique est elle aussi très marquée par ce mode de fonctionnement. Tous les ministres que j'ai connus étaient angoissés à l'idée de voir les cheminots se mettre en grève. Si les trains s'arrêtent, le pays s'arrête, parce que presque tous les trains partent de Paris et y reviennent. Pour le politique, c'est donc synonyme de danger.

Quelle forme prendrait selon vous, aujourd'hui, une forte mobilisation sociale ?

S'il devait de nouveau y avoir une mobilisation aussi importante que celle du printemps 1968, elle se déroulerait autrement. On verrait fleurir des petits groupes disparates et des coordinations échappant à toute logique syndicale. Les vieilles centrales se sont énormément affaiblies, grignotées par les syndicats fractionnistes du type SUD. Le Parti communiste n'est plus capable de contrôler quoi que ce soit, et l'UMP pas davantage. Cet affaiblissement permet aux anarchistes et aux trotskistes, les seuls vraiment organisés, d'occuper le terrain. Aujourd'hui, vous ne savez plus qui vous avez en face de vous dans la rue ! Du point de vue de l'État, cette absence de canalisation et cet émiettement de la représentation représentent un réel danger.

Mai 68 hante également les responsables du maintien de l'ordre. Pour quelles raisons ?

En cas de mouvements de rue, il subsiste toujours une incertitude. Il suffit d'un rien pour que tout dérape. Alors les médias ont tôt fait de se retourner : ils défendent la police puis, d'un seul coup, se déchaînent contre elle.

Chapitre 13

Flics

« Il ne faut pas se les mettre à dos... »

« Flic », c'est une appellation qui vous convient ?

Je revendique haut et fort le fait d'avoir été flic. C'est l'un des plus vieux métiers du monde, et l'un des plus utiles. Et puis, je trouve le terme assez sympathique et plutôt parlant : les flics sont rarement des fils de famille. J'ajouterai qu'aucun pays ne saurait se passer de police, autrement on se retrouve coincé entre milices et anarchie !

Dans ce qu'on a pu lire de vos carnets saisis par la justice, on voit que vous accordez une place importante à toutes les nouvelles qui vous viennent de l'intérieur de la police, votre « maison ». Quel regard portez-vous sur elle maintenant que vous l'avez définitivement quittée ?

Les policiers sont des gens qui ont besoin d'être respectés et correctement payés. Ce sont au fond des gens très « alimentaires » : quand on les respecte et qu'on les paie bien, ils ne font pas de vagues.

Quel est le profil du chef qu'ils sont prêts à suivre ?

Les flics sont un peu comme les chats : ils ne se laissent pas caresser par n'importe qui. Ils suivront volontiers un bon serviteur de l'État. Ils ont une sensibilité particulière qui leur permet de détecter ceux qui roulent pour eux-mêmes ou pour leur parti. Ils aiment bien les hommes qui connaissent à fond la police, à la façon d'un Robert Pandraud ou d'un Pierre Verbrugghe, deux hommes qui ont compté Place Beauvau, deux hommes de contact qui vous recevaient dans les dix minutes, s'il le fallait, tout ministre ou directeur général qu'ils étaient.

Des flics à l'ancienne, comme vous ?

J'ai cette image-là, et c'est vrai que je me sens très éloigné de ces technocrates qui obtiennent des résultats en tordant le cou aux statistiques et en oubliant les liens avec les gens.

La statistique est pourtant présentée comme l'avenir de la police...

Si l'on veut transformer la police en outil informatique destiné à produire de bonnes statistiques. il n'y a qu'à poursuivre le chemin entamé voici quelques années. Les statistiques de chaque groupement de gendarmerie, de chaque direction départementale se doivent d'être à la hauteur de celles du voisin : c'est une culture néostalinienne qui risque fort, à terme, de désespérer plus d'un flic. La vraie culture du résultat, pour moi, c'est quand la compétence compte davantage que la position dans la hiérarchie.

Quelle est la clef d'une bonne carrière dans la police ?

Pour arriver, dans ce métier, outre un minimum d'intelligence, il faut savoir obéir. Celui qui a un caractère trop tranché ne monte pas aisément les échelons. Ou bien il doit faire en sorte de ne jamais contrarier ses supérieurs. Dans le cas des RG, quand le cabinet du ministre voit d'un mauvais œil une information que vous lui transmettez, il y a une chance sur deux pour qu'il vous désavoue.

Quelle était pour vous la bonne manière de transmettre une information dérangeante ?

Tout est affaire de sémantique ! Si vous dites au bossu qu'il a une bosse, il ne va pas aimer. D'une façon générale, c'est une mauvaise idée d'insister sur les failles de la personne qui se trouve en face de vous, comme le fit Jospin en s'en prenant à l'âge du capitaine Chirac. Vous pouvez lui annoncer sans détour une grave maladie, mais le mieux est de lui suggérer que personne n'est certain de sa forme à 100 %, tout en lui donnant l'adresse d'un bon médecin.

Comment qualifier globalement la police française, forte de quelque 130 000 hommes et femmes ?

Son inscription dans l'histoire fait que nous avons une police démocratique, nantie d'un recrutement populaire, à la différence de la magistrature où l'on se considère volontiers comme une caste à part. Nous avons plusieurs longueurs d'avance sur les polices des pays émergents, mais il ne faut jamais cesser de se méfier des tentations totalitaires : sous le régime de Vichy, les arrestations ont bel et bien été le fait de la police française !

Jusqu'au milieu des années 1980, on s'alcoolisait volontiers dans les commissariats...

Les flics sont à l'image de la société : ni plus ni moins portés sur l'apéro que les autres.

Pourquoi la police a-t-elle du mal à communiquer le vrai nombre de manifestants au soir des grands défilés ?

La police est un instrument qui obéit à ses hiérarchies administrative et bien sûr politique, lesquelles sont toujours tentées de minimiser le nombre des manifestants. La tradition consiste à diviser le chiffre réel par deux ou trois. Les organisateurs, de leur côté, annonceront toujours deux ou trois fois plus de monde qu'il y en a vraiment eu. C'est devenu un jeu. Le Préfet s'accorde sur un chiffre avec le directeur de la Sécurité publique, tandis que les syndicats s'accordent entre eux sur un autre. C'est devenu si naturel que personne n'a besoin de passer un ordre quelconque.

Transmettiez-vous les vrais chiffres aux autorités ?

Oui, et le plus amusant est que le ministre ne paraissait jamais surpris.

Avez-vous été confronté à la « guerre des polices » ? Quels en sont les ressorts ?

La guerre des polices, c'est d'abord savoir qui, de Dupont ou de Duval, va prendre la tête de tel ou tel service. C'est une histoire de chefs qui jouent des coudes pour décrocher des postes, mus par une ambition qui n'est pas toujours de la plus haute qualité. Certains, derrière leur air matois, sont capables de tout pour vous écarter, y compris même des coups les plus médiocres. En matière de renseignement, j'ai ainsi vécu les réunions totalement inefficaces du Bureau de liaison de la lutte antiterroriste. Les vrais renseignements, chacun les conservait sous le coude pour aller les remettre directement au ministre. En séance collective, on ne mettait sur la table que les « tuyaux » percés. On s'en tenait à un échange d'amabilités qui s'éternisait. Pour ma part, j'ai toujours préféré les conversations bilatérales. Quand il y a plus de trois personnes autour d'une table, la fuite est courue d'avance.

L'antiterrorisme, voilà un fromage ! C'est le lieu où se cristallisent toutes les rivalités, parce que le sujet intéresse le pouvoir au plus haut point. La lutte contre la petite et moyenne délinquance n'a jamais été un objectif primordial pour les inspecteurs généraux et les commissaires divisionnaires.

Pour relativiser, reconnaissons cependant que la « guerre des chefs » n'est pas seulement propre à la police.

Les flics solidaires entre eux, ce serait donc une fiction ?

En réalité, il y a très peu de solidarité entre les policiers eux-mêmes. Ou bien elle est toute relative, surtout entre les grands chefs qui se retrouvaient une fois par semaine, le mercredi, autour du directeur général. Ce n'est pas une corporation beaucoup plus soudée que celle des journalistes ! L'esprit de corps s'arrête souvent aux frontières de son propre service. Les RG n'étaient pas la DST, qui n'était pas la PJ, qui n'avait pas grand-chose à voir avec la Sécurité publique. Dans le genre « bastion », la Préfecture de police de Paris est unique en son genre... La police est en fait un grand hameau constitué de maisons rivales. À l'intérieur, vous trouvez tous les caractères. Vous avez des hommes dont le visage bilieux masque mal la dureté, la haine et l'envie. Vous avez des personnages soucieux et introvertis. Les plus redoutables sont certainement ceux qui affichent un air impassible et ne haussent jamais le ton, à la manière d'un Claude Guéant. Entre ce type de personnages, toutes les confrontations sont envisageables, à l'échelle nationale comme à l'échelle locale où polices municipales, gendarmerie et police nationale se livrent sur le terrain à des luttes intestines sans fin.

Vous étiez visiblement à l'écoute de tout ce qui pouvait froisser les syndicats, à en juger par la fréquence avec laquelle apparaît dans vos pages le nom de Jo Masanet, alors secrétaire général de la puissante Unsa-Police et figure de proue de la famille CRS. Vous sentiez-vous investi du rôle d'une sorte de tampon entre les troupes et le cabinet du ministre ? Étiez-vous le « petit télégraphiste » de toutes les colères internes ?

J'ai toujours vu les policiers manifester dans la rue. Le gouvernement en place, quel qu'il soit, n'aime pas du tout ça. Une manifestation annoncée, c'est un symptôme qui doit très vite attirer l'attention, surtout quand les forces mobiles risquent de s'en mêler. Quelle meilleure façon d'anticiper un éventuel malaise que d'être au contact des organisations syndicales ? Avec Jo [Masanet], on se parlait souvent. Il n'avait pas le charisme de son prédécesseur, Bernard Deleplace, mais il tenait sa boutique. Originaire du Sud-Ouest, c'était un personnage truculent. Il aimait la bonne chère, arrosée d'un bon vin, un peu comme moi. Avec lui on pouvait trouver un compromis. Et puis, il était au courant de beaucoup de choses qui se tramaient au sein de la police. Il fréquentait mon bureau, mais aussi celui de tous les responsables policiers, et celui du ministre. Sa puissance venait du fait qu'il était issu des CRS, et qu'il les tenait. Dans ce pays, il ne faut pas se les mettre à dos ! S'ils commencent à désobéir, c'est la fin de tout. En 68, s'ils avaient basculé, le régime basculait : Raymond Marcellin m'a fait cette réflexion à plusieurs reprises.

Pourquoi les syndicalistes de la police vous faisaient-ils confiance ?

Je les ai fréquentés pendant trente ans et je n'ai jamais essayé de leur faire le moindre « coup tordu ». Autrement, ils auraient cessé de me voir ! Officiellement, ce n'était pas à moi de suivre cet aspect des choses, mais j'ai toujours souhaité être au courant de ce qui se passait dans les rangs. Si ça risque de bouger dans les commissariats, le gouvernement doit le savoir !

Dans les années 1980, vous avez bien connu le syndicaliste Eugène Ascencio, patron du Syndicat national de la police en tenue (SNPT), alors majoritaire sur tout le territoire. C'était le temps où les communistes tenaient encore les rênes du syndicalisme policier. Quel souvenir en gardez-vous ?

Reconnaissons que nous avons mangé d'excellentes huîtres sur le compte du SNPT, dans cette brasserie de la gare du Nord qui jouxtait les locaux de l'organisation syndicale ! Avec le Syndicat général de la police (SGP), l'organisation dirigée par Eugène

Ascencio était la mieux implantée, dans une maison où la CGT et la CFDT n'ont jamais vraiment existé. Le courant passait on ne peut mieux avec lui. Il connaissait bien les gardiens de la paix. C'était un pur produit de la filière havraise : depuis la Libération, les leaders du syndicalisme policier étaient communistes, et nombre d'entre eux venaient du Havre. En 1981, ils ont vécu comme un déchirement le fait de devoir rallier le Parti socialiste. On peut dire qu'un garçon comme Ascencio est devenu socialiste contre son gré – il m'a d'ailleurs lui-même confié ce déchirement.

Quel est le véritable poids des syndicats de police ?

Dans les années qui ont suivi l'élection de François Mitterrand en mai 1981, les syndicats ont été tout-puissants. Ils tenaient la boutique en partenariat avec l'administration et les politiques. Le SNPT et le SGP ont fusionné au sein d'une fédération dirigée par Bernard Deleplace, lequel a régné jusqu'à ce qu'un coup d'État interne vienne le renverser. Tout le monde était à genoux devant eux. Ils pesaient même sur le choix des directeurs, en particulier chez les CRS. Ils avaient la force du nombre. Le premier à avoir essayé de briser cette cogestion, c'est Claude Guéant, au milieu des années 1990. L'homme que Nicolas Sarkozy a fait secrétaire général de l'Élysée était alors au centre de la vie policière. Son objectif était de rétablir l'autorité des chefs de service sans pour autant tuer le syndicalisme policier. Il a partiellement réussi son opération. Le pourcentage d'adhérents par rapport au nombre de policiers n'en reste pas moins très important, et les syndicats restent un rouage essentiel du pouvoir. Ils siègent dans les comités techniques où toutes les décisions sont prises. Ils siègent également dans les commissions administratives paritaires où sont décidés les mutations et les avancements. C'est de là qu'ils tirent leur force. Si les grades se distribuaient hors de ces instances, ils perdraient certainement une partie de leur poids.

Je ne négligeais évidemment pas les syndicats « maison », ces structures créées par la droite pour essayer de contrebalancer les organisations classées à gauche. Elles ne pesaient pas très lourd à l'époque, mais celui qui en avait été l'initiateur, Robert Pandraud, pouvait être satisfait du résultat.

Les syndicats sont-ils un vecteur de la transparence et de la démocratie en milieu policier ?

Ils défendent surtout leurs biens sur la base d'un rapport de force. Si les CRS se mettent en marche, comme je le disais, c'est l'État qui tremble, ce qui explique certainement qu'un CRS soit mieux payé qu'un professeur certifié ! On aura toujours besoin de la police, et ils savent en jouer.

Aviez-vous autant de contacts avec la base policière qu'avec les patrons ?

La force des RG, c'est d'avoir su travailler avec les gardiens de la paix. Ils en savent souvent dix fois plus long que leurs chefs... qui vous disent ce qu'ils veulent bien vous dire !

Quelle est l'exacte implantation de l'extrême droite dans la police ?

Je n'ai pas rencontré beaucoup de lepénistes dans la police. Je suis d'ailleurs convaincu qu'elle n'est pas du tout un repaire de « fachos ». Les policiers sont bien trop au contact du terrain, bien trop au courant de la vraie vie, à laquelle ils sont confrontés tous les jours, pour adhérer aux thèses de l'extrême droite. Les organisations syndicales qui ont prétendu se positionner sur ce créneau politique sont toujours restées insignifiantes.

La corruption fait-elle selon vous partie de la vie quotidienne de la police française ?

Dans la police, à la Libération, les primes en liquide étaient supérieures au salaire réel. Au fil des ans, la part des espèces a régressé pour quasiment disparaître aujourd'hui. Il reste quelques billets pour rémunérer les informateurs, rien de plus. Cette évolution a certainement contribué à assainir la situation en même temps qu'elle a favorisé la hausse constante des salaires !

Le grand rapprochement entre policiers et gendarmes est en cours. Dans quel état d'esprit sont les gendarmes ?

Les gendarmes, c'est un corps qui a du mal à se situer : ils ont un statut militaire, mais ils vivent dans la société civile. Quand ils se rapprochent des villes, ils prennent les réflexes des gens des villes. Le rôle des épouses a été très important dans les derniers mouvements de grogne qui ont secoué la gendarmerie : elles ne supportent pas de vivre en casernement. Leur poids a été au moins aussi déterminant que les conflits persistants entre officiers et officiers subalternes, et entre officiers et officiers supérieurs. À cela s'est ajouté le fait qu'ils se sont mis à regarder dans l'assiette du voisin, en l'occurrence celle des policiers, avec une insistance croissante. C'est dans ce contexte d'exaspération que les gendarmes sont descendus dans les rues de la capitale, en armes et en uniforme, à la veille de l'élection présidentielle de 2002. On les a tellement rapprochés des flics qu'ils en ont pris les usages, sauf qu'étant privés d'organisations syndicales ils ont opté pour la mutinerie. Un gouvernement autre que celui de Lionel Jospin aurait très bien pu se saisir de cette occasion pour dissoudre la gendarmerie. Quant au rapprochement amorcé avec la police, on a compris qu'il ne suffirait pas de domicilier la gendarmerie rue de Miromesnil pour qu'il devienne effectif !

Le citoyen lambda a du mal à faire la différence entre les deux maisons. Qu'est-ce qui distingue à ce point flics et gendarmes ?

Alors ministre de l'Intérieur, Pierre Joxe nous a un jour demandé d'aller défiler sur les Champs-Élysées en chantant *La Marseillaise*. C'était un très grand ministre, mais il avait un peu la nostalgie de l'armée. Or les flics ne sont pas faits pour défiler. Les CRS à la rigueur, mais, pour défiler, il faut être impeccable, bien rasé et ne pas boiter. Or le flic peut être hirsute, mal rasé et claudiquer. C'est pourquoi on ne pourra jamais militariser la police et encore moins la police en civil.

Que sont devenus ceux que l'on appelait « les grands flics » ?

Cette expression renvoyait à la dimension médiatique de certains patrons de la Police judiciaire. Les « grands flics » de l'époque avaient tous le label « Quai des Orfèvres », mais ce label a quelque peu vieilli. Si je vous citais le nom d'un grand flic, cela déplairait à tous ceux que je n'aurais pas cités... Aujourd'hui, ceux qui parviennent à grimper sur les toutes premières marches, ceux qui finissent dans la peau d'un numéro un, sont souvent des gens qui ont fait montre de servilité, ou qui ont du moins su le faire croire.

Quelle est la force de la police ?

Sa force a longtemps résidé dans le fait qu'elle ne recrutait pas ses cadres parmi les énarques. Le système des grandes écoles était formidable au moment où il a été mis en place pour reconstruire le pays et recréer une haute administration au lendemain de la guerre. Mais il a été peu à peu dévoyé à tel point que vous ne pouvez plus arriver nulle part si vous ne faites pas partie de l'establishment. La création de cette caste explique pas mal des échecs de la France, dans le public aussi bien que dans le privé, puisque les élèves des grandes écoles ont une large responsabilité dans la récente débâcle des banques. La police a choisi ses cadres hors de ce moule jusqu'au jour où elle a, elle aussi, été saisie par le vertige de la « diplomite ». Le commissaire doit désormais posséder licence ou maîtrise, et ce mouvement irréversible change la physionomie de la maison. Ceux qui l'ont voulu et décidé ont péché par une conception trop intellectuelle du métier. Plus le fonctionnaire est diplômé, moins il a envie de cavaler après des malfaiteurs dans la rue. Quant au public, diplômé ou pas, le fait est qu'il attend souvent des heures avant de pouvoir déposer une plainte, quand on veut bien le recevoir. C'est là toute la limite de l'élitisme.

Avec la baisse des recrutements et les mesures d'économie drastiques qui la concernent, la Police nationale n'est-elle pas en train de perdre du terrain ?

À partir du moment où le gouvernement de Vichy a étatisé les anciennes polices municipales, tous les commissariats ont été placés sous une même tutelle, avec obligation de se plier à un même fonctionnement. L'actuel désengagement de l'État ouvre la voie à un retour en force des polices municipales, déjà très présentes dans les villes du sud de la France. Ce n'est pas un mal en soi, si elles restent strictement contrôlées par les officiers de police judiciaire et le préfet. Le recul du public ouvre également une brèche au profit des sociétés privées de gardiennage et de surveillance, mais c'est là une autre histoire...

Depuis quelque temps, ces officines défraient en effet la chronique. Ce qu'ils ne peuvent demander aux services officiels, les patrons le demandent aux privés, pour la plupart d'anciens membres des RG, de la PJ, de la DGSE, de la gendarmerie ou de la Direction du renseignement militaire à la recherche d'un second souffle financier à l'heure de la retraite. Ce mouvement est-il irréversible ? Est-il sain pour la démocratie ? Tous les coups sont-ils désormais permis, depuis le piratage des ordinateurs de Greenpeace jusqu'à l'exploration des comptes bancaires d'Olivier Besancenot ?

Un jour, un type a démarché la responsable d'une association. Il voulait des renseignements sur un certain nombre de personnes. Il se faisait passer pour le capitaine Barril, sauf qu'il n'avait pas le même défaut de prononciation, et qu'il était nettement plus grand que le vrai. C'était un privé... De commission de déontologie des métiers de sécurité en commission de surveillance des interceptions, de règlements en circulaires, les services de l'État ont été tellement mis sous tutelle que les officines ont vu s'ouvrir un boulevard devant elles ! Cette avalanche de textes contraignants répond certes à une louable et légitime volonté de limiter les dérives, mais, à force, les services de l'État sont devenus frileux, et les demandeurs, qu'ils soient publics, parapublics ou privés, ont changé peu à peu de méthode. « Mani pulite » [« Mains propres »] ne rime pas trop avec efficacité. C'est un véritable glissement qui est en train de s'opérer, vers des sociétés qui ont longtemps compté autant d'anciens fonctionnaires que de repris de justice ! L'excès de réglementation a débouché sur un libéralisme à l'américaine où l'argent est roi : si vous avez les moyens de payer, tout devient possible. Une telle privatisation ouvre évidemment la porte à tous les dérapages, loin cette fois du regard des organes de contrôle. Or si des « verrous » ont été mis en place, c'est précisément parce que nous ne connaissions plus de limites, notamment en matière d'écoutes téléphoniques. Désormais, personne n'empêchera plus le privé de surveiller le journaliste, le syndicaliste ou le politique. La demande existe !

L'un des plus graves problèmes reste celui du piratage des fichiers de la police et de la gendarmerie. Quand un fonctionnaire en service se mêle de vendre une information à un collègue parti à la retraite, cela me choque vraiment. On est au service de l'État ou au service du privé, pas les deux ! Quand les banques étaient nationalisées, elles avaient accès aux fichiers, ce qui était normal. Leur privatisation actée, il faudrait arrêter. La « tricoche », comme on l'appelle, est un mal qui ronge la police nationale. En démocratie, ce n'est pas sain. Quand vous voyez que d'anciens policiers ou agents de renseignement seraient allés pirater les ordinateurs de l'association écologiste Greenpeace pour le compte d'EDF, on est là en plein mélange des genres !

Par rapport aux surveillances artisanales des années 1970, les privés ne disposent-ils pas aujourd'hui de moyens plus sophistiqués ?

L'espionnite de ces années-là perdure sous d'autres formes. En général, il ne s'agit pas de tuer l'adversaire, mais de le neutraliser. L'affaiblir est encore la meilleure méthode, et, pour y parvenir, il faut le surveiller. Les « barbouzes » ont donc de beaux jours devant elles, mais, pour comprendre en ce domaine d'où l'on vient, un petit retour en arrière s'impose. C'est à la Libération, surtout à partir des années 1958-60, que les officines se sont imposées dans le paysage politique de notre pays. La guerre d'Algérie est une guerre dont les politiques, socialistes puis gaullistes, n'ont jamais accepté de reconnaître le nom : on parlait d'« opérations de pacification ». Quelle hypocrisie ! Les actions militaires furent confiées à l'armée de métier, puis au contingent sous le gouvernement Guy Mollet. Mais, pour riposter aux attentats perpétrés en métropole par le FLN, puis pour des besognes plus discrètes, y compris dans la lutte contre l'OAS, on eut recours aux « barbouzes ». Il s'agissait de truands, d'aventuriers ou de mercenaires dont le casier judiciaire était souvent abondamment garni. Les officines ont poussé sur ce terreau à la fin des années 60, après que Georges Pompidou eut demandé à Raymond Marcellin de purger le Service d'action civique de ses éléments les plus douteux. Le ministre de l'Intérieur s'est exécuté et les hommes en question ont été recrutés par des sociétés pudiquement baptisées sociétés de gardiennage ou de surveillance. Soyons clairs : nombre d'entre elles exerçaient sérieusement leur métier. Le problème est qu'elles ont commencé à recruter d'anciens policiers qui réussissaient à accéder aux fichiers de police moyennant une rémunération occulte versée à leurs ex-collègues. Certaines ont glissé du gardiennage vers le renseignement. Le pli était pris pour des années, comme le montrent les affaires qui défraient depuis lors la chronique.

Chapitre 14

Sud-Est

« La vie politique corse repose sur des parrains... »

La Corse semble omniprésente dans vos carnets. Un dossier toujours chaud pour le directeur des RG ?

La Corse n'est pas la Creuse ! Tout ce qui se passe en Corse peut avoir d'importantes répercussions pour le pouvoir et l'État.

Un bref diagnostic ?

Depuis Pascal Paoli se pose le problème de l'identité corse. Les Corses ont toujours oscillé entre leurs origines génoises ou sardes et l'appartenance à l'Hexagone.

Quel était le principal sujet de préoccupation des RG à propos de la Corse ?

L'État se méfie des mouvements nationalistes comme des organisations autonomistes, c'est la raison pour laquelle vous en retrouvez fréquemment la trace dans mes carnets. Ce qui a toujours permis au gouvernement – j'allais dire à la métropole – de s'en tirer, ce sont leurs divisions internes.

Décrypte-t-on la vie politique insulaire comme on décrypte celle du reste du pays ?

« Gauche » et « droite », en Corse, n'ont pas le même sens que sur le continent. La vie politique repose dans l'île sur des « parrains » passés maîtres dans le maniement du clanisme. Chez les jeunes, on est souvent corse avant d'être d'un bord ou de l'autre.

Vous semblez parler en connaisseur...

J'ai bien connu les Corses dans mon enfance à Grasse. À l'époque, ils étaient bonapartistes et chantaient *L'Ajaccienne*. J'ai continué à les fréquenter, au début des années 1960, à Aix-en-Provence, quand les premiers rapatriés ont débarqué. Dans le café qui leur tenait lieu de point de ralliement, sur le cours Mirabeau, ils défendaient ardemment l'Algérie française. Avec les années 1970, un certain nombre d'entre eux ont basculé du côté des partisans de l'autonomie, mouvement qui a réussi à rassembler les anciens partisans de l'Algérie française et une partie de la gauche corse. Aujourd'hui, parce que Napoléon a choisi la France, Pascal Paoli redevient un modèle...

Pour comprendre les nuances entre les différents groupes qui se réclament du nationalisme ou de l'autonomisme, entre Canal historique et Canal habituel, entre radicaux et moins radicaux, il faut suivre cette mouvance à la loupe. J'avais auprès de moi deux spécialistes, Bernard Squarcini, mon adjoint, et François Casanova. Techniquement, nous disposions de plusieurs indics fiables infiltrés au sein de ces groupuscules, qui nous apportaient d'excellents « tuyaux ».

Quel était, à l'époque, le profil des nationalistes ?

Il y avait parmi eux des gens sincères et des affairistes de toute première catégorie. Pour ces derniers, le nationalisme était d'abord une pompe à fric : ils étaient là pour prélever leur part du gâteau. À un moment donné, décision fut prise, Place Beauvau, de s'attaquer aux dérives mafieuses, mais cela n'a rien donné. Nous avions probablement vu trop large en imaginant des liens avec la Mafia italienne qui n'existaient pas. Les bandits corses faisaient leur propre tambouille, en cheville avec le milieu corse continental et la diaspora implantée en Afrique. Ils se suffisaient à eux-mêmes.

Peut-on alors parler de « mafia » ?

Le clanisme finit par avoir des connotations financières que certains en viennent à qualifier de mafieuses...

« Ajaccio n'est pas Palerme », avons-nous pu lire dans une page de vos carnets après que vous y avez consigné ce qui ressemble fort à une commande portant sur le cas d'un homme alors considéré comme le parrain du sud de la Corse : « Note sur Jean-Gé Colonna. Ses activités passées et actuelles, ses liens avec les nationalistes. » Que signifiait au juste cette dissertation ?

Le milieu corse est puissant, bien implanté, et dispose de nombreux relais hors de sa propre sphère. Jean-Gé Colonna, aujourd'hui décédé, était alors considéré comme un parrain dans la région d'Ajaccio. Pour autant, il n'existe pas en France d'organisation aussi structurée que peut l'être la Mafia sicilienne !

Pourquoi, quel que soit le ministre de l'Intérieur en poste, le suivi de la Corse est-il toujours une affaire d'État ?

Nicolas Sarkozy n'est pas le seul Président à garder en permanence un œil sur la Corse. François Mitterrand avait auprès de lui un conseiller chargé des francs-maçons et un autre chargé de la Corse. Tous mes interlocuteurs politiques ont toujours été friands de notes sur la Corse. Au fond, ils ont peur de voir l'île de Beauté tomber un jour dans l'escarcelle d'un autre pays. À leurs yeux, perdre la Corse, ce serait perdre une partie de l'identité française, sans compter l'intérêt hautement stratégique que présente l'île en Méditerranée.

Lorsque Charles Pasqua était ministre de l'Intérieur, les nationalistes corses étaient traités en direct par son cabinet. Cela vous gênait-il ?

C'était la façon de faire du moment. Daniel Léandri, conseiller le plus proche du ministre, voyait ceux que les officiels ne pouvaient rencontrer. Il recevait régulièrement François Santoni, considéré comme l'un des leaders du mouvement nationaliste, non pas au ministère, mais Chez Tata, un bar situé à l'angle de la rue des Saussaies et de la rue du Faubourg-Saint-Honoré, où l'on croisait du beau monde. Ce sont là des méthodes que l'on retrouvait sous tous les gouvernements, et comment faire autrement ? On ne gère pas le dossier corse comme on gère le cas du Franprix du coin. Il y faut beaucoup de doigté. Ceux qui tournent le dos à cette méthode florentine se cassent le nez sur ce dossier. Je pense notamment à mon ami Fromion, dont l'honnêteté a entraîné la rapide éviction, ou à Gérard Bougrier qui n'avait vraiment pas le profil pour devenir préfet délégué en Corse. Le procureur Éric de Montgolfier a mis du temps à comprendre comment fonctionnait l'ex-comté de Nice. La Corse, c'est encore bien plus singulier ! Philippe Massoni et Jean-Charles Marchiani, tous deux préfets et tous deux originaires de l'île de Beauté, savent bien pourquoi ils ne se sont jamais aventurés dans l'imbroglio corse : ils auraient aussitôt été aspirés par le clanisme.

Durant cette même période, des Corses gravitant dans l'entourage de Charles Pasqua prospéraient dans le jeu, à commencer par les frères Tomi et l'investisseur Robert Feliciaggi qui frappa à la porte de votre bureau en se recommandant de votre ministre... Sur quel pied dansiez-vous, en ces années-là ?

Lorsque Michel Tomi m'a rendu visite avec Robert Feliciaggi, c'était pour protester de leur innocence après le refus opposé par les Renseignements généraux à leur demande d'ouverture d'un casino à Annemasse. C'était pour eux une formalité, car ils savaient bien que le ministre passerait outre ce refus.

Quel effet ces deux hommes, dont l'un a été par la suite assassiné sur le parking de l'aéroport d'Ajaccio, ont-ils produit sur vous ?

Je savais que je ne recevais pas des enfants de chœur. Ce sont des hommes qui avaient le culte du réseau et le clanisme chevillé au corps depuis leur plus jeune âge. Ils naviguaient entre l'Afrique noire, le Vietnam, les cercles de jeux parisiens et le pouvoir quand ils pouvaient y accéder. Ce type d'hommes a toujours évolué dans une zone floue où classe politique et affairisme se trouvent parfois très imbriquées.

Quelle est l'influence réelle des Corses au sein de la République ?

La force des Corses vient du fait qu'ils se sont massivement expatriés dans les colonies et sur le continent, notamment à Marseille, Toulon et Nice : il y a ainsi deux fois plus de Corses sur le continent que dans l'île ! Ils régnaient dans l'ex-Indochine et en Afrique, en des endroits où ils pèsent encore. À la recherche d'emplois, ils ont en même temps investi les corps de l'État, à commencer par les douanes, la police et l'armée.

Quelle est votre lecture de l'assassinat du préfet Érignac, le 6 février 1998 ?

Le groupe qui s'en est pris à Claude Érignac était mû par des objectifs qui n'ont pas été découverts. Derrière le paravent du nationalisme se cachaient à mon sens d'autres mobiles et des intérêts plus mercantiles. Le préfet se montrait très sourcilleux en matière d'investissements immobiliers. Il s'est alors mis à dos beaucoup de monde dans l'île. Yvan Colonna, fils de mon ami Jean-Hugues Colonna, faisait-il partie du groupe ? Tout ce que je sais, c'est que le préfet ne s'est pas tué tout seul !

La première phase de l'enquête, sous la direction du ministre de l'Intérieur Jean-Pierre Chevènement, a donné lieu à quelques ratés qui ont laissé des cicatrices dans la police. Vous étiez alors aux premières loges...

Jean-Pierre Chevènement nous a rapidement alertés sur le fait que le préfet délégué en Corse, Bernard Bonnet, traquait lui aussi Yvan Colonna, le suspect manquant, avec l'aide des gendarmes et l'appui, disait-il, d'un indicateur qui lui était propre. Cela a débouché sur une guerre des polices, jusqu'au jour où le ministre nous a tous convoqués dans son bureau. Il y avait là Roger Marion, le numéro 2 de la PJ, Bernard Bonnet et moi-même. Chevènement a d'abord laissé la parole à son directeur de cabinet, Charles Barbeau, qui a expliqué en gros que chacun devait faire son métier et rien que son métier, en clair qu'un préfet n'avait pas à se mêler des affaires de police. Chevènement a tenu le même discours avec plus de rondeur, ajoutant que le préfet avait assez à faire avec la préservation du littoral, puis il nous a invités à passer à table dans ses appartements. Je me suis retrouvé à la droite de Bernard Bonnet. « On ne veut pas que je m'occupe des affaires de police, mais du littoral. Eh bien, je vais m'en occuper ! » me glissa-t-il entre deux plats. Il s'en est effectivement occupé, un peu trop, même, puisque des paillotes ont fini par prendre feu, avec tout le pataquès qui a suivi ! Les gendarmes ont laissé tellement de traces sur les lieux de leur forfait qu'on aurait dit l'histoire du Petit Poucet ! Les affaires politiques de haut niveau, ça n'est décidément pas fait pour eux !

Vous avez évoqué vos liens avec le père du suspect, Yvan Colonna. Faut-il voir là une explication au fait que vous avez été écarté de la traque coordonnée par Claude Guéant après l'arrivée au ministère de l'Intérieur de Nicolas Sarkozy, dont on se souvient combien il a misé politiquement sur l'arrestation du « berger de Cargèse » ?

J'ai explicitement été écarté des recherches parce que je connaissais Jean-Hugues Colonna, un Corse de Nice avec lequel je suis resté en termes amicaux jusqu'à aujourd'hui. Rétrospectivement, je pense que c'était bien ainsi : autrement, on m'aurait mis toutes les fuites sur le dos !

Tous les moyens de la police et de la gendarmerie ont été déployés pour retrouver le fugitif. Pour quelles raisons ?

L'assassinat d'un préfet, c'est l'État qui est touché. La mobilisation a-t-elle été excessive ? Parfois je me dis que l'on devrait se mobiliser tout autant pour l'assassinat du charcutier du coin, mais tous les assassinats ne peuvent à l'évidence être traités comme des affaires d'État. Le ministre de l'Intérieur a donné des instructions claires et précises pour que rien ne soit laissé au hasard : la police a appliqué la consigne à la lettre.

En évoquant l'arrestation de l'« assassin » du préfet, le ministre de l'Intérieur Nicolas Sarkozy n'a-t-il pas parlé un peu vite ?

Je pense que c'était un lapsus. Je n'avais d'ailleurs pas été invité à la conférence de presse destinée à célébrer cette arrestation. Je m'y suis invité tout seul.

Quand j'ai demandé une explication, on a évoqué une « erreur du secrétariat »... Je ne m'en étais pas mêlé, mais c'est tout de même grâce à un « tuyau » recueilli en prison par un fonctionnaire des Renseignements généraux que le fugitif a pu être interpellé !

La police s'est tout de même payé le luxe d'une guerre intestine pendant cette traque ! Toujours une affaire d'hommes ?

À l'époque, deux fortes personnalités émergeaient dans le paysage policier. D'un côté, vous aviez Roger Marion, l'homme fort de la Police judiciaire. De l'autre, vous aviez Bernard Squarcini, mon adjoint. Sur place, dans l'île, évoluait un troisième homme, le commissaire Dimitrius Dragacci. Ils ont effectivement passé pas mal de temps à ferrailler au cours de l'enquête, mais la Corse est source de tels conflits depuis Louis XV !

Que pensez-vous du procès en appel d'Yvan Colonna, au terme duquel celui qui est suspecté d'avoir tué le préfet Érignac a été condamné à la réclusion perpétuelle, assortie d'une peine de sûreté ?

L'affaire Colonna est un chef-d'œuvre de maladresse politique et judiciaire. Les magistrats, dont le corporatisme est bien connu (mais il n'y a pas qu'eux), se sont sentis ridiculisés durant le procès par une défense sans cesse au bord de l'insulte. Ils ont réagi en lui flanquant la peine maximale. On a eu le sentiment que la justice, après avoir pris des coups, se ressoudait autour de cette sanction exemplaire, manière en même temps de sauver la face du président de la cour d'assises. Je suis de ceux qui pensent que lorsqu'on ne dispose pas de preuves, on acquitte un suspect.

Quel a été l'impact politique de cette sentence dans l'île ?

Yvan et sa sœur Christine sont devenus des héros à la *Colomba*, le roman de Mérimée ! À un moment où les nationalistes étaient devenus ultra minoritaires, le résultat immédiat est que l'on a vu des Corses se ressouder, au-delà de leur appartenance politique, derrière le vieux sentiment antifrançais. À terme, les nationalistes peuvent y retrouver de la vigueur, d'où une relance du cycle des attentats, un terrorisme dont le mobile peut se résumer à l'obsession antifrançaise et à une forte hostilité envers les représentants de l'autorité.

Vous commentiez scrupuleusement, d'après ce qu'on peut lire de vos carnets, le moindre scrutin intervenu dans l'île. Par exemple : « Lassitude à l'égard des clans. Défiance à l'égard des listes traditionnelles claniques. » Et, plus loin : « Le natio *va devenir respectable. Très beau score. Pour la première fois,* ils *n'ont pas tiré un seul coup de feu. Faut-il continuer les attentats ? La question se pose dans le mouvement. » En 2003, vous semblez anticiper la phase que traverse l'île depuis la condamnation en appel d'Yvan Colonna : « Montée en puissance des jeunes, écrivez-vous. Les anciens n'y sont plus. Il y a une nouvelle génération. » Vous disposiez de solides informateurs sur place ?*

Je dialoguais avec un groupe d'intellectuels insulaires qui m'apportaient de vraies perspectives. Je leur avais donné par commodité un petit nom : « Jacqueline ».

« Talamoni arrêté avec un flingue. Pataquès », écrivez-vous encore dans un de ces brouillons. Aucun incident ne vous échappait...

Que Jean-Guy Talamoni, personnage central de la mouvance nationaliste corse, soit surpris avec une arme sur lui, cela méritait de retenir l'attention, même si le fait de disposer d'une arme, pour un Corse, c'est un peu comme pour un fumeur d'avoir un briquet sur lui.

Vous citez les noms des piliers du banditisme insulaire en région parisienne, mais vous vous intéressez également aux autres équipes implantées dans le sud-est de la France, à commencer par celle du parrain marseillais Francis le Belge, assassiné dans la capitale en septembre 2000. Pourquoi vous intéresser d'aussi près à ces « clients » de la Police judiciaire ?

Ces personnages sont moins éloignés de la sphère politique que le pape du lit nuptial ! Lorsqu'on s'intéresse aux affaires marseillaises, on ne peut faire l'impasse sur le milieu. La littérature et le cinéma ont popularisé ces images, mais je n'oublie jamais que Marseille est la première ville corse du continent. C'est là que sont implantés les réseaux les plus solides. La région PACA tout entière est concernée. Elle l'était en tout cas quand je suivais le dossier, quand elle était gouvernée par des hommes politiques fonctionnant eux aussi, si l'on peut dire, et chacun à sa manière, comme des « parrains », du Toulonnais Maurice Arreckx au Marseillais Gaston Defferre en passant par le Niçois Jacques Médecin. Dans cette région, vous avez tôt fait de vous retrouver dans des situations périlleuses, par exemple lorsque le frère du directeur de cabinet que vous venez de recruter à la mairie tombe en Espagne pour trafic de stupéfiants ! Vous n'y pouvez rien, mais cela peut vous coûter très cher, si vous ne voyez pas venir le coup. Dans le même registre, quelqu'un est un jour venu me raconter qu'une équipe à qui le ministère de l'Intérieur venait de refuser l'ouverture d'un casino envisageait de faire pression sur l'un des frères du ministre, en l'occurrence Guillaume Sarkozy, frère de Nicolas. Bluff ou réalité ? Si vous n'en tenez pas compte, si vous ne faites pas « remonter », en tant que directeur des RG, autant changer de métier !

Vous évoquez à ce propos une réunion à Bonifacio, avant de citer pêle-mêle un cercle de jeux parisien, un ancien maire de Figari, en Corse, une boîte de nuit de Porto-Vecchio connue pour ses accointances avec le grand banditisme insulaire. Quel crédit accorder à ce genre d'information ?

Lorsque j'ai eu connaissance de possibles pressions exercées sur ou contre Guillaume Sarkozy, j'ai aussitôt rédigé une note à l'intention du ministre. L'objectif n'était aucunement de le noircir, mais bel et bien de le protéger. Les jeux étaient entre les mains de voyous. Nous devions constamment veiller aux jonctions qu'ils cherchaient à établir avec la sphère politique, désireux qu'ils étaient de voir prospérer leurs affaires.

Vous évoquez dans un autre passage accessible de vos carnets une rencontre entre Jean-Claude Méry et Francis le Belge. Le premier est alors soupçonné d'être l'un des financiers occultes de la chiraquie ; le second est l'une des principales figures du milieu marseillais. Une rencontre, écrivez-vous, organisée sous l'égide de la « Brise de mer », considérée comme la bande la mieux structurée du remuant milieu corse. Est-on là dans la fiction ?

La scène peut paraître totalement improbable aux yeux du novice, mais l'informateur qui me la rapporta était un garçon assez crédible. Elle montre que dans ce pays le financement occulte de la politique et ses réseaux ne sont jamais bien loin du grand banditisme. Dans cette zone grise sont susceptibles de surgir toutes sortes de chantages dans lesquels peuvent se retrouver impliqués des ministres de la République, voire le Président lui-même, en l'occurrence, puisque Jean-Claude Méry fréquentait le bureau de Jacques Chirac à la Mairie de Paris. Un grand voyou marseillais n'a-t-il pas confié un jour à un juge, qui me l'a rapporté, qu'il avait, par l'entremise de l'un de ses amis, un accès direct à François Mitterrand ? C'est le genre de renseignement qui me mettait en joie. C'est autre chose que d'avoir dix minutes d'avance par rapport à l'AFP sur une information quelconque !

Vous mentionnez, dans les pages disponibles de vos brouillons, aussi bien la libération d'un ancien de la « French Connection » que l'arrestation d'un évadé, ou la date du retour en Corse du leader nationaliste Alain Orsoni après des années d'exil au Nicaragua. Pourquoi ?

Tous ces événements pouvaient avoir des conséquences importantes, que ce soit la libération de quelqu'un qui était considéré comme un « gros poisson » dans le département du Var, ou l'arrestation d'un type en cavale. Quant au retour dans le « jeu corse » d'un personnage du calibre d'Orsoni, j'aurais eu tort de ne pas le mentionner quand on voit qu'il a fait récemment l'objet d'une tentative d'assassinat avant d'être lui-même soupçonné dans une affaire de règlement de comptes.

Vous vous intéressez également aux points de rencontre entre le milieu et le football. Vous évoquez notamment des « services » rendus par des voyous toulonnais à un grand club sportif local, et vous revenez à plusieurs reprises sur les comptes de l'Olympique de Marseille. Jeux de ballon, jeux dangereux ?

L'OM, c'est d'abord beaucoup d'argent. Cela vous étonne que le milieu s'y intéresse ? Les clubs ont toujours attiré des hommes d'affaires aux contours pas très nets. Sachant l'énorme public qu'ils drainent, nous ne pouvions nous en désintéresser totalement.

À vous lire, l'une des explications de l'assassinat de la députée varoise Yann Piat tiendrait au fait qu'elle était « en guerre contre les casinos ». Une hypothèse sérieuse ?

Des courriers tombés entre les mains d'un juge laissaient entendre qu'elle s'était déclarée hostile au projet d'installation d'un casino sur la commune du Lavandou, et d'un autre sur la commune d'Hyères. Les enjeux financiers étaient importants pour le milieu. C'était là une hypothèse à prendre en compte.

À plusieurs reprises, à propos du Var, vous revenez sur les liens entre les voyous du cru et le milieu politique local, en particulier le RPR. Y avait-il là une forme de connivence, comme il avait existé des « passerelles » entre le parrain varois Jean-Louis Fargette et le maire UDF de Toulon ?

Les noms de plusieurs caciques du RPR revenaient sans cesse sur le tapis quand on parlait de ce département. Des investissements lourds étaient programmés, notamment dans les casinos, impliquant le milieu corse. Je n'ai pas pu pousser l'enquête plus avant.

Pensez-vous que l'on a fait porter un chapeau trop large à Gérard Finale, condamné pour l'assassinat de Yann Piat ?

Certaines sources, à l'époque, nous le disaient. Il était notamment question de lettres échangées entre les frères Saincené, morts « suicidés » tous les deux, et Yann Piat, courriers qui auraient mystérieusement disparu. Un coupable a finalement été arrêté, une petite pointure, sans que la démonstration de sa culpabilité ait été vraiment flagrante. De plus hauts personnages tiraient-ils les ficelles ? Rien ne m'aurait surpris, venant de cette région PACA qui est un peu notre république bananière. Je n'irai pas jusqu'à dire qu'elle était, à l'époque, complètement gangrenée, mais on n'était pas loin d'une situation à l'italienne. Cela dit, j'ai vu tellement de saloperies, durant ces années à la tête des RG, que je ne vais pas me mettre chaque fois à pleurer ! D'ailleurs, le Languedoc-Roussillon voisin ne me paraissait pas mieux loti. Je faisais des notes ; à d'autres de mener les enquêtes judiciaires !

La Provence, c'est tout de même votre région. Or vous en brossez un tableau assez sombre...

Au bac, j'ai pris l'option « provençal ». Mon père le parlait couramment. Je connais suffisamment la région pour vous dire qu'il ne faut pas non plus verser dans la caricature. Au-delà du mythe indestructible, Marseille, c'est aussi une bourgeoisie locale aussi honnête que fermée.

CHAPITRE 15

Comploteurs, imposteurs et autres délateurs

« Le renseignement les attire... »

Avez-vous croisé sur votre chemin beaucoup de « malades » du renseignement ?

Les fous, les mythomanes, les névropathes courent les rues, c'est bien connu. J'en ai rencontré des tonnes ! Le renseignement les attire. Je ne sais pour quelle raison, mais j'ai pu le constater maintes fois à mes dépens. Ils sont parfois assez difficiles à détecter au premier abord, mais, avec l'expérience, je les démasquais assez rapidement et les tenais à distance.

Pourquoi les RG les attiraient-ils ainsi ?

Le renseignement, c'est savoir. Ces gens-là prétendent en général tout savoir. Ils vous annoncent des attentats qui n'ont jamais lieu. Quand la mythomanie s'ajoute à la mégalomanie, cela donne parfois des choses extraordinaires. Dans le milieu de la presse, j'en ai croisé quelques-uns qui avaient ce genre de profil. Dans la police aussi. Malheureusement, il y a toujours une fraction de l'opinion publique pour les croire.

Pour quelles raisons les théories les plus fumeuses rencontrent-elles un pareil écho ?

Les gens n'aiment pas les réponses trop simples. Ils sont prêts à ajouter foi aux explications comportant une connotation mystérieuse, voire mystique, même si elles n'ont rien à voir avec la réalité. Ils ont souvent à l'esprit l'idée qu'on leur cache quelque chose. Ils sont persuadés, ce qui est parfois vrai, qu'on ne leur dit pas tout. Il y a ainsi un certain nombre de mythes qui reviennent périodiquement à la surface, comme celui des femmes disparues du Loiret. J'ai eu l'occasion de vérifier par moi-même, y compris à mes dépens, qu'il y avait un goût prononcé pour ce genre de légendes. Si l'on m'a taillé une réputation de « monteur de coups sulfureux », c'est aussi que cela plaisait aux lecteurs. Les mythomanes vous fabriquent des complots à longueur de journée. Ils foisonnent autour des métiers liés au renseignement. Je ne dis pas qu'il n'existe pas d'histoires tordues dans le monde réel, mais ces personnages-là polluent le paysage. J'ai passé mon temps à les tenir à distance de mon service. Malheureusement, il existe au sein de l'opinion une minorité non négligeable pour croire à toutes ces billevesées. Certains sites Internet surfent sur le déclin de la presse audiovisuelle pour accorder un large écho à cette théorie du complot permanent. La nomination des présidents de chaînes de télévision par l'Élysée risque d'ailleurs d'accentuer l'émergence, aux marges du paysage audiovisuel français, des paranos et des manchots de tout poil.

Pour un homme du renseignement, n'y a-t-il pas là de quoi perdre le fil de ses brouillons ?

La raison est toujours perdante face à ces dérives. Beaucoup de gens rejettent le cartésianisme. Avec Internet, on assiste aujourd'hui à une amplification de ce phénomène. Les imposteurs, paranoïaques et autres comploteurs délirants ont trouvé la caisse de résonance qui leur manquait. Pour exister, certains sites n'ont pas d'autre issue que de multiplier des « scoops » qui se révèlent deux fois sur trois complètement « bidon ». Cela finira d'ailleurs par dévaluer la profession de journaliste.

Comment faisiez-vous le tri, à la direction des RG ?

Le tri, je l'effectuais en fonction de la source. Je les classais en trois catégories : les sources peu fiables, les sources de valeur moyenne, les valeurs sûres. La frontière est parfois difficile à établir entre l'imposteur et le malade. Les services de renseignement ne sont pas fondés à engager des procédures judiciaires ; ce ne sont pas non plus des psy. Les plus redoutables, pour nous, c'étaient les mythomanes. Les plus dangereux, c'étaient les paranoïaques, susceptibles de commettre énormément de dégâts, y compris collatéraux. J'ai récemment eu l'occasion de regarder, sur France 2, une très belle et très objective émission sur la mort de l'ancien Premier ministre Pierre Bérégovoy. Les auteurs du reportage ont néanmoins été contraints de donner la parole aux tenants de la thèse de l'assassinat, parmi lesquels un fonctionnaire de police aujourd'hui révoqué. Cet homme, que l'on pourrait qualifier de « révisionniste » ou tout simplement de « névropathe », avait soutenu que les attentats du 11 septembre 2001 n'avaient pas eu lieu, et il est bien sûr convaincu que Pierre Bérégovoy a été assassiné, tout comme François de Grossouvre, l'ancien conseiller de François Mitterrand. J'ai pour ma part adopté une position très ferme face à ces personnages qui contribuent à discréditer la recherche de la vérité historique.

À quoi reconnaît-on l'imposteur ?

C'est celui qui fabrique une histoire fausse, un mythe, une légende à partir de faits réels. Comme ils sont tenaces, ils reviennent souvent à la charge, aussi finissait-on par les connaître. L'imposture est pour eux une façon d'exister. L'ennui est que l'imposteur vous oblige à tout vérifier. Si vous ne le faites pas, vous prenez le risque d'être pris en défaut. Quelquefois, une information a l'air « bidon », mais elle est vraie. D'autres fois, elle a l'air crédible, mais elle est « bidon ». L'imposteur a une durée de vie assez courte, mais, en attendant, il vous accapare. S'il vous dit qu'il y a des micros partout, vous devez y aller voir. S'il vous annonce que l'on va assassiner le président de la République, vous le prenez d'abord forcément au sérieux. Il y a toujours une place pour ceux qui débordent d'imagination.

Je me souviens d'une histoire qui a beaucoup mobilisé mon ancien service, au printemps de 2002. Dans le quotidien *Sud-Ouest*, Marie Laforêt, alias « la Fille aux yeux d'or », avait évoqué la rocambolesque affaire Schuller à laquelle elle s'était retrouvée mêlée malgré elle. L'ancien élu des Hauts-de-Seine, Didier

Schuller, réputé proche de Charles Pasqua, l'avait accusée d'avoir manipulé son fils pour l'inciter à divulguer le lieu où il avait trouvé refuge. Dans le désordre apparaissaient un membre de la Grande Loge nationale de France, un membre d'un groupuscule d'extrême droite que d'aucuns accusaient d'être une secte, et, cerise sur le gâteau, l'Ordre du Temple solaire, secte entraînée par son gourou dans un suicide collectif, dont Marie Laforêt révélait au passage le nom du véritable maître. Je pense qu'elle avait été abusée, dans cette histoire. Nous étions là très au-delà du romanesque. L'affaire était d'ailleurs si compliquée que nous avons renoncé à en démêler l'écheveau...

Il y avait donc des imposteurs jusque dans votre propre service...

Il y en a toujours eu quelques-uns. On les écoutait poliment, puis ils regagnaient leur bureau. Parfois ils vous échappent complètement, comme cet ancien de la maison, venu me dire un jour qu'il s'apprêtait à partir en voyage du côté du Venezuela. Une rumeur circulait à l'époque selon laquelle le nationaliste corse Yvan Colonna pouvait séjourner là-bas. La PJ était déjà sur le coup, mais je lui ai suggéré de déployer en grand ses antennes lors de son séjour sur place. Quand il a rapporté l'anecdote, quelques années plus tard, il s'est targué d'avoir réalisé une « mission spéciale » en Amérique latine ! Des Pieds nickelés dans le genre, j'en ai croisé un certain nombre dans nos propres murs. J'ai même croisé quelques hauts fonctionnaires qui avaient perdu un peu de leur raison en accédant à d'importantes fonctions dans le renseignement. Un préfet mal préparé, propulsé dans ce monde ténébreux et tordu, risque d'y perdre son latin. Il peut tomber dans une forme de fascination et finir par ressembler à ces hommes qui se retournent sur toutes les femmes croisées dans la rue...

Que dire des gendarmes Christian Prouteau et Paul Barril qui impliquèrent l'Élysée, sous François Mitterrand, dans la fameuse affaire des « Irlandais de Vincennes », l'arrestation à grand spectacle d'une prétendue équipe terroriste ?

Ce n'était pas seulement une imposture : c'était une opération de piètre qualité, un montage grossier qui n'a pas longtemps résisté à l'analyse. Déposer des explosifs pour coffrer son client, ça relève du pire de l'amateurisme. Les gendarmes se sont ridiculisés, tout comme ils se sont ridiculisés dans l'affaire des paillotes corses en y mettant le feu sans prendre en compte l'orientation du vent. Je connais bien la naïveté des militaires, depuis l'époque de l'OAS. L'erreur, c'est François Mitterrand qui l'a cependant commise en voulant faire de ces militaires des spécialistes du renseignement. Je ne me lancerais personnellement ni dans la triperie, ni dans la pâtisserie fine : à chacun son métier !

Paul Barril m'a un jour entraîné dans une invraisemblable histoire de « boîte noire », à un moment où il n'appartenait déjà plus à la cellule élyséenne, mais continuait à œuvrer dans le renseignement tous azimuts. Ce jour-là, il m'a appelé pour m'annoncer qu'il avait récupéré la « boîte noire » d'un avion tombé dans le désert du Ténéré, élément matériel essentiel pour comprendre les dysfonctionnements qui avaient causé la chute de l'appareil. Le capitaine se disait prêt à me la remettre afin que je la transmette au cabinet de Charles Pasqua, alors ministre de l'Intérieur [entre le printemps 1993 et le printemps 1995]. J'ai fait part de cette proposition à Daniel Léandri, le conseiller du ministre, qui, avec son scepticisme légendaire – que je partageais –, m'a répondu : « Donne toujours, on verra. » Le jour de la remise de la « boîte noire » a été fixé. Elle a eu lieu chez Jean-Pierre Murciano, juge d'instruction à Grasse, un de nos amis communs, en présence de son épouse, juge des enfants, et d'une autre juge d'instruction du tribunal de grande instance. Barril est arrivé à l'heure dite, harnaché comme Batman, et m'a remis solennellement la « boîte noire » censée nous dire s'il s'agissait d'un accident ou d'un attentat, comme certains le supputaient. Il s'agissait en fait d'une boîte en carton de couleur noire, plus petite qu'une boîte à chaussures, mais plus grosse qu'une boîte de cirage. Rien d'exploitable. Fort heureusement, ni Léandri ni moi-même n'avions été dupes.

L'argent entre-t-il parfois en jeu ?

Oui, il faut aussi compter avec les escrocs au renseignement. Ils ne viennent pas vous voir sur un coup de folie, mais pour vous soutirer de l'argent. Une fois, nous avons été assez naïfs, mon adjoint et moi, pour prendre au sérieux un type qui prétendait nous livrer des renseignements sur un attentat en préparation. C'est le directeur général de la Police, Patrice Bergougnoux, qui a « senti la patate » : tout était bidon !

On vous a maintes fois accusé d'être à l'origine d'un complot contre telle ou telle personnalité que vous auriez décidé d'« abattre ». L'un des exemples les plus flagrants est celui de l'affaire de l'Angolagate dont plusieurs protagonistes ont crié à la manipulation. Principale accusation : au cours de contacts répétés avec le juge d'instruction Philippe Courroye, vous auriez orienté l'enquête en direction de l'équipe Pasqua. Une réaction, puisque vous n'avez pas souhaité témoigner au procès ?

Je n'ai rencontré Philippe Courroye qu'une fois dans ma vie, le 17 janvier 2002, lorsqu'il m'a convoqué dans le cadre de son enquête sur le casino d'Annemasse qui mettait en cause Charles Pasqua et quelques-uns de ses proches. Il m'a entendu durant environ une heure et demie. Je lui ai ensuite téléphoné une ou deux fois pour lui apporter des précisions sur cette affaire de jeux. Les autres rencontres que l'on nous prête n'ont jamais existé, et contrairement à ce que certains ont cru deviner en décryptant mes carnets, je ne me suis jamais rendu à son domicile. Les *Fables* de la Fontaine, vous savez, ce n'est pas mon genre de littérature !

Vous auriez agi, ont expliqué vos détracteurs à longueur de livres, d'interviews et de notes, pour « tuer » Charles Pasqua, un « meurtre symbolique » qui passait notamment par l'avocat fiscaliste Alain Guilloux et deux de ses clients, les hommes d'affaires Pierre Falcone et Arcady Gaydamak...

Je n'ai pas davantage rencontré Pierre Falcone qu'Arcady Gaydamak dont je sais simplement qu'il était en relation avec mon ami Jean-Charles Marchiani. J'ai probablement pris de nombreuses notes à leur sujet dans mes brouillons, parce que c'était l'affaire du moment, celle dont tout le monde parlait. Ce qui ne veut pas dire, je le répète, que j'aie exploité ces notes. Je ne connais pas davantage l'avocat fiscaliste Alain Guilloux, dont je ne comprends pas pourquoi il me considère comme son pire ennemi. Je ne peux me défendre contre des accusations de ce genre, pas plus que je ne peux me défendre contre les déclarations les plus énormes d'Imad Lahoud dans l'affaire Clearstream. Attaquer les RG est peut-être perçu par certains comme un bon moyen de défense. On invente des histoires qui tiennent apparemment la route, mais qui résistent mal à l'analyse. On essaie de miser sur ma notoriété, puis, quand elle se sera estompée, on trouvera quelqu'un d'autre.

D'autres personnes sont convaincues que vous avez comploté contre elles, à l'instar de l'ancien ministre de la Défense François Léotard. Il a toujours considéré que vous étiez pour quelque chose dans les révélations d'un livre le présentant comme l'un des commanditaires de l'assassinat de la députée varoise Yann Piat. Encore un complot inventé de toutes pièces ?

François Léotard m'a effectivement pris en grippe parce qu'il était persuadé que j'avais travaillé là contre lui. J'étais effectivement proche de l'un des deux auteurs du livre, André Rougeot, alors journaliste au *Canard enchaîné*, garçon doué d'un humour extraordinaire et d'une excellente plume. Mais, s'il avait pris la peine de venir m'exposer sa thèse dans cette affaire, je l'aurais probablement dissuadé de suivre cette piste, parce qu'elle était complètement bidon. Il suffisait de se pencher un instant sur le profil de son principal informateur – un général en pantoufles qui avait inventé le moteur à eau dans les années 1950 ! – pour comprendre que ça ne tenait pas la route. Je me souviens d'avoir rencontré l'un des proches de ce général dans l'arrière-pays grassois où j'étais en vacances. « Tu as affaire à une bande de fous », m'a dit ma compagne qui était à mes côtés. Je ne suis en fait pour rien dans ce dérapage intégral, n'en déplaise à François Léotard. Ou alors il faut me mettre derrière tous les journalistes qui ont pété les plombs au cours de ces trente dernières années !

Parfois, une rumeur peut s'avérer mortelle pour celui qu'elle vise. Comment fonctionne dans ce pays la « machine à rumeurs » ?

Une cinquantaine de personnes manipulent à elles seules l'opinion publique. Il suffit d'un article paru dans la presse nationale pour qu'il soit repris et touche tous les publics, dans tout le pays, par le relais de la presse régionale. Au bout de la rumeur, Pierre Bérégovoy s'est suicidé, n'en déplaise à tous ceux qui se sont arc-boutés sur la thèse de l'assassinat. Une rumeur peut tuer la réputation d'un homme, elle peut aussi le tuer tout simplement. La rumeur avance « en escalier ». Elle est utilisée par certains comme une arme de communication. L'objectif est en général la destruction politique de celui qu'elle vise. Dominique Baudis en a fait l'amère expérience lorsqu'on a cherché à l'impliquer dans l'affaire Patrice Allègre, à Toulouse. La rumeur était devenue information sans que rien n'ait été recoupé. L'improbable, autrement dit l'implication de cet homme politique dans de scabreux crimes sexuels, était devenu « probable » avant de devenir une « vérité » relayée par presque toute la presse. Un piège infernal ! Un calvaire ! Faites courir le bruit que tel notable est pédophile, et vous êtes sûr et certain de le déstabiliser.

La rumeur est aussi une arme économique. Il suffit de laisser entendre que tel médicament a tué des patients pour briser la réputation d'un laboratoire concurrent. Si, en plus, les RG font une note, votre rumeur est promue au rang d'information ! On appelle cela l'« intelligence économique », mais il y a trop de noblesse dans ce vocable pour qu'il recouvre de pareils agissements. L'intelligence économique n'est souvent que l'art de déstabiliser un concurrent. C'est aussi un domaine où foisonnent les imposteurs. On se cache derrière l'intelligence économique pour espionner le rival et lui piquer ses brevets. On vend très cher à ses clients des informations que chacun peut trouver gratis sur Internet !

L'imposture en politique, qu'est-ce que c'est ?

Du point de vue du langage, Nicolas Sarkozy constitue une exception au sein de nos élites. Le Président parle ou prétend parler le langage du peuple. Ses propos sont émaillés de fautes de syntaxe et d'approximations à faire blêmir ou rougir les grammairiens. Veut-il se donner l'apparence de quelqu'un qui sait parler aux « petites gens », ou bien ses fautes sont-elles involontaires ? Quoi qu'il en soit, je préfère ce « parler vrai » au langage trop châtié ou aux formules ampoulées d'un Balladur ou d'un Giscard d'Estaing. Le style finit par peser lourd dans les urnes. Les femmes plus que les hommes avaient remarqué l'élégance vestimentaire de Balladur, qui n'en faisait pas un fidèle client de chez Tati. C'était une façon comme une autre de perdre les élections. Giscard, lui, a fait oublier sa préciosité derrière une maîtrise consommée de la communication. Simple et direct, il donnait l'impression aux auditeurs d'être tous très intelligents, ce qui est une autre forme d'imposture. Un destin national, dans ce pays, ne se forge pas en quelques jours. Il faut apprendre le « ras des pâquerettes » avant de pouvoir évoluer sous les lambris de l'Élysée. « Consommer un blanc sec et écouter Radio tout le monde, je saurai faire », m'avait dit un jour un homme politique de haut niveau qui aspirait à devenir homme d'État. « Je n'en suis pas si sûr, lui avais-je répondu, car il s'agit d'un vrai métier. » Il ne m'a pas cru, et il n'a jamais été Président. La stature d'homme d'État ne s'acquiert qu'en période de crise. Le général de Gaulle est revenu au pouvoir à la faveur de la crise de mai 1958, alors qu'il avait contre lui la médiocre classe politique issue de la IVe République. Je me souviens de l'une de ses secrétaires particulières, une vieille dame que j'ai revue plus tard. « Nous écrivions sur le dos des enveloppes pour faire des économies », m'a-t-elle raconté. Encore une question de style...

Un mot sur les « corbeaux », volatiles apparemment pas en voie de disparition, dans l'Hexagone. Comment traitiez-vous les lettres de délation qui parvenaient aux RG ?

Les RG ayant toujours focalisé l'attention, des lettres anonymes, on en recevait à la pelle ! Huit fois sur dix, elles émanaient de dingues. Dans les deux cas restants, il y avait des éléments qui méritaient d'être vérifiés. En voyant l'enveloppe, vous saviez déjà si vous aviez affaire à un malade mental ou à quelqu'un de sérieux. J'ai remarqué que les périodes de crise généraient une anxiété entraînant des actes de délation, mais je veux m'arrêter ici un instant sur une question de vocabulaire. Un article du Code pénal impose aux gens de révéler les infractions dont ils ont connaissance. Entre cette obligation légale et la dénonciation calomnieuse, il y a une frontière ! Dans des périodes extrêmes, la délation peut conduire des femmes et des hommes à Auschwitz. Un regain de la délation signifie pour moi que la démocratie est malade. Pendant l'Occupation, la Gestapo n'avait pas grand mérite : les gens venaient dénoncer leurs voisins. Il est bien plus difficile de travailler aujourd'hui dans un département comme la Corse !

Qui « balance » ?

Sous l'Occupation, rares étaient ceux qui dénonçaient parce qu'ils épousaient l'idéologie national-socialiste. Aujourd'hui, on ne dénonce pas davantage par conviction politique. De nombreuses dénonciations abusives surgissent dans le cadre de litiges d'ordre privé, de contentieux financiers, notamment à l'occasion d'une succession ou d'un divorce.

Chapitre 16

Réseaux, loges et chapelles

« Je ne suis pas maçon. »

Question obligatoire : êtes-vous franc-maçon, monsieur Yves Bertrand ?

Je ne suis pas franc-maçon ! C'est un choix personnel : je ne suis membre d'aucune chapelle. On dit qu'il faut suivre une filière pour accéder à certains postes. Je ne l'ai pas fait. On m'a proposé à trois reprises d'entrer dans la maçonnerie, par trois fois j'ai dit non. Je n'ai aucune animosité vis-à-vis des francs-maçons : j'ai décliné l'offre pour conserver toute ma liberté de pensée et d'action.

Dans quel contexte vous a-t-on proposé d'entrer en loge ?

En 1969, élève commissaire de police à l'école de Saint-Cyr-au-Mont-d'Or, j'ai été approché par un collègue issu du rang qui m'a proposé d'adhérer au Grand Orient. Il s'agissait d'un ancien officier de paix, jusque-là capitaine de CRS, ce qui n'est pas sans importance, car j'ai découvert, au fil des ans, l'influence maçonnique à tous les échelons de la police. Commissaires, inspecteurs (devenus officiers en 1995), gradés et gardiens, tout le monde est concerné. Le phénomène est ancien et remonte à la IIIe République. Mais l'âge d'or de la maçonnerie, dans notre institution, a été la IVe République durant laquelle les « frères » étaient particulièrement bien implantés au sein de la Préfecture de police de Paris. Un sous-brigadier pouvait avoir plus de pouvoir qu'un commissaire en fonction de son rang dans la hiérarchie maçonnique. Une certaine forme de déclin a été perceptible à partir de 1958, avec le retour aux affaires du général de Gaulle. Il n'aimait guère les francs-maçons, et cela se savait dans les rangs. En 1973, un commissaire divisionnaire qui était mon supérieur à la direction centrale des RG m'a avoué avoir déchiré sa carte d'affiliation dès l'investiture du Général.

Malgré tout, l'influence maçonnique a perduré dans la police. La réforme initiée par Raymond

Marcellin, visant à fusionner la Préfecture de police et la Sûreté nationale au sein de la Direction générale de la police nationale, n'a guère modifié les choses, la Préfecture ayant conservé son autonomie. Seule la gestion des corps a été unifiée, avec des commissions administratives paritaires communes et des comités techniques paritaires communs. Ce fait est capital, car les syndicats de police sont devenus encore plus puissants et les francs-maçons ont pris en leur sein une importance considérable. C'était le cas dans la tenue, au temps de la toute-puissance du Syndicat général de la police (SGP) et du Syndicat national de la police en tenue (SNPT), impliqués, comme je vous le disais, dans une véritable cogestion du ministère de l'Intérieur à partir de l'arrivée au pouvoir des socialistes en 1981. Les maçons étaient également très présents au sein des institutions mutualistes de la police et dans les rangs du Syndicat national autonome des personnels en civil, alors majoritaire chez les civils. Le paysage syndical s'est bien transformé depuis lors et l'heure n'est plus tout à fait à la cogestion. La Grande Loge nationale de France (GLNF) continue cependant à bénéficier d'une excellente audience dans la police, devant le Grand Orient de France (GOF) et la Grande Loge (GL).

Les francs-maçons ont-ils le pouvoir occulte qu'on leur prête ?

Je sais que « les francs-maçons » font vendre les magazines à égalité avec le « vrai salaire des cadres » et les « cours de l'immobilier », mais il ne faut pas surestimer leur pouvoir. Ce ne sont pas les maîtres tout-puissants de la République. Ils exercent certes une influence notable, mais ils font partie de l'édifice républicain. Pourquoi le mettraient-ils en péril ? La région où ils exercent la plus forte emprise est probablement le sud-est de la France. Ils sont également très présents dans le Sud-Ouest, et bien sûr dans la capitale. Certains accusent la maçonnerie d'être le creuset de tous les trafics d'influence. L'accusation vaut pour bien d'autres associations. Je pense que la franc-maçonnerie est surtout victime de ses pratiques, en particulier de son culte du secret, ainsi que des dérives individuelles de certains de ses membres.

Avez-vous eu le sentiment, au moins une fois, d'être en quelque sorte « doublé » par les francs-maçons dans l'exercice de votre métier ?

Un jour, j'ai découvert que l'un de mes fonctionnaires avait pris sur lui, en tant que franc-maçon, de participer à une réunion au sommet avec des nationalistes corses. À l'époque, Lionel Jospin était Premier ministre et l'objectif était d'amener les Corses à la table des négociations. Ce n'était pas si absurde, les Corses étant très attirés par la maçonnerie, probablement à cause d'un côté clanique dans lequel ils se retrouvent facilement. Le policier y est allé seul, de son propre chef. Lorsque j'en ai eu vent, je suis aussitôt allé en parler au ministre de l'Intérieur, Jean-Pierre Chevènement, mais il était déjà au courant par ses propres réseaux.

Les RG travaillaient-ils à votre époque sur la franc-maçonnerie ?

Depuis la IVe République, une déontologie constante veut que les RG ne suivent pas la franc-maçonnerie. Ç'aurait été d'autant plus délicat qu'un nombre important de nos fonctionnaires étaient eux-mêmes maçons. Je ne me souviens pas d'avoir écrit une seule note sur le sujet, même si nous nous intéressions évidemment au profil des grands maîtres à venir, ainsi qu'aux querelles internes lorsqu'elles risquaient de déboucher sur une intervention de la justice. L'eussé-je fait, ma note se serait à coup sûr retrouvée aussitôt aux mains des membres de la loge concernée. La franc-maçonnerie n'est pas une secte, pas plus dans la police que dans les rangs de la justice ou de l'Éducation nationale où elle est également très implantée. Elle se réclame de valeurs humanistes, laïques et républicaines, que nul ne peut contester.

La France est un pays de clubs, de clans et de réseaux. D'où vient cette tradition ?

La gauche française entretient une véritable culture de la division interne. La SFIO, ancêtre du Parti socialiste, est devenue une organisation fantomatique à cause de son éclatement en de multiples clubs. Il a fallu le congrès d'Épinay et François Mitterrand pour en ressouder les rangs. La gauche est de nouveau gagnée aujourd'hui par ce syndrome faute d'avoir à sa tête un chef charismatique. Laurent Fabius aurait pu relever le défi, le côté lyrique de Mitterrand en moins, mais il a été freiné dans sa course par l'affaire du sang contaminé. La période de la guerre froide a été elle aussi particulièrement fertile en ce domaine, avec la « Main rouge » qui luttait contre ce qu'elle appelait l'« ennemi de l'intérieur », autrement dit les groupes nationalistes qui émergeaient d'un bout à l'autre du Maghreb. Les spécialistes du renseignement se souviennent également du réseau « Gladio », créé de toutes pièces par les Américains et destiné à combattre la menace de dérive bolchevique qui guettait, selon eux, l'Europe. Les réseaux religieux sont également puissants dans notre pays : je pense à l'Opus Dei, mais aussi aux Jésuites et aux Dominicains. Le culte du réseau est inscrit dans notre mentalité, les Aveyronnais sont également bien placés pour le savoir, eux qui avaient monté un système de prêt gratuit pour permettre aux jeunes de prendre pied dans le marché parisien des brasseries. La dérive autoritaire du pouvoir à laquelle nous assistons actuellement, avec l'affaiblissement des contre-pouvoirs officiels, est évidemment susceptible d'alimenter et relancer la mode des réseaux.

Vous n'avez été membre d'aucune chapelle, disiez-vous. Soit, mais n'avez-vous pas appartenu à l'un de ces réseaux dont la France raffole ?

J'ai eu la chance d'appartenir à une institution qui, je m'en suis aperçu après coup, fonctionne comme le foyer d'un véritable réseau : l'Institut des hautes études de défense nationale. J'ai suivi la session 1987-88, parrainé par un personnage prestigieux, Philippe Massoni, qui était alors directeur central des RG et dont j'étais le chef d'état-major. Cette session s'est révélée pour moi comme une aubaine, grâce au tissu relationnel qu'elle m'a permis de nouer au sein de l'armée, mais aussi dans diverses strates de la société civile. L'armée est un monde très solidaire où l'on se donne du « camarade », comme au Parti communiste, où l'on s'entraide, avec des sous-réseaux puissants, à commencer par celui de la Marine. La France est traversée d'associations d'anciens des grandes écoles, de l'Essec à SupdeCo, de Polytechnique aux Mines et à Sciences Po, sans oublier l'étroite tutelle des anciens de l'ENA sur la haute fonction publique.

Qu'en est-il des réseaux plus clandestins ?

Si l'on quitte la sphère officielle, on pénètre dans un monde plus souterrain, voire clandestin, mais il convient de se méfier de ces termes-là. À force d'être souterrains, on peut se demander si certains réseaux évoqués çà et là existent vraiment, ou si l'on n'a pas affaire à des mythes, surtout quand le pouvoir politique saute sur l'occasion pour lancer des opérations de répression contre de prétendues « taupes » et leurs présumés chefs.

Pourquoi le suivi des cultes et des Églises relevait-il des RG ?

Le bureau des cultes relève traditionnellement du ministère de l'Intérieur.

Toutes les religions, qu'elles soient dominantes ou minoritaires, sont susceptibles d'engendrer des scissions, des groupes à risques, des fanatismes pouvant aller jusqu'au terrorisme. Les RG se devaient évidemment de garder un œil attentif sur les cultes issus du tronc commun chrétien, mais également sur la communauté musulmane, les hindouistes, voire les animistes africains qui, pour la plupart, ont résisté à la conversion au christianisme imposée par le colonisateur. J'avais des contacts réguliers avec les catholiques de la fraternité sacerdotale Saint Pie X, rangés sous la bannière de Mgr Lefebvre. Ils avaient investi l'église Saint-Nicolas-du-Chardonnet et quelques autres lieux de culte en province. Ils étaient en opposition avec le concile Vatican II sur le plan théologique et liturgique, mais l'opinion n'en retenait que quelques aspects rituels, comme le port de la soutane ou la messe en latin. Considérés comme des hérétiques par l'Église catholique conciliaire, ces intégristes s'estimaient victimes de persécutions. À la différence des traditionalistes, ils avaient coupé le lien avec Rome, mais peu de catholiques comprenaient ce subtil distinguo entre « intégristes » et « tradis ». Je me souviens d'avoir été invité dans un restaurant de la rue du Bac par deux de leurs représentants, l'abbé Laurens et l'abbé Laurençon. J'ai attendu la fin du bénédicité pour souper avec eux dans une excellente ambiance ! J'ai été surpris, je le confesse, par leur mélange de piété et d'ouverture d'esprit, mais n'en concluez pas que je sois devenu pour autant partisan de l'Inquisition : c'est le contraire !

Comment avez-vous noué des liens avec la communauté musulmane ?

Mon premier contact avec l'islam remonte à 1988. Jacques Fournet, qui dirigeait le service, m'avait chargé de prendre langue avec les Frères musulmans. Ceux qui sont venus à ma rencontre n'étaient ni des radicaux, ni des fanatiques, même s'ils faisaient montre d'une grande religiosité. J'ai été frappé par le nombre important de neurochirurgiens parmi eux. Ils officiaient dans les hôpitaux de Marseille, Lyon ou Paris, et tous étaient aussi courtois que mesurés et intelligents, n'hésitant pas, au cours de nos conversations, à dénoncer l'usage de la violence au nom de la religion. Je n'étais cependant pas complètement naïf, sachant que les théories des Frères musulmans portaient les germes d'un radicalisme qui avait déjà fait ses preuves en Égypte où ils avaient mené une lutte acharnée contre le régime laïc, ou encore en Turquie où les fondamentalistes s'étaient mis à attaquer vigoureusement le kémalisme. Ce qui se passe actuellement dans le sous-continent indien illustre cette permanence d'un radicalisme qui ne baisse pas les armes et qui mérite qu'on le suive de très près.

Les anticléricaux ont longtemps été une cible de choix des RG...

Fondé sur l'anticléricalisme et l'antimilitarisme, *Le Canard enchaîné* a retrouvé une source de jouvence grâce aux (ou à cause des) bourdes de Benoît XVI. L'ex-cardinal Ratzinger est une aubaine pour cette mouvance dont le fonds de commerce s'était considérablement rétréci, au point de ne plus focaliser l'attention des Renseignements généraux depuis longtemps. Ses bévues et ses déclarations intempestives, manifestement inspirées par le clan ultra de la curie, ont suscité l'ire, voire une forme de paranoïa chez les adversaires d'un catholicisme jugé par trop impérialiste, notamment en Afrique. Cette polémique vaticane suffira-t-elle à ressusciter un combat antipapiste qui s'était bien émoussé ?

Vous qui avez suivi l'univers des sectes de très près, pensez-vous qu'elles représentent un réel danger en France ?

Les complots sectaires au cœur de la République relèvent du pur fantasme journalistique. Je suis descendu un jour à Castellane pour observer de près les célèbres statues du Madarom. Les membres de cette secte auraient très bien pu figurer parmi les fidèles de l'Église catholique du point de vue de leur rapport au sacré. La dangerosité de telle ou telle secte ne s'apprécie pas au nombre de ses adhérents, mais au risque que le groupe fait courir à certains de ses adeptes, je pense notamment aux enfants, aux personnes âgées, plus généralement à ceux que l'on peut spolier de leurs biens en abusant de leur faiblesse. Les guérisseurs sont notamment à surveiller de près, eux qui promettent guérison et mieux-être aux personnes crédules, mais qu'y a-t-il de commun entre un groupe qui prône le suicide collectif de ses membres et ces groupes tentaculaires, plus proches de la multinationale que de la secte ? En fait, je serais assez favorable à l'abandon du mot « secte », sauf à considérer toutes les dissidences issues du tronc chrétien comme autant de sectes. Le mot a été déformé, il a vieilli et ne correspond plus guère aux réalités d'aujourd'hui. La nomenclature des sectes que les RG avaient établie en 1995 sent définitivement la poussière. De nombreuses églises sont abandonnées à l'intrusion des touristes armés d'appareils photo, tandis qu'une multitude de groupes charismatiques, dissidents ou non de l'Église officielle, se développent. La France est certes issue de la civilisation chrétienne, mais elle n'est plus la fille aînée de l'Église et ces groupes forment dorénavant un courant diffus mais important dans l'opinion. Selon le dernier pointage de la Mission de vigilance et de lutte contre les dérives sectaires, le nombre de « sectes » aurait doublé en treize ans. Plutôt que de sectes, mieux vaudrait parler ici de « religions minoritaires », comme font les Américains.

Comment situez-vous par exemple l'Église de scientologie, cible en France d'enquêtes judiciaires à répétition dont la dernière pour « escroquerie en bande organisée », laisse planer sur elle une menace de dissolution ?

L'Église de scientologie était reçue par Nicolas Sarkozy ou par son directeur de cabinet quand il était en fonction place Beauvau. J'ai également reçu à plusieurs reprises leur responsable préposé à la communication. Il avait simplement besoin de nous pour « dédiaboliser » son organisation. Je suis tout sauf scientologue, mais l'image de cette Église me paraît faussée. La Scientologie est davantage une multinationale qu'une de ces sectes où l'on pratique l'inceste ou le suicide collectif. La dianétique, inventée par son fondateur, Ron Hubbard, est d'ailleurs aujourd'hui concurrencée par une multitude de médecines parallèles qui font le succès de la parapharmacie et de « psy » non homologués...

Les mouvements sectaires ou présumés tels faisaient-ils le siège de votre bureau ?

Dès que l'on s'approchait un peu trop, ils criaient à l'atteinte à la liberté ! La difficulté, c'est que le tissu associatif est en France très vigoureux. Le spectre de ce que nous étions censés surveiller était immense, sachant qu'il n'y a pas grand-chose à voir entre l'Association des pêcheurs à la ligne et l'Ordre du Temple solaire. Ce domaine réclame plus de doigté et de souplesse qu'un autre, d'autant plus que les frontières ne cessent de bouger : en 1863, les homéopathes auraient fait partie de ce que l'on appela en arts plastiques le « Salon des Refusés », lieu de rassemblement des peintres en rupture avec le goût officiel, dont on sait qu'il permit l'émergence de la plupart des grands génies de l'époque, de Manet à Pissarro !

Dans une page de vos carnets qu'on a pu lire, vous écrivez : « Guéant : Achimoto, ex pm du Japon, veut que sur Soka Gakaï on lève le pied. » Est-ce à dire que cette personnalité japonaise était intervenue auprès de Claude Guéant, travaillant alors aux côtés de Nicolas Sarkozy, place Beauvau, pour que les RG relâchent leur surveillance autour de cette organisation japonaise considérée par certains comme une secte ?

Nous avions classé la Soka Gakaï parmi les sectes, mais, là encore, c'est davantage à mes yeux une entreprise, par ailleurs très implantée au plus haut niveau des autorités japonaises. À la suite de l'intervention de cet ancien Premier ministre nippon, nous avons effectivement calmé le jeu.

La France est-elle une terre de prédilection pour les ordres mystiques de tout poil ?

J'ai remarqué que ces ordres appréciaient particulièrement les zones frontalières et les territoires montagneux, hormis les mouvements satanistes qui s'épanouissent plutôt en ville. L'affaiblissement des Églises dominantes ne cesse d'accroître leur espace, mais celles-ci n'ont pas dit leur dernier mot. Il faut se souvenir de l'affluence considérable qu'avait mobilisée, dans les années 1980, la défense de l'enseignement libre, manifestation qui avait provoqué la reculade précipitée du gouvernement socialiste de François Mitterrand et la démission du ministre Alain Savary. Dans ce pays, on ne touche pas à certains dogmes. Pas plus qu'on ne peut toucher au principe de laïcité, on ne saurait s'en prendre aux grands cultes.

Vous-même, comment vous situez-vous par rapport à la religion ?

Certes, je porte une croix autour du cou, mais en ce jour de l'Ascension de la Vierge [20 mai 2009] je pense plutôt aux religions hindouistes qui cultivent le rite de la lévitation, qui est une forme d'ascension. Personnellement, je dois cependant vous dire que je suis assez dubitatif, car je n'ai jamais réussi à décoller, et je crois n'être pas seul dans ce cas.

CHAPITRE 17

Banlieues

« La vérité ne plaît pas toujours... »

Un jour de 1991, vous avez décidé de mettre les RG sur un sujet jusque-là déserté : les banlieues. Quel était précisément l'objectif ?

Je considérais les banlieues et les violences urbaines comme un créneau d'avenir pour le renseignement. Je suis donc allé voir mon directeur, Jean-Jacques Pascal, pour lui proposer la création d'une section qui se spécialiserait, au sein des RG, sur le sujet. On a démarré très vite, avec pour principal objectif d'essayer d'anticiper ces phénomènes de violence dont je sentais qu'ils allaient s'amplifier. Il fallait se mettre en situation de savoir ce qui couvait dans ces quartiers.

En utilisant quel genre de méthode ?

Le premier problème technique qui s'est posé à nous, c'est qu'il n'est pas facile de faire de l'entrisme en banlieue avec des pépères de quarante-cinq ans qui commencent à perdre leurs cheveux et leur souffle, voire à être un peu bedonnants. Il n'y avait pourtant que deux façons de procéder : soit on infiltrait dans les quartiers de jeunes fonctionnaires, ce que l'on avait fait en 1968 en recrutant des dizaines d'officiers de police adjoints contractuels ; soit on recrutait des indicateurs parmi les « grands frères », et on s'appuyait sur eux pour essayer de prévenir de futures émeutes. On s'est assez rapidement rendu compte que la banlieue était constituée de ghettos très fermés, et que l'infiltration serait une mission quasi impossible. Le jour où vous êtes découvert, vous vous prenez un parpaing sur la tête. Direct !

Là encore, avec cette section « Villes et banlieues », devenue plus tard la section « Violences urbaines », on se souvient que vous vous êtes heurté à la grogne de la sphère politique. La production de ces fonctionnaires était-elle à ce point dérangeante ?

La commissaire que nous avions placée à la tête de cette section, l'excellente et passionnée Lucienne Bui Trong, était plutôt mal vue. Les premières réticences relevaient du machisme, puis certains l'ont fait passer pour la « Jeanne d'Arc des banlieues ». La politique a fini par s'en mêler, et le phénomène n'a fait que s'amplifier à l'approche de l'élection présidentielle de 2002. Le groupe produisait des statistiques qui ne plaisaient pas dans la mesure où elles soulignaient la croissance exponentielle des incidents dans les quartiers, depuis les feux de poubelles jusqu'aux voitures incendiées, en passant par les guet-apens tendus aux forces de l'ordre ou aux pompiers. Quand vous dites la vérité, elle ne plaît pas toujours à ceux à qui elle est destinée. Dans une période où l'insécurité était le thème favori de l'opposition, nos constatations sont devenues encombrantes, notamment en matière de violences urbaines, à tel point que le cabinet de Daniel Vaillant a alors sérieusement songé à faire disparaître la section. Quand on n'est pas satisfait de la température indiquée, on casse le thermomètre. Les socialistes ne sont d'ailleurs pas les seuls à y avoir pensé.

Je cite quelques lignes issues de vos brouillons accessibles, apparemment consignées en marge d'une rencontre au sommet : « Réunion banlieue. Positionnement vis-à-vis des autres services de police. C'est empirique. Que faut-il faire concrètement ? Argent donné n'importe comment, utilisé n'importe comment. Achat vidéo. Informateurs. Harmoniser davantage notre travail dans les banlieues (...) Plus on a de tuyaux, moins ça arrange la Sécurité publique (...) Il faut spécialiser les flics. Le pouvoir veut qu'on travaille sur les banlieues. Dernier point : système de base de données informatiques. Recenser tous les individus majeurs appartenant à des bandes. » S'agissait-il de revoir de fond en comble l'action de la police dans les banlieues ?

La section « Villes et banlieues » avait déjà dix ans derrière elle. Il convenait d'évoluer, d'adapter l'outil. On projetait effectivement, à ce moment-là, de recruter des indics dans les quartiers. C'est l'époque où la police, comme certaines municipalités, a misé sur les « grands frères ». Cela consistait à s'appuyer sur les aînés pour contrôler les plus jeunes. Au début, cette méthode a rencontré un certain succès. Jusqu'au jour où l'on a découvert que nos relais figuraient en fait parmi les plus gros trafiquants de drogue ! C'est là que nous avons compris qu'un quartier calme n'était pas forcément un quartier au-dessus de tout soupçon. Au contraire, quand le calme règne, c'est en général que la zone est prise en main par des « grands frères » soucieux de protéger leur business. C'est que le caïdat a les choses bien en main. Un quartier qui ne bouge pas n'attire pas la police. On retrouve à peu près les mêmes phénomènes dans les prisons...

Y a-t-il, selon vous, une solution policière aux violences dans les banlieues ?

Il sera très difficile de rétablir un semblant de paix civile et de respect des lois dans ces quartiers. À moins de quarante fonctionnaires, on n'intervient plus dans un quartier « sensible ». Ce ne sont pas les sociologues qui vont nous tirer de cette ornière, pas plus que le criminologue Alain Bauer ou que Bernard Tapie. Mais je vous rassure tout de suite : je n'ai pas, moi non plus, de solution miracle. Je sais simplement que le déploiement des CRS ne changera rien au fait que des gosses de douze ans se glorifient d'appartenir à une bande.

Les RG ont donc échoué sur ce dossier ?

Je ne veux jeter la pierre à personne, mais nous avons péniblement atteint 10 % de nos objectifs. Une section d'analyse et de renseignement ne peut pas, à elle seule, venir à bout des violences. La solution policière n'est plus suffisante lorsque les compagnies de CRS et les sections d'intervention de la Préfecture de police se font quotidiennement caillasser quand elles interviennent. Ces jets de projectiles, voire de matériel domestique lourd, de préférence usagé, pour lequel le contrat de confiance Darty est périmé, provoqueront un jour des blessures graves. Le vrai problème, c'est l'énorme fracture sociale que nous laissent en héritage les urbanistes des années 1970. Sous l'ère Pompidou, ils ont construit des villes à la campagne et leur ont donné des noms d'oiseaux. Bercés par cette illusion lyrique, ils ont créé des ghettos dont on paie aujourd'hui le prix. Le seul endroit où ça marche à peu près, c'est Marseille, pour la simple et bonne raison que ces quartiers sont enclavés au sein même de la ville. Notre-Dame-de-la-Garde, même pour les non-chrétiens, et l'OM font encore office de ciment, avec, en prime, l'accent marseillais, mais cette « pompe à intégrer » montre déjà des signes de faiblesse ! Partout ailleurs, on est arrivé à un point de non-retour, et le fait que des jeunes tirent à la kalachnikov sur un fourgon de police dans une rue de La Courneuve en est un signe. Des groupes incontrôlables peuvent demain surgir sur les Champs-Élysées et casser toutes les vitrines. Il n'y aura rien d'idéologique derrière cette démonstration de force, mais la peur ressoudera évidemment la droite et l'extrême droite : un grand classique...

Dans le cadre de la campagne pour les élections européennes, on a vu le secrétaire général de l'Élysée, Claude Guéant, tenter de priver les listes de l'humoriste Dieudonné d'existence légale. À partir de quel moment avez-vous été conscient d'une montée de l'antisémitisme dans les quartiers dits « sensibles » ?

On a longtemps considéré qu'il n'y avait pas d'antisémitisme dans les quartiers dans la mesure où il n'y avait aucune base idéologique à cet antisémitisme. À nos yeux, les jeunes de ces quartiers n'étaient pas assez cultivés pour être catalogués comme tels. Ils n'en avaient pas le vernis, même s'il ne faut pas ignorer un antisémitisme bas de gamme, façon de mettre la crise économique sur le dos des juifs, ce qui n'est d'ailleurs pas le monopole des extrêmes. Dans notre analyse entrait également en ligne de compte le fait que la récupération islamiste des quartiers n'a jamais vraiment fonctionné, ou alors seulement à la marge. Personne n'est en mesure de « récupérer » les quartiers, pas plus que nous n'avons été capables de les infiltrer. Les seuls qui nous ont vraiment inquiétés, ce sont les convertis, bien plus prosélytes et excessifs que la moyenne. Pour le reste, toutes les tentatives de manipulation de ces populations ont échoué. Un Dieudonné ratisse à l'extrême droite, mais bien plus difficilement dans ces quartiers.

Quels sont les ressorts des émeutes ?

L'émeute est en général liée à un événement très local, comme à Villiers-le-Bel où deux jeunes avaient péri dans un accident de moto. Il n'y a pas d'idéologie derrière, on l'a bien vu en novembre 2005. Le facteur déclenchant le plus courant, c'est une brutalité policière ou présumée telle, comme en novembre 2005. De la même manière qu'il ne faut pas chercher un chef d'orchestre clandestin derrière tous les trafics, comme sous Al Capone – les réseaux se superposent, s'additionnent, rivalisent –, il ne faudra pas chercher d'impulsion politique derrière le prochain embrasement. Si l'extrême gauche ou les fondamentalistes s'en mêlent, ce ne sera qu'après coup.

CHAPITRE 18

Bottin mondain

Voici une liste (non exhaustive) des noms propres figurant dans vos carnets. Vous qui avez parsemé ces dialogues de croquis façon Daumier, pouvez-vous dresser un rapide portrait de chacune de ces personnes ? Au passage, quand vous le pourrez, vous préciserez également les raisons pour lesquelles elles devaient retenir l'attention du directeur des RG que vous étiez. Par commodité, nous évoquerons les figures de ce panthéon particulier par ordre alphabétique, et c'est Michèle Alliot-Marie *qui ouvre le bal, sachant qu'elle ne vous a pas particulièrement ménagé lorsque éclata l'affaire des « brouillons »...*

Michèle Alliot-Marie, ministre de l'Intérieur au moment de ma mise à la retraite anticipée, aime à se donner des airs de Jeanne d'Arc, mais elle ressemble davantage à une « jeannette », l'équivalent des scouts chez les filles. Elle obéit au doigt et à l'œil et sait mieux que quiconque se mettre au garde-à-vous dans une tenue tout à fait impeccable. Elle articule comme une surveillante générale en conseil de discipline.

Que représentait pour vous Claude Angeli, *pilier de la rédaction du* Canard enchaîné *?*

La plume de ce journaliste, avec lequel j'ai toujours eu d'excellents contacts, n'a rien à envier à celles du Quai d'Orsay. Avec son éternel cigarillo, il représentait la vieille tradition, celle des journalistes pour lesquels les affaires internationales pesaient encore lourd. Le mardi soir, toutes les rédactions guettaient comme un événement la sortie de son hebdomadaire satirique. On peut désormais attendre le mercredi.

Quel avenir prêtez-vous à Martine Aubry, *devenue à Reims Première secrétaire du Parti socialiste ?*

À l'heure où je vous parle, elle me paraît être la personnalité qui a le plus d'envergure au sein du Parti socialiste, tant sur le plan intellectuel que sur le plan politique. Certains l'accusent d'une forme de psychorigidité, mais, en attendant, elle a parfaitement réussi son implantation à Lille. À gauche, c'est à mes yeux la seule à tenir la route. Elle peut arriver au bout.

À quoi attribuez-vous l'échec électoral en 1995 de l'ancien Premier ministre Edouard Balladur *?*

Edouard Balladur a été victime de sa propre autosatisfaction, un peu comme Giscard. Il a aussi payé pour son apparence vestimentaire, notamment pour ses chaussures et ses chaussettes à la mode anglaise. Sa vision d'une France prestigieuse ne correspondait plus aux réalités du pays. Le dessinateur Plantu, génie de la caricature, l'a tué en deux ou trois traits à la Une du *Monde*. Les gens n'ont retenu que son côté précieux et sa voix de fausset. À côté, Chirac avait un côté « peuple ».

Votre homologue Claude Bardon *a longtemps dirigé les RG de la Préfecture de police. Aviez-vous avec lui des problèmes de frontières ?*

Claude Bardon est davantage un esthète qu'un requin. Il ne cherchait pas à écraser la concurrence, encore moins à la tuer, contrairement à d'autres. Il est resté élégant jusqu'au bout, lui qui était une sorte de transfuge, puisqu'il venait de la PJ, Pierre Joxe ayant à l'époque choisi de « mixer » les cadres.

Le capitaine de gendarmerie Paul Barril, *propulsé à l'Élysée sous François Mitterrand : c'était un bon choix ?*

Ce recrutement m'a toujours paru incongru. C'est un peu comme si vous aviez propulsé un apprenti cuisinier d'un petit restaurant de Bressuire chez Lasserre.

François Bayrou, *candidat malchanceux à la dernière élection présidentielle, puis aux dernières européennes, a-t-il encore des chances ?*

Il a un avantage sur ses concurrents potentiels : il connaît la terre et les chevaux. Il ne vient pas du XVIe arrondissement de Paris. Il sait faire la différence entre une poule et un canard, ce qui est aussi le cas de Chirac, mais pas forcément de tous les politiques dont certains ne voient pas beaucoup plus loin que le parc Monceau et le lac du bois de Boulogne. Il a également l'avantage d'avoir pris très tôt ses distances avec l'UMP, ce qui a fait de lui, un temps, l'un des principaux opposants à Nicolas Sarkozy. Cela suffira-t-il ? Jean Lecanuet avait essayé, dans les années 1970, de créer une troisième force entre gauche et droite, avant de se rendre à l'évidence : il n'y avait pas de place pour lui. Bayrou tombera à droite ou s'alliera avec les sociaux-démocrates, obligatoirement.

Patrice Bergougnoux, *qui apparaît à maintes reprises dans vos carnets sous les initiales « PB », successive-*

ment directeur de cabinet de Jean-Pierre Chevènement et directeur général de la Police, était-il à sa place dans l'appareil d'État ?

Patrice Bergougnoux était et reste un ami. Il m'a aidé en maintes occasions. Lui non plus ne fait pas partie des gens bien en cour auprès de Nicolas Sarkozy, ce qui explique sa traversée du désert. Il ne faisait pas non plus partie du cénacle jospiniste. Beaucoup d'énarques lui reprochaient son passé d'ancien CRS, comme s'il n'aurait jamais dû accéder, de ce fait, à de hautes fonctions. Pour moi, avoir été CRS est au contraire un très bon atout. J'ajouterai que les énarques ont une piètre réputation dans l'opinion, qui connaît leur faible efficacité dans la gestion des affaires de l'État. Bergougnoux, lui, était le contraire d'un technocrate. Quand vous lui parliez, il vous écoutait. Il parlait un langage clair et intelligible, alors que certains de ses contempteurs sont indéchiffrables.

Marc Blondel*, secrétaire général du syndicat Force ouvrière de 1989 à 2004, a fait preuve lui aussi d'une certaine longévité. Comment l'expliquez-vous ?*

Blondel était un personnage truculent, entre rondeur et coups de poing sur la table. Il a réussi à faire travailler sous le même toit des gens venus de la droite et d'autres ancrés à l'extrême gauche. Telle a été la clef de son succès, notamment au sein de la fonction publique.

Omar Bongo *est l'un des étrangers les plus cités dans vos carnets. Pourquoi ?*

J'ai eu l'occasion de déjeuner une fois avec lui, au Regina. C'est un personnage historique de la fameuse Françafrique. Le Gabon, dont il fut le Président à vie, a été le carrefour d'intrigues réelles ou supposées mêlant argent de la corruption et pétrole, qui revenaient fréquemment à mes oreilles. En bon graphomane qui se respecte, je notais tout, y compris le fait qu'il allait souvent se faire soigner en Suisse... avant de mourir en Catalogne.

Directeur de la DST sous Jacques Chirac, Pierre Bousquet de Florian *a fait long feu sous Nicolas Sarkozy. Le courant passait-il avec cet homologue et rival ?*

Aristocrate protestant lozérien et chiraquien, Pierre Bousquet de Florian était un homme honnête, très imprégné des us et coutumes du corps préfectoral. Nos relations ont toujours été courtoises. Il n'était pas né à la DST, à la différence de quelques autres, ce qui était pour lui un handicap. Pour diriger dans ces conditions une maison aussi fermée, il ne fallait pas essayer de tout comprendre. Il fallait trouver la juste place : ni potiche, ni trop intrusif.

L'activiste paysan José Bové *est pour vous une vieille connaissance, non ?*

José Bové est en effet un vieux cheval de retour. On l'a vu dans les années 1970 sur le plateau du Larzac. On le connaît davantage pour ses rodomontades écolos que pour la gestion de son patrimoine agricole. Il a tout dans la moustache.

Parmi les « grands » flics, Robert Broussard *a marqué les années 1980. Que retenir de lui ?*

C'est l'autodidacte parfait et le flic par excellence. Un jour, Pierre Joxe, ministre de l'Intérieur, lui propose de laisser tomber l'Antigang et de devenir préfet. Il a refusé à plusieurs reprises, parce qu'il préférait rester flic. À part ça, à l'époque, son appétit médiatique était sans limite : on ne voyait que lui !

Le juge Jean-Louis Bruguière *a été longtemps un partenaire des services de police dans la lutte antiterroriste. Que retenez-vous de lui ?*

Le juge Bruguière était un coq. Il croyait bénéficier d'une immunité à vie à cause de son titre de juge antiterroriste, un peu comme s'il était entré à l'Académie française. Son échec électoral lui a coûté sa crête.

Vous vous souvenez certainement de ce cadre de la PJ parisienne, Claude Cancès. *Qu'incarnait-il pour vous ?*

Pour moi, il a toujours symbolisé « la Poularde », du nom de ce restaurant où se réunissait la fine fleur de la hiérarchie parisienne, situé à proximité de la place Beauvau. Il incarnait à merveille cet esprit « PP », comme on appelle la Préfecture de police.

Marie-Yvonne Casseta *a été poursuivie devant la justice pour son rôle présumé dans la gestion des finances occultes du RPR. Un mauvais procès ?*

Son patronyme a fait d'elle la chèvre émissaire idéale.

Quelle image conservez-vous de Mme Bernadette Chirac *?*

Bernadette Chaudron de Courcelles a accepté une décoration des mains du président de la République Nicolas Sarkozy, dont elle s'est dès lors sentie obligée de dire qu'il était un type extraordinaire. Xavière Tibéri ne serait jamais allée baiser l'anneau du Prince de cette façon-là !

Quel était le secret de Jacques Chirac, *ancien président de la République ?*

Sarkozy, c'est plutôt le chocolat : je l'ai vu en manger par poignées entières. Chirac, c'était la Corona, la bière mexicaine, qu'il buvait très facilement. Ces habitudes, ajoutées à ses origines provinciales, sont pour beaucoup dans la sympathie qu'il continue d'inspirer aux Français.

Alain Christnacht, *ancien directeur de cabinet de Lionel Jospin à Matignon, vous a-t-il laissé un agréable souvenir ?*

Après son passage à Matignon, il a été nommé conseiller d'État. La conseillère dont il était affublé, Clotilde Valter, est devenue inspectrice générale de l'Administration, comme moi. J'estime, eu égard à leur sectarisme, qu'ils ont été bien traités. Il existe dans notre jeu politique des renvois d'ascenseur qui démontrent que certains prévoient mieux leur avenir qu'ils ne gèrent le présent.

Quels liens avez-vous conservés avec Jean-Hugues Colonna, *ancien conseiller de Paul Quilès, Place Beauvau, et père d'Yvan, figure du nationalisme corse ?*

Jean-Hugues Colonna est un Corse de Nice avec lequel j'entretenais d'excellents rapports, comme on peut en entretenir avec un « compatriote ». Brun, trapu, il avait la musculation d'un prof de gym. Responsable du Parti socialiste dans les Alpes-Maritimes, il a été brièvement député, grâce à la proportionnelle. À partir du moment où son fils, recherché par la police pour l'assassinat du préfet Érignac, s'est mis en cavale, je ne l'ai plus jamais revu. Il n'a pas non plus souhaité me mêler à ces histoires. Je lui conserve une grande estime.

Jean-François Copé, *pour l'heure homme fort de l'UMP à l'Assemblée nationale, se verrait bien succéder à Nicolas Sarkozy. A-t-il ses chances ?*

C'est un homme bien implanté sur le terrain, et brillant. Il a su prendre ses distances à l'égard du Président et peut prétendre à la relève. Nicolas Sarkozy risque cependant fort bien de se représenter et de le battre.

Le procureur Philippe Courroye *a été obligé de se justifier au sujet des notes dont vous avez rempli vos « brouillons » à son sujet. Lui voyez-vous un grand avenir au sein de l'appareil judiciaire ?*

C'est un juge qui a fait la démonstration de son envergure lors du procès de l'Angolagate.

Avant de devenir l'objet du désir de la classe journalistique, Rachida Dati *est passée par la Place Beauvau. L'avez-vous connue ?*

Rachida Dati était simple conseillère technique au cabinet de Nicolas Sarkozy lorsqu'elle m'a rendu visite dans mon bureau. On sentait qu'elle avait un avenir. On lui sentait aussi une inextinguible ambition.

Éric de Montgolfier *est l'un des magistrats qui ont su capter votre attention...*

J'ai rencontré le procureur Éric de Montgolfier une fois, à Nice, par l'entremise d'un avocat. Nous avons déjeuné ensemble et il m'a fait bonne impression. Il semblait décidé à prendre la corruption à bras-le-corps. Le problème, c'est que Nice n'est pas Valenciennes, je le sais pour y avoir vécu sept ans ! Nice est une ville italienne. Le mot « corruption » n'y a pas le même sens qu'ailleurs. Montgolfier y a découvert un *modus vivendi* dont il ignorait tout. Il s'y est attaqué avec vigueur, mais quand l'entourage ne suit pas, on se transforme en Don Quichotte – sans Rossinante... Il a fini par s'user dans un combat devenu presque inutile.

Le socialiste Julien Dray *aurait pu devenir ministre de l'Intérieur, mais...*

Il s'y voyait déjà, mais voilà qu'il s'est retrouvé avec ses montres et ses casseroles ! Je me souviens d'une scène amusante, un jour que nous déjeunions ensemble dans un restaurant de poisson du VIIIe arrondissement. À un moment donné, une femme assise à la table voisine se lève et vient le féliciter au sujet de la montre de collection qu'il arbore au poignet. L'espace de quelques instants, il a cru que je lui avais monté un traquenard. Quelle que soit l'issue de l'enquête en cours le concernant, il lui sera difficile de revenir sur le devant de la scène.

Roland Dumas*, ministre des Affaires étrangères sous Mitterrand, intéressait lui aussi les RG. L'avez-vous approché ?*

Un inspecteur en poste aux RG de Lyon me l'a effectivement présenté. Nous avons déjeuné ensemble au Berkeley, pas très loin de la place Beauvau. C'est à la fois un homme d'intrigues et un avocat de grande classe. J'ai été séduit par ce personnage qui était au fond très en phase avec Mitterrand. L'affaire pour laquelle il a fait irruption dans mes carnets se résume à une histoire de femme et de godasses. Le procès qui lui a été fait pour cette paire de chaussures montre l'état d'abaissement de ce pays.

Jean Edern Hallier, *personnage fantasque s'il en était, fait une apparition fugace dans vos carnets...*

L'écrivain et journaliste Jean Edern Hallier fréquentait lui aussi ce bistrot proche de la place Beauvau, tenu par une dénommée Tata, reconnaissable à sa démarche claudicante. Il y rencontrait notamment des fonctionnaires des RG. Je l'ai moi-même vu une fois. Il fallait le prendre avec des pincettes, à cause de sa petite tendance à la mythomanie. Il était obsédé par sa haine de Mitterrand.

Vous ne cessez, dans vos brouillons, d'anticiper les développements de l'Angolagate. Vous consignez notamment un certain nombre d'informations au sujet de l'homme d'affaires Pierre Falcone, *personnage clef de ce dossier – une attention dont il a fini par se plaindre...*

Je préfère être poursuivi par Pierre Falcone que par une religieuse ! Le seul regret que j'ai, c'est de ne pas l'avoir été par le mafieux italien Toto Riina ou par le caïd de la banlieue sud Antonio Ferrara !

L'un de vos prédécesseurs s'appelait Jacques Fournet. *Serait-il la preuve vivante qu'un homme de gauche peut comprendre quelque chose aux RG ?*

Jacques Fournet avait une grande envergure. Il venait de la Nièvre et donc de la mitterrandie. Il était issu du peuple. Nommé directeur des RG, il a tout de suite compris la culture maison. Il a même réussi à s'imposer.

À quoi Jean-Claude Gaudin, *maire de Marseille et pilier de l'UMP, doit-il, selon vous, son destin ?*

Il cultive son accent comme d'autres leur jardin. Avec l'accent parisien, il aurait éprouvé davantage de difficultés à faire son trou en politique.

Rien ne semble devoir stopper Michel Gaudin, *préfet de police à l'heure où nous parlons, dans sa marche en avant vers les plus hautes marches de la police. Quel est son secret ?*

Michel Gaudin est entièrement dévoué à Claude Guéant. En outre, il est fort intelligent, ce qui ne gâche rien.

Vous avez côtoyé Jacques Genthial, *alors patron de la PJ. Quel souvenir en conservez-vous ?*

C'était un Aveyronnais truculent et malin, en même temps qu'un bon flic de PJ. Il a subi des attaques ignobles sur sa vie privée au moment où il a été propulsé directeur.

Quelle a été, selon vous, l'erreur de Jean-Louis Gergorin, *ancien pilier du groupe Lagardère et acteur, à son corps défendant, du dossier Clearstream ?*

Camarade de promotion de Dominique de Villepin, Jean-Louis Gergorin est un obsédé du renseignement. À la mort de Jean-Luc Lagardère, il s'est momentanément retrouvé dans la peau du chien fou.

Claude Guéant, *devenu secrétaire général de l'Élysée dans la roue de Nicolas Sarkozy, trouve-t-il grâce à vos yeux bien qu'il ne vous ait pas particulièrement ménagé dans la dernière ligne droite ?*

Au sein du corps préfectoral, il se situe sur le dessus du panier, ce qui en soi ne veut pas dire grand-chose, vu le nombre de nuls qu'on y rencontre. C'est un monstre froid, ce qui dans ma bouche n'est pas une injure. Il est d'une intelligence supérieure, mais d'une générosité qui reste à démontrer. C'est un type de très haute qualité, sans doute le plus fort de tous les directeurs de cabinet que j'ai connus au ministère de l'Intérieur, et de loin. Quand il boit un coup, il est tout de suite un peu gai, parce qu'il n'a pas l'habitude. J'allais oublier une autre qualité essentielle : la ponctualité. Le seul problème finalement, outre le fait qu'il reste très marqué par l'ENA, c'est qu'il a été pris dans la nasse sarkozienne ! Certains l'ont surnommé « Raspoutine », et c'est pour moi une forme d'hommage que l'on rend à son sens du renseignement. Le sobriquet peut sembler péjoratif, mais Raspoutine était tout de même numéro deux après le tsar de toutes les Russies.

Brigitte Henri, *ancienne commissaire chargée aux RG du secteur politico-financier, a-t-elle touché à l'intouchable ?*

Elle ne sortait pas du couvent des Oiseaux, autrement elle n'aurait pas été cette excellente investigatrice. Comme le cheval rétif, elle partait en tous sens. Nos ennuis ont été à la hauteur, mais disons-le : le politico-financier, c'est le domaine le plus sensible.

Roland Jacquard, *alias « R.J. », auteur de quelques livres remarqués sur le terrorisme, est omniprésent dans vos carnets. Qui est-il ?*

Il venait me rendre visite à peu près une fois par semaine, muni d'une grosse sacoche remplie de papiers censés contenir des informations inédites... connues la plupart du temps du Tout-Paris. En échange, il me demandait des informations destinées à nourrir son Observatoire du terrorisme. J'avais une sympathie amusée pour cet homme qui ne cessait de me promettre un tas de choses.

Eva Joly, *ancienne juge d'instruction, a-t-elle fait le bon choix en optant pour l'engagement politique ?*

Son côté médiatique l'a finalement desservie en tant que juge d'instruction, tout comme il a desservi la cause de la magistrature. Pour faire carrière dans la magistrature, mieux vaut ne pas trop faire parler de soi ! En politique, c'est évidemment l'inverse.

Quelle a été la clef de l'échec du socialiste Lionel Jospin *?*

C'est aujourd'hui le *has been* intégral... Son problème, en France, c'est cette apparence austère, ce ton de pasteur huguenot. Mieux vaut parfois avoir la tête d'un bon vivant, l'opinion vous pardonne davantage de choses. Quand vous arborez une image puritaine, vous n'avez pas le droit au plus petit mensonge. Avec Michel Charasse et Claude Allègre, personnages truculents s'il en est, ça passe. Même chose avec un Sarkozy, ou un Tapie !

Le socialiste Pierre Joxe *a-t-il marqué la Place Beauvau ?*

Pierre Joxe a été un très grand ministre de l'Intérieur. Si un front ne s'était pas constitué contre lui au sein du Parti socialiste, il aurait pu devenir président de la République. Il était l'un des seuls à pouvoir parler en face et tenir tête à François Mitterrand. Il savait combien les RG étaient un outil de pouvoir.

Le « Bordelais » naturalisé Alain Juppé *fera-t-il un jour son retour sur la scène politique nationale ?*

Je suis un peu étonné de voir cet homme qui se disait « droit dans ses bottes » vendre ses talents à Nicolas Sarkozy. Le Président est tout à fait capable de lui proposer un poste ministériel de second rang !

Le journaliste Jean-François Kahn, *fondateur de* L'Événement du jeudi *et de* Marianne, *a toujours voulu savoir ce que les RG savaient de lui. Alors ?*

Jean-François Kahn est un grand de la presse. C'est un homme d'une singulière envergure intellectuelle, un personnage imprévisible, atypique, quelquefois incontrôlable. Il a les défauts qui font le charme du journaliste : il peut vous encenser un jour et vous démolir six mois plus tard. Son dossier ne comportait rien de bien méchant.

Le producteur Marin Karmitz *a droit à plusieurs mentions dans vos « brouillons ». Vous évoquez notamment ses liens avec l'ancien Premier ministre Lionel Jospin au moment où ce dernier était en pleine traversée du désert.*

Est-ce un signe d'inconstance politique ? On a retrouvé les anciens de la Gauche prolétarienne, pour la plupart issus de la grande ou moyenne bourgeoisie, essaimés dans tous les partis politiques. Marin Karmitz en a été l'un des chefs dans les années 1960. Dans les années 1990, il a été proche de Lionel Jospin. Aujourd'hui, le voici proche de Nicolas Sarkozy ! Voilà un homme multiplex, comme ses salles de cinéma.

Philippe Klayman *apparaît à plusieurs reprises dans vos brouillons. À quel titre ?*

Il a d'abord été conseiller de Jean-Louis Debré au ministère de l'Intérieur, avant d'être recruté à l'Élysée à l'époque Chirac. C'est un garçon pour qui j'ai de la reconnaissance, car il m'a tendu la main dans des situations difficiles.

La seule fois où vous évoquez le cas de Bernard Kouchner, *devenu ministre des Affaires étrangères à l'invitation de Nicolas Sarkozy, c'est au sujet de sa santé...*

La politique est un monde où les opportunistes s'épanouissent facilement. Il en est l'exemple type. Si demain il fallait porter un sac de pommes de terre au mess de l'Élysée et qu'il y avait un photographe à proximité, il le ferait. Cela dit, il faut qu'il se méfie de la sciatique.

Durant le procès Clearstream, Imad Lahoud *va sans doute tenter de vous faire passer pour son meilleur complice. Que répondez-vous ?*

Je ne dispose pas des éléments pour me prononcer sur le fond, mais cet homme me paraît doté d'une intelligence au-dessus de la moyenne. Sur la tête de mes enfants, je vous le répète, je n'ai jamais rencontré Imad Lahoud. La seule question qui vaille, dans cette affaire, c'est de savoir s'il avait un commanditaire ou s'il a agi seul. Je reste pour ma part troublé par le fait d'avoir vu débarquer des pompiers un peu trop tôt sur l'incendie, à un moment où nous n'avions que vaguement entendu parler de ces comptes au Luxembourg.

Jack Lang, *ancien ministre (socialiste) de la Culture, n'a jamais fait partie de vos amis, ou je me trompe ?*

Quand j'ai appris qu'il avait fait office pour quelques jours d'ambassadeur à Cuba par la grâce de Nicolas Sarkozy, j'ai souri.

Loïck Le Floch-Prigent, *ancien patron du groupe pétrolier Elf, passé par la case prison, a longtemps retenu votre attention. Dans quelles circonstances ?*

Le Floch a demandé à me voir alors qu'il venait juste d'être libéré de prison. J'ai découvert un homme à bout de nerfs et de souffle. Il pensait que la police le filochait, ce qui était faux, mais quand on est dans cet état, on est prêt à inventer un tas de choses. *Self made man* propulsé à la tête d'un empire industriel, il a fini par péter les plombs. Le fait de ne pas faire partie de l'establishment l'a considérablement desservi.

Vous avez assisté à la montée en puissance, puis au lent affaissement de Jean-Marie Le Pen. *Avez-vous un jour cru qu'il pouvait l'emporter sur la droite classique ?*

Il a commencé sa carrière politique à la fin des années 1950. La modernité télévisuelle veut qu'il ait abandonné son bandeau de pirate, mais la psychologie du personnage n'a pas changé. Je n'ai jamais cru que le Front national allait gouverner, mais ce parti pouvait fortement perturber la vie politique, surtout dans la région PACA et dans le Nord-Pas-de-Calais. Le Pen a une parfaite maîtrise de la langue française, c'est un très bon orateur, à la façon des avocats de la IVe République, qualité qui aurait pu faire de lui un ministre s'il avait opté, par exemple, pour les Républicains indépendants. François Mitterrand n'a pas hésité à favoriser la montée du Front pour déranger la droite, conformément au principe des vases communicants. Ses dérapages verbaux, à mon sens toujours contrôlés, ont poussé les électeurs à revenir vers la droite classique. C'est sa manière à lui de se relancer sur le plan médiatique, mais ils risquent aujourd'hui de gêner sa fille, soucieuse de respectabilité et nettement moins talentueuse.

Daniel Léandri, *policier passé de la base à l'antichambre du ministre de l'Intérieur, était votre interlocuteur au temps de Charles Pasqua. Quelle place occupait-il vraiment ?*

On les appelait « les bergers corses », lui et mon adjoint Bernard Squarcini. Ils n'étaient pas bergers, mais tous les deux étaient bien corses. Les bergers sont très à la mode, dans cette île. Quand le nationaliste Yvan Colonna s'est enfui, il a dit qu'il était

« monté aux chèvres », ce qui confirme bien l'importance du statut de berger. Au ministère de l'Intérieur, je n'allais pas voir Léandri dans sa bergerie, mais dans son petit bureau. C'était le vrai confident du ministre, au sens où on l'entendait sous l'Ancien Régime ou sous le Premier Empire. Je conserve de l'estime pour ce personnage pittoresque et intelligent.

François Léotard, *on l'a vu, n'a pas conservé un excellent souvenir des RG. Et vous ?*

Il m'a fait passer pour un conspirateur, mais à mon avis, il s'est torpillé tout seul. Je ne suis en effet pour rien dans le côté moine bénédictin de sa personnalité, ni dans une versatilité qui lui a joué des tours. Sa réputation était plutôt meilleure que celle d'autres leaders de la région PACA, mais il a brusquement décidé de tout abandonner et de tourner le dos à son avenir politique. Il n'avait pas le cuir assez épais et a manqué d'obstination.

Pascal Mailhos, *un autre de vos successeurs, a-t-il su relever le gant ?*

Ce qui est sûr, c'est qu'il n'a rien fait pour que l'on m'oublie. Passer entre les gouttes, il considérait déjà que c'était risqué ! Le seul « tuyau » qu'il ait obtenu, c'est sur la mort de mon fils... lequel n'est jamais mort ! Il l'a même annoncée à Claude Guéant qui m'a alors appelé pour me présenter ses condoléances... On est loin des carrures qui m'ont précédé à la tête du service, comme Philippe Massoni et Jacques Fournet.

Philippe Marchand, *ministre de l'Intérieur et élu de la Charente, vous a-t-il fait forte impression ?*

C'était un homme à barbe, mais pas un homme d'acier. Il connaissait très bien François Mitterrand. Courtois, il a été dépassé par la taille du costume.

Vous qui semblez avoir déjeuné avec toutes les personnalités qui comptent, connaissiez-vous le procureur de la République de Paris, Jean-Claude Marin *?*

J'ai effectivement déjeuné une fois avec lui au Vert Bocage, alors qu'il était directeur des Affaires criminelles et des Grâces. Je n'en ai pas gardé un mauvais souvenir.

Le commissaire Roger Marion, *alias « Eagle four », ancien pilier de la PJ, s'est fait beaucoup d'ennemis durant sa carrière. En étiez-vous ?*

Roger Marion a la langue bien pendue. Il a été le maître absolu de l'antiterrorisme grâce à ses liens étroits avec les magistrats en charge de la lutte contre le terrorisme. Il a été longtemps en concurrence sur ces dossiers avec mon adjoint Bernard Squarcini, mais je me suis tenu à l'écart de cette bataille. Aujourd'hui, il est tombé en disgrâce. Il n'est plus rien. On en passe tous par là. J'ai beaucoup d'estime pour lui.

Jo Masanet, *pilier du syndicalisme policier aujourd'hui à la retraite, compagnon de route de la gauche, était l'un de vos contacts favoris. Que vous apportait-il ?*

Jo n'était pas saint François d'Assise : c'était Jo. Nous avions notamment en commun le whisky, mais pas seulement : c'était un homme bien informé, qui avait son réseau. Quand vous aviez la chance de le connaître, vous saviez déjà beaucoup de choses ! Certains le qualifiaient de « maquignon », mais un maquignon peut se révéler parfois bien supérieur à un énarque !

Philippe Massoni, *homme de l'ombre s'il en est, chargé des questions de police, de sécurité et de renseignement à l'Élysée sous Jacques Chirac, désormais retraité, a été un peu votre double. Quel portrait en faites-vous ?*

C'était un personnage de haut niveau. Un Talleyrand

mâtiné de Fouché. Il a longtemps été l'homme de Charles Pasqua avant de devenir celui de Jacques Chirac. C'était aussi un prudent de première ! On nous a associés parce qu'on se connaît depuis les années 1970, mais si j'ai monté des « coups », c'est tout seul, certainement pas avec lui ! J'ajouterai que l'homme était sincère, assez habile, diplomate et suffisamment opportuniste pour se faufiler entre les roseaux. On lui doit enfin la première véritable impulsion à la lutte antiterroriste.

Patrick Maugein, *acteur important du marché du pétrole et proche de Jacques Chirac, est lui aussi cité maintes fois dans vos « brouillons ». Quel enjeu représentait-il ?*

Patrick Maugein était effectivement proche du président de la République, au point que certains journaux ont cru pouvoir l'attaquer à travers lui. À plusieurs reprises, on nous a alertés sur le fait que la presse anglo-saxonne allait se faire l'écho des soupçons tournant autour de lui afin de déstabiliser l'Élysée. La vie politique est peuplée de personnages de ce type. Entre leur influence supposée et le trafic d'influence, le lien est parfois ténu.

Alain Minc *fait plusieurs apparitions dans vos carnets. Quelle place occupe-t-il ?*

Alain Minc est un personnage protéiforme qui arrive à être en bons termes avec tous les régimes et tous les partis, grâce à une réputation souvent usurpée de sage. Si les trotskistes prennent demain le pouvoir, il y a des chances pour qu'on le retrouve encore dans le rôle du politologue incontournable. Il est surtout bien avec les grands médias, ce qui compte énormément dans ce pays.

François Mitterrand *passera-t-il selon vous à la postérité ?*

C'était un magicien : il manipulait tout. Pas sûr que Nicolas Sarkozy ait les mêmes talents. Si l'un des deux devait tenir l'affiche à l'Olympia, je ne suis pas certain que ce serait le second. Je ne suis pas socialiste, mais, pour moi, entre les deux, il n'y a pas photo !

*Comment voyez-vous la suite de la carrière d'*Arnaud Montebourg, *député socialiste et personnage également récurrent dans vos « brouillons » ?*

Quand il s'est lancé en politique, il faisait partie de l'aile gauche du Parti socialiste. C'était un jeune chien. Il est moins rugueux aujourd'hui. Il finira dans la peau d'un notable de la Ve République vieillissante... ou de cette VIe République qu'il appelle de ses vœux. Les gens lui ont longtemps donné du « Monsieur de Montebourg » tout comme ils parlaient de « Monsieur de Villepinte » !

Robert Pandraud *a été une figure de l'Intérieur. Vous avez vécu en direct le tandem qu'il a composé un temps avec Charles Pasqua, comme secrétaire d'État à la Sécurité publique. Comment cela fonctionnait-il ?*

On l'appelait Bob. J'ai eu l'occasion de déjeuner avec lui au Vert Bocage, puis je l'ai côtoyé à l'époque de ce fameux tandem qui n'a jamais vraiment fonctionné. Je me souviens qu'ils lui avaient installé un bureau au fond de la salle des fêtes, une grande première ! Bien plus qu'un homme de doctrine, Robert Pandraud était un homme de terrain qui adorait travailler avec les types de la base. Il maniait sans cesse une bille dans le creux de sa paume pour se calmer. Il connaissait à fond la police, comme Pierre Verbrugghe, l'ancien préfet, qui lui ressemblait. J'étais commissaire principal quand je les ai connus. C'étaient de vieux flics au bon sens du terme. Sur le plan politique, ils ressemblaient aux radicaux de la IIIe République. Verbrugghe venait du département de la Nièvre, alors il a servi Mitterrand, mais, au fond, il servait l'État. L'un comme l'autre, c'étaient tout sauf des technocrates, ces types qui vous mettent tout en équation et vous laissent en bout de course avec rien dans les mains.

Jean-Jacques Pascal *vous a succédé au poste de directeur central des RG. Une succession impossible ?*

À ce poste, à mon sens, il n'a jamais été qu'une potiche. Pascal était terrorisé par sa ligne directe, nul ne sait trop pourquoi. Poli, courtois, il aurait pu tenir le rôle de l'Homme invisible dans le fameux feuilleton.

Un dernier mot au sujet de Charles Pasqua, *ancien ministre de l'Intérieur ?*

Le personnage est tellement médiatisé que je ne pourrais ajouter aucun commentaire... Deux mots seulement : comme moi, Pasqua a la tête de l'emploi. Il n'en a certainement pas fait autant qu'on lui prête !

Patrick Poivre d'Arvor, *« Monsieur 20 heures » de TF1, n'apparaît pas dans vos « brouillons », et pourtant...*

J'ai rencontré Patrick Poivre d'Arvor dans l'antichambre du ministre de l'Intérieur Raymond

Marcellin, en 1974. Il était au tout début de sa carrière, et son ambition ne s'est depuis jamais démentie.

Jean-François Probst, *pilier du mouvement gaulliste, faisait lui aussi l'objet de votre attention. À titre amical ?*

Nous nous connaissions bien. Je me souviens d'avoir déjeuné avec lui à la Table du Gouverneur, près du Petit Palais. Il prétendait savoir beaucoup de choses.

Le commentaire dont s'est fendu Paul Quilès, *ancien ministre (socialiste) de l'Intérieur, lors de la divulgation de vos « carnets », vous est resté en travers de la gorge...*

Il a dit qu'il lisait les notes des RG en se bouchant le nez, un peu comme s'il avait annoncé qu'il regardait les films pornos à la télé en fermant les deux yeux. Pourquoi, alors, les acceptait-il ? Je rappellerai pourtant les excellents rapports que j'ai entretenus avec cet homme fin et subtil lorsqu'il était Place Beauvau où il me recevait en moyenne une fois par semaine.

Patrick Riou *a longtemps été votre homologue à la tête de la Police judiciaire. Quel souvenir gardez-vous de vos nombreuses réunions communes ?*

On m'a accusé d'avoir le physique du type qui fréquente les thés dansants. Face à Patrick Riou, je n'aurais eu aucune chance : c'était le beau garçon par excellence. L'autre différence entre lui et moi, c'est qu'il faisait sans cesse référence aux magistrats, ce que, pour ma part, j'évitais. « Que vont dire les magistrats ? » demandait-il. Et, invariablement, je répondais : « Mais il n'y a pas que les magistrats dans la vie ! »

Michel Rocard, *ancien Premier ministre, longtemps challenger de François Mitterrand, a trouvé une façon de rebondir en multipliant les « missions » sous Nicolas Sarkozy. Cela vous a-t-il surpris ?*

Michel Rocard est parti se charger des affaires du pôle Nord et doit se rendre au Groenland à l'invitation de Nicolas Sarkozy. On peut se consoler en pensant que le froid conserve !

Vous avez côtoyé Jean-François Roussely, *directeur général de la Police de 1989 à 1991 avant de suivre Pierre Joxe à la Défense et de devenir président d'EDF...*

Jean-François Roussely avait le physique de quelqu'un qui aurait avalé un poisson avec toutes ses arêtes. Un verre d'eau de Vichy le mettait en état d'ébriété, mais, contrairement aux apparences, ce n'était pas un psychorigide. Il était par ailleurs doté d'une intelligence vive et percutante.

Si vous ne deviez retenir qu'une seule image de Ségolène Royal, *ancienne ministre, candidate à l'Élysée battue par Nicolas Sarkozy, laquelle choisiriez-vous ?*

Certains la comparent à Bécassine, mais Bécassine est un personnage éminemment sympathique. Elle était au service de Mme de Grand-Air, laquelle ressemblait d'ailleurs à Giscard. Entre Bécassine et Mme de Grand-Air, je pense que les Français choisiront toujours Bécassine. Mais rien à voir avec la « Madone des meetings » !

On a compris que vous aviez une dent contre Nicolas Sarkozy. *Un dernier trait de crayon ?*

On dit de certains hommes qu'ils sont grands, forts et bêtes. Nicolas Sarkozy n'est ni grand, ni fort, ni bête. Ministre de l'Intérieur, c'était vraiment un poste taillé pour lui ! Il a su tenir sa place, ce qui n'est pas forcément le cas depuis son élection à la présidence de la République. Il se pourrait que la fonction soit trop importante pour lui. Il pèche par trop de manichéisme. Sa façon de dire que ce qui n'est pas blanc est noir me rappelle le discours propre à certains régimes totalitaires. Il se met en même temps à rêver à haute voix de diriger l'Europe comme s'il se sentait tout à coup à l'étroit en France. Il bénéficie de l'aide de deux « bêta-bloquants » : Carla Bruni et Claude Guéant, ce qui explique peut-être, comme le dit très spirituellement Michèle Stouvenot dans *Le Journal du Dimanche*, que « Sarkozy est devenu Sarkozen ». Je terminerai par une petite mise en garde à l'intention des policiers qui le suivent les yeux fermés : le personnage peut du jour au lendemain vous abandonner aux plumes et au goudron après vous avoir accroché la croix du Mérite.

Bernard Squarcini *a longtemps été votre numéro 2 avant de prendre la tête de la DST et d'être propulsé par Nicolas Sarkozy à la tête de la nouvelle Direction centrale du renseignement intérieur. Lui tenez-vous rigueur de cette ascension ?*

Il fut un excellent adjoint, très doué sur le plan opérationnel. Lors d'une émission de télévision, à la suite d'une question de Marie Drucker, il a déclaré qu'il n'écrivait pas, *lui*. Soit l'écriture n'est pas son truc, soit il a une mémoire infaillible !

Dominique Strauss-Kahn, *ancien ministre socialiste, devenu directeur du Fonds monétaire international, a-t-il, selon vous, un avenir national ?*

Il se dit que c'est un homme à femmes. Cela n'ôte rien à son prestige ni à ses qualités intellectuelles. Son talent médiatique et politique paraît indéniable. J'ajoute que sa réputation d'homme à femmes ne risque pas d'écorner son image dans l'opinion. Les Français aiment les hommes à femmes ou présumés tels – je pense notamment à Giscard, à Chirac ou à Mitterrand.

Que diriez-vous de Bernard Tapie, *ancien ministre de la Ville et redoutable affairiste ?*

C'est un bon marchand de tapis. Il y a peu de chance pour que cet ancien de Manufrance, devenu fortuitement ministre, soit un jour considéré comme un saint homme. Sa faculté de rebondir et de passer entre les mailles me laisse toujours aussi étonné.

On ne se lasse jamais des Tibéri. *Pourquoi n'évoque-t-on jamais le cas de Jean sans citer Xavière ?*

Il s'agit d'un couple dans lequel la femme, comme dans beaucoup de couples méditerranéens, joue un rôle primordial. Xavière est une maîtresse femme. On dit même que c'est elle qui commandait. Sauf que ce genre de femmes restent en général dans la pénombre. On a parfois eu l'impression qu'elle avait plus de personnalité que son mari. Elle ne lui a même pas laissé la vedette. En pleine tempête médiatique, ç'a été une tigresse défendant son mari comme elle aurait défendu son enfant. C'était une femme de fer, version corse. Jean n'était pas un gros calibre sur le plan politique, mais il avait de réelles qualités, à commencer par son côté diplomate. Xavière, elle, avait un côté acariâtre qui affleurait dans tous les articles que les journaux lui consacraient. Même affaiblie, elle continuait à mordre, et cette attitude a probablement fini par se révéler contre-productive.

L'avocat Jacques Vergès, *cité plusieurs fois dans vos « carnets », est-il resté jusqu'au bout un mystère pour les RG ?*

J'ai vu Jacques Vergès trois fois dans ma vie par l'entremise d'un fonctionnaire du service qui le connaissait bien. Dans le paysage médiatique, politique et judiciaire, c'est un homme qui compte, et un personnage atypique. Cette longue parenthèse énigmatique dans sa vie, cette absence au sujet de laquelle il ne s'est jamais expliqué, ajoutée à une vague ressemblance avec Bouddha, lui ont conféré une image d'homme mystérieux. Cela fait partie des questions restées pour moi sans réponse, car, Dieu merci, les RG ne savaient pas tout. Quand on se résout à prendre Vergès comme avocat – au demeurant très talentueux –, c'est souvent signe d'un vrai désespoir. Le jour où Le Floch-Prigent, ancien patron du groupe Elf, s'est tourné vers lui, c'est qu'il pensait que seul Vergès pourrait encore le sauver.

Vous avez côtoyé de près Dominique de Villepin *lorsqu'il était secrétaire général de l'Élysée, puis vos liens se sont distendus. Qu'auriez-vous envie de lui dire, lui qui clôt ce* Who's Who *?*

Quand vous avez une image sulfureuse, il faut apprendre à vivre avec. Si demain j'annonce à tous que je m'en vais évangéliser les provinces françaises, on ne me croira pas. On dira encore que je suis en train de monter un « coup » !

ÉPILOGUE

1 – CUISINE

J'ai appris que Joël Rebuchon, rival d'Alain Ducasse dans le secteur de la haute gastronomie, avait déclaré que la grande cuisine française l'« emmerdait ». Que demande-t-on à un grand cuisinier ? De faire de la grande cuisine et non pas de céder à des délires médiatiques qui n'aboutiront qu'à discréditer sa profession et tous les autres grands chefs avec lui.

Chacun doit savoir rester à sa place.

Moi, c'était plutôt la cuisine politique... Et le dernier scrutin en date, celui des élections européennes de juin 2009, n'a fait que confirmer l'adage selon lequel c'est dans les vieux pots qu'on fait les meilleures soupes. Qui sont en effet ces écologistes qui ont recueilli plus de 17 % des suffrages exprimés ?

De vieux « briscards » ! Je devrais même dire de très vieilles connaissances, eux qui appartiennent à ma génération. Daniel Cohn Bendit, alias Dany le Rouge, contribua largement au désordre indescriptible du quartier Latin et à la quasi-paralysie du pays en mai 1968. Il a du talent, mais il m'étonnerait fort que le bataillon hétéroclite dont il a pris la tête reste longtemps homogène. Trois écologistes suffisent en effet à provoquer rapidement une scission, je ne pense pas que Dominique Voynet me contredira sur ce point.

En ma qualité de chef de la cellule [sic] *« Mouvements révolutionnaires » de la direction centrale des RG, j'ai également connu (professionnellement) José Bové. Lui aussi est un ancien combattant de toutes les causes de cette extrême gauche que je qualifierai de « libertaire ».*

Voilà les hommes neufs que le dernier scrutin européen nous a proposés, sans oublier la Norvégienne Eva Joly, probablement bien placée pour lutter contre la fonte de la banquise et le réchauffement climatique – à condition que tout cela ne se résume pas à l'une de ces gesticulations médiatiques dont elle est friande.

2 – Désirs et réalités

Le premier écueil, pour un policier des RG, c'est de prendre ses désirs pour la réalité. C'était souvent le cas de jeunes fonctionnaires frais émoulus qui, d'emblée, croyaient détenir le scoop imparable qui allait leur assurer gloire et promotion. Cela arrivait aussi à des policiers plus expérimentés.

Un bon « RG » ne doit pas avoir de désirs : il doit rester au niveau du constat, comme l'huissier, la phraséologie juridique en moins. Hélas pour ces fonctionnaires, si le scoop est bon, c'est la hiérarchie qui profite de la gloire, par ailleurs éphémère et fragile.

Le second écueil est le revers du premier : je veux parler de ce scepticisme qui guette le vieux policier. Il en a tellement vu qu'il se méfie de toutes les informations qu'il réceptionne, d'autant plus qu'il a souvent été victime de la vindicte de ceux à qui il portait la nouvelle, bonne ou mauvaise. À force de ne plus vouloir faire de vagues et de tout faire pour ne pas attirer sur lui l'attention des services d'inspection, il finit par passer à côté de vrais « tuyaux ». Les politiques en sont responsables, eux qui n'aspirent qu'à être flattés et détestent la critique. L'art suprême du bon « RG » n'en consiste pas moins à savoir instiller de la critique dans l'oreille des gouvernants. C'est bien plus simple quand il a en face de lui un authentique homme d'État.

3 – Rumeur

Je suis plus sceptique que croyant, mais il m'est arrivé d'aller me recueillir dans une petite église proche de la Chaussée-d'Antin, à Paris. Un commissaire de mes ennemis prétendait alors que j'allais voir les filles de joie de la rue de Budapest. C'est comme ça que naissent les rumeurs.

4 – Politique

Au milieu des années 1960, Jean Lecanuet avait troublé une partie de la France profonde en exhibant à la télévision ses dents blanches. C'étaient les débuts de la politique spectacle. Aujourd'hui, cette politique spectacle a définitivement pris le pouvoir.

À quelques exceptions près, tous les chefs d'œuvre du XIX*e siècle, en matière de peinture, viennent de ce que l'on appelait le « Salon des refusés ». L'Académie des Beaux-Arts ne tolérant aucune déviation », aucun* *génie, aucun atypisme y reléguait tous ceux qui n'étaient pas dans la norme. La vie politique et le paysage médiatique actuels me font étrangement penser à cette époque. Médiocrité, flagornerie et conformisme dominent la scène. On est seulement passé du « Salon des refusés » au « Salon des ralliés ».*

Yves Bertrand,
juin 2009.

Table

Prologue 9

I. Carnets. « Dans notre métier, on écrit. » 19
II. Jacques Chirac. « Monsieur Bertrand, mon mari l'aime beaucoup ! » 41
III. Nicolas Sarkozy. « Il va nous donner du fil à retordre. » 57
IV. Charles Pasqua. « Mais je le sais déjà ! » 75
V. Ministres de l'Intérieur. « Ils m'ont tous écouté, sauf un... » 93
VI. Vie publique, vie privée. « Vous ne pouvez pas non plus être plus prude que prude ! » 115
VII. Pouvoirs et pouvoir. « Edgar Hoover n'a jamais été pour moi un modèle. » 137
VIII. Chantages, trahisons et « coups tordus ». « Plus la gauche est affaiblie, plus la droite s'entre-déchire... » 171
IX. Corruption. « La politique tournait autour du fric et des affaires. » 197

X. Renseignement à la française. « Je me suis fait policier pour être au cœur des choses. » 217
XI. Journalistes. « J'avais un collaborateur pour qui les journalistes c'était Lucifer... » 239
XII. Gauchismes. « De Gaulle a tout compris, sauf Mai 68. » 267
XIII. Flics. « Il ne faut pas se les mettre à dos... ».... 283
XIV. Sud-Est. « La vie politique corse repose sur des parrains... » 303
XV. Comploteurs, imposteurs et autres délateurs. « Le renseignement les attire... » 323
XVI. Réseaux, loges et chapelles. « Je ne suis pas maçon. »... 339
XVII. Banlieues. « La vérité ne plaît pas toujours... ». 355
XVIII. Bottin mondain 363

Épilogue 399

Composé par Nord Compo Multimédia
7, rue de Fives, 59650 Villeneuve-d'Ascq

Pour l'éditeur, le principe est d'utiliser des papiers composés de fibres naturelles, renouvelables, recyclables et fabriquées à partir de bois issus de forêts qui adoptent un système d'aménagement durable.
En outre, l'éditeur attend de ses fournisseurs de papier qu'ils s'inscrivent dans une démarche de certification environnementale reconnue.

CET OUVRAGE
A ÉTÉ ACHEVÉ D'IMPRIMER
SUR ROTO-PAGE
PAR L'IMPRIMERIE FLOCH
À MAYENNE EN AOÛT 2009

Imprimé en France
Dépôt légal : septembre 2009.
N° d'imprimeur : 74488.
35-57-5013-4/01